Nietzsche

Die fröhliche Wissenschaft

Friedrich Nietzsche

Die fröhliche Wissenschaft

Nachwort von Günter Figal

Philipp Reclam jun. Stuttgart

Universal-Bibliothek Nr. 7115

Gesamtherstellung: Reclam, Ditzingen. Printed in Germany 2000

ISBN 3-15-007115-1

Die fröhliche Wissenschaft.

(»la gaya scienza«)

»Dem Dichter und Weisen sind alle Dinge befreundet und geweiht, alle Erlebnisse nützlich, alle Tage heilig, alle Menschen göttlich.«

Emerson.

[Motto der Ausgabe 1882]

Ich wohne in meinem eigenen Haus,
Hab Niemandem nie nichts nachgemacht
Und – lachte noch jeden Meister aus,
Der nicht sich selber ausgelacht.

Ueber meiner Hausthür.

[Motto der Ausgabe 1887]

[345]

Vorrede
zur zweiten Ausgabe.

1.

Diesem Buche thut vielleicht nicht nur Eine Vorrede noth; und zuletzt bliebe immer noch der Zweifel bestehn, ob Jemand, ohne etwas Aehnliches erlebt zu haben, dem Erlebnisse dieses Buchs durch Vorreden näher gebracht werden kann. Es scheint in der Sprache des Thauwinds geschrieben: es ist Uebermuth, Unruhe, Widerspruch, Aprilwetter darin, so dass man beständig ebenso an die Nähe des Winters als an den Sieg über den Winter gemahnt wird, der kommt, kommen muss, vielleicht schon gekommen ist ... Die Dankbarkeit strömt fortwährend aus, als ob eben das Unerwartetste geschehn sei, die Dankbarkeit eines Genesenden, – denn die Genesung war dieses Unerwartetste. »Fröhliche Wissenschaft«: das bedeutet die Saturnalien eines Geistes, der einem furchtbaren langen Drucke geduldig widerstanden hat – geduldig, streng, kalt, ohne sich zu unterwerfen, aber ohne Hoffnung –, und der jetzt mit Einem Male von der Hoffnung angefallen wird, von der Hoffnung auf Gesundheit, von der Trunkenheit der Genesung. Was Wunders, dass dabei viel Unvernünftiges und Närrisches an's Licht kommt, viel muthwillige Zärtlichkeit, selbst auf Probleme verschwendet, die ein stachlichtes Fell haben und nicht darnach angethan sind, geliebkost und gelockt [346] zu werden. Dies ganze Buch ist eben Nichts als eine Lustbarkeit nach langer Entbehrung und Ohnmacht, das Frohlocken der wiederkehrenden Kraft, des neu erwachten Glaubens an ein Morgen und Uebermorgen, des plötzlichen Gefühls und Vorgefühls von Zukunft, von nahen Abenteuern, von wieder offenen Meeren, von wieder erlaubten, wieder geglaubten Zielen. Und was lag nunmehr Alles hinter mir! Dieses Stück Wüste, Erschöpfung, Unglaube, Vereisung mitten in der Jugend, dieses eingeschaltete Greisenthum an unrechter Stelle, diese Tyrannei des Schmerzes überboten noch durch die Tyrannei des Stolzes, der die Folgerungen des Schmerzes ablehnte – und Folgerungen sind Tröstungen –, diese radikale Vereinsamung als Nothwehr gegen eine krankhaft hellseherisch gewordene Menschenverachtung, diese grundsätzliche Einschränkung auf das Bittere, Herbe, Wehethuende der Erkenntniss, wie sie der Ekel verordnete, der aus einer unvorsichtigen geistigen Diät und Verwöhnung – man heisst sie Romantik – allmählich gewachsen war –, oh wer mir das Alles nachfühlen könnte! Wer es aber könnte, würde mir sicher noch mehr zu Gute halten als etwas Thorheit, Ausgelassenheit, »fröhliche Wissenschaft«, – zum Beispiel die Handvoll Lieder, welche dem Buche dies Mal beigegeben sind – Lieder, in denen sich ein Dichter auf eine schwer verzeihliche Weise über alle Dichter lustig macht. – Ach, es sind nicht nur die Dichter und ihre schönen »lyrischen Gefühle«, an denen dieser Wieder-Erstandene seine Bosheit auslassen muss: wer weiss, was für ein Opfer er sich sucht, was für ein Unthier von parodischem Stoff ihn in Kürze reizen wird? »Incipit tragoedia« – heisst es am Schlusse dieses bedenklich-unbedenklichen Buchs: man sei auf seiner Hut! Irgend etwas ausbündig Schlimmes und Boshaftes kündigt sich an: incipit parodia, es ist kein Zweifel ...

[347] 2.

– Aber lassen wir Herrn Nietzsche: was geht es uns an, dass Herr Nietzsche wieder gesund wurde? ... Ein Psychologe kennt wenig so anziehende Fragen, wie die nach dem Verhältniss von Gesundheit und Philosophie, und für den

Fall, dass er selber krank wird, bringt er seine ganze wissenschaftliche Neugierde mit in seine Krankheit. Man hat nämlich, vorausgesetzt, dass man eine Person ist, nothwendig auch die Philosophie seiner Person: doch giebt es da einen erheblichen Unterschied. Bei dem Einen sind es seine Mängel, welche philosophiren, bei dem Andern seine Reichthümer und Kräfte. Ersterer hat seine Philosophie nöthig, sei es als Halt, Beruhigung, Arznei, Erlösung, Erhebung, Selbstentfremdung; bei Letzterem ist sie nur ein schöner Luxus, im besten Falle die Wollust einer triumphirenden Dankbarkeit, welche sich zuletzt noch in kosmischen Majuskeln an den Himmel der Begriffe schreiben muss. Im andren, gewöhnlicheren Falle aber, wenn die Nothstände Philosophie treiben, wie bei allen kranken Denkern – und vielleicht überwiegen die kranken Denker in der Geschichte der Philosophie –: was wird aus dem Gedanken selbst werden, der unter den Druck der Krankheit gebracht wird? Dies ist die Frage, die den Psychologen angeht: und hier ist das Experiment möglich. Nicht anders als es ein Reisender macht, der sich vorsetzt, zu einer bestimmten Stunde aufzuwachen und sich dann ruhig dem Schlafe überlässt: so ergeben wir Philosophen, gesetzt, dass wir krank werden, uns zeitweilig mit Leib und Seele der Krankheit – wir machen gleichsam vor uns die Augen zu. Und wie Jener weiss, dass irgend Etwas nicht schläft, irgend Etwas die Stunden abzählt und ihn aufwecken wird, so wissen auch wir, dass der entscheidende Augenblick uns wach finden wird, – dass dann Etwas hervorspringt und den Geist auf der That ertappt, ich meine auf der Schwäche oder Umkehr oder Ergebung oder Verhärtung oder Verdüsterung und wie alle die krankhaften Zustände des Gei-[348]stes heissen, welche in gesunden Tagen den Stolz des Geistes wider sich haben (denn es bleibt bei dem alten Reime »der stolze Geist, der Pfau, das Pferd sind die drei stölzesten Thier' auf der Erd« –). Man lernt nach einer derartigen Selbst-Befragung, Selbst-Versuchung, mit einem feineren Auge nach Allem, was überhaupt bisher philosophirt worden ist, hinsehn; man erräth besser als vorher die unwillkürlichen Abwege, Seitengassen, Ruhestellen, Sonnenstellen des Gedankens, auf die leidende Denker gerade als Leidende geführt und verführt werden, man weiss nunmehr, wohin unbewusst der kranke Leib und sein Bedürfniss den Geist drängt, stösst, lockt – nach Sonne, Stille, Milde, Geduld, Arznei, Labsal in irgend einem Sinne. Jede Philosophie, welche den Frieden höher stellt als den Krieg, jede Ethik mit einer negativen Fassung des Begriffs Glück, jede Metaphysik und Physik, welche ein Finale kennt, einen Endzustand irgend welcher Art, jedes vorwiegend aesthetische oder religiöse Verlangen nach einem Abseits, Jenseits, Ausserhalb, Oberhalb erlaubt zu fragen, ob nicht die Krankheit das gewesen ist, was den Philosophen inspirirt hat. Die unbewusste Verkleidung physiologischer Bedürfnisse unter die Mäntel des Objektiven, Ideellen, Rein-Geistigen geht bis zum Erschrecken weit, – und oft genug habe ich mich gefragt, ob nicht, im Grossen gerechnet, Philosophie bisher überhaupt nur eine Auslegung des Leibes und ein Missverständniss des Leibes gewesen ist. Hinter den höchsten Werthurtheilen, von denen bisher die Geschichte des Gedankens geleitet wurde, liegen Missverständnisse der leiblichen Beschaffenheit verborgen, sei es von Einzelnen, sei es von Ständen oder ganzen Rassen. Man darf alle jene kühnen Tollheiten der Metaphysik, sonderlich deren Antworten auf die Frage nach dem Werth des Daseins, zunächst immer als Symptome bestimmter Leiber ansehn; und wenn derartigen Welt-Bejahungen oder Welt-Verneinungen in Bausch und Bogen, wissenschaftlich gemessen, nicht ein Korn von Bedeu-[349]tung innewohnt, so geben sie doch dem Historiker und Psychologen um so werthvollere Winke, als Symptome, wie gesagt, des Leibes, seines Gerathens und Missrathens, seiner Fülle, Mächtigkeit, Selbstherrlichkeit in der Geschichte, oder aber seiner Hemmungen, Ermüdungen, Verarmungen, seines Vorgefühls vom Ende, seines Willens zum Ende. Ich erwarte immer noch, dass ein philosophischer Arzt im ausnahmsweisen Sinne des Wortes – ein Solcher, der dem Problem der Gesammt-Gesundheit von Volk, Zeit, Rasse, Menschheit nachzugehn hat – einmal den Muth haben wird, meinen Verdacht auf die Spitze zu bringen und den Satz zu wagen: bei allem Philosophiren handelte es sich bisher gar nicht um »Wahrheit«, sondern um etwas Anderes, sagen wir um Gesundheit, Zukunft, Wachsthum, Macht, Leben ...

3.

– Man erräth, dass ich nicht mit Undankbarkeit von jener Zeit schweren Siechthums Abschied nehmen möchte, deren Gewinn auch heute noch nicht für mich ausgeschöpft ist: so wie ich mir gut genug bewusst bin, was ich überhaupt in meiner wechselreichen Gesundheit vor allen Vierschrötigen des Geistes voraus habe. Ein Philosoph, der den Gang durch viele Gesundheiten gemacht hat und immer wieder macht, ist auch durch ebensoviele Philosophien hindurchgegangen: er kann eben nicht anders als seinen Zustand jedes Mal in die geistigste Form und Ferne umzusetzen, – diese Kunst der Transfiguration ist eben Philosophie. Es steht uns Philosophen nicht frei, zwischen Seele und Leib zu trennen, wie das Volk trennt, es steht uns noch weniger frei, zwischen Seele und Geist zu trennen. Wir sind keine denkenden Frösche, keine Objektivir- und Registrir-Apparate mit kalt gestellten Eingeweiden, – wir müssen beständig unsre Gedanken aus unsrem Schmerz gebären und mütterlich ihnen Alles mitgeben, was wir von Blut, Herz, Feuer, Lust, Leidenschaft, Qual, Gewissen, Schicksal, Verhängniss in uns haben. Leben – das heisst für uns Alles, was [350] wir sind, beständig in Licht und Flamme verwandeln, auch Alles, was uns trifft, wir können gar nicht anders. Und was die Krankheit angeht: würden wir nicht fast zu fragen versucht sein, ob sie uns überhaupt entbehrlich ist? Erst der grosse Schmerz ist der letzte Befreier des Geistes, als der Lehrmeister des grossen Verdachtes, der aus jedem U ein X macht, ein ächtes rechtes X, das heisst den vorletzten Buchstaben vor dem letzten ... Erst der grosse Schmerz, jener lange langsame Schmerz, der sich Zeit nimmt, in dem wir gleichsam wie mit grünem Holze verbrannt werden, zwingt uns Philosophen, in unsre letzte Tiefe zu steigen und alles Vertrauen, alles Gutmüthige, Verschleiernde, Milde, Mittlere, wohinein wir vielleicht vordem unsre Menschlichkeit gesetzt haben, von uns zu thun. Ich zweifle, ob ein solcher Schmerz »verbessert« –; aber ich weiss, dass er uns vertieft. Sei es nun, dass wir ihm unsern Stolz, unsern Hohn, unsre Willenskraft entgegenstellen lernen und es dem Indianer gleichthun, der, wie schlimm auch gepeinigt, sich an seinem Peiniger durch die Bosheit seiner Zunge schadlos hält; sei es, dass wir uns vor dem Schmerz in jenes orientalische Nichts zurückziehn – man heisst es Nirvana –, in das stumme, starre, taube Sich-Ergeben, Sich-Vergessen, Sich-Auslöschen: man kommt aus solchen langen gefährlichen Uebungen der Herrschaft über sich als ein andrer Mensch heraus, mit einigen Fragezeichen mehr, vor Allem mit dem Willen, fürderhin mehr, tiefer, strenger, härter, böser, stiller zu fragen als man bis dahin gefragt hatte. Das Vertrauen zum Leben ist dahin: das Leben selbst wurde zum Problem. – Möge man ja nicht glauben, dass Einer damit nothwendig zum Düsterling geworden sei! Selbst die Liebe zum Leben ist noch möglich, – nur liebt man anders. Es ist die Liebe zu einem Weibe, das uns Zweifel macht ... Der Reiz alles Problematischen, die Freude am X ist aber bei solchen geistigeren, vergeistigteren Menschen zu gross, als dass diese Freude nicht immer wieder wie eine helle Gluth über alle Noth [351] des Problematischen, über alle Gefahr der Unsicherheit, selbst über die Eifersucht des Liebenden zusammenschlüge. Wir kennen ein neues Glück ....

4.

Zuletzt, dass das Wesentlichste nicht ungesagt bleibe: man kommt aus solchen Abgründen, aus solchem schweren Siechthum, auch aus dem Siechthum des schweren Verdachts, neugeboren zurück, gehäutet, kitzlicher, boshafter, mit einem feineren Geschmacke für die Freude, mit einer zarteren Zunge für alle guten Dinge, mit lustigeren Sinnen, mit einer zweiten gefährlicheren Unschuld in der Freude, kindlicher zugleich und hundert Mal raffinirter als man jemals vorher gewesen war. Oh wie Einem nunmehr der Genuss zuwider ist, der grobe dumpfe braune Genuss, wie ihn sonst die Geniessenden, unsre »Gebildeten«, unsre Reichen und Regierenden verstehn! Wie boshaft wir nunmehr dem grossen Jahrmarkts-Bumbum zuhören, mit dem sich der »gebildete Mensch« und Grossstädter heute durch Kunst, Buch und Musik zu »geistigen Genüssen«, unter Mithülfe geistiger Getränke, nothzüchtigen lässt! Wie uns jetzt der Theater-Schrei der Leidenschaft in den Ohren weh thut, wie unsrem Geschmacke der ganze romantische Aufruhr und Sinnen-Wirrwarr, den der gebildete Pöbel liebt, sammt seinen Aspirationen nach dem Erhabenen, Gehobenen, Verschrobenen fremd geworden ist! Nein, wenn wir Genesenden überhaupt eine Kunst noch brauchen, so ist es eine andre Kunst – eine spöttische, leichte, flüchtige, göttlich unbehelligte, göttlich künstliche Kunst, welche wie eine helle Flamme in einen unbewölkten Himmel hineinlodert! Vor Allem: eine Kunst für Künstler, nur für Künstler! Wir verstehn uns hinterdrein besser auf Das, was dazu zuerst noth thut, die Heiterkeit, jede Heiterkeit, meine Freunde! auch als Künstler –: ich möchte es beweisen. Wir wissen Einiges jetzt zu gut, wir Wissenden: oh wie wir nunmehr lernen, gut zu vergessen, gut nicht-zu-wissen, als Künstler! Und was unsere Zukunft betrifft: man [352] wird uns schwerlich wieder auf den Pfaden jener ägyptischen Jünglinge finden, welche Nachts Tempel unsicher machen,

Bildsäulen umarmen und durchaus Alles, was mit guten Gründen verdeckt gehalten wird, entschleiern, aufdecken, in helles Licht stellen wollen. Nein, dieser schlechte Geschmack, dieser Wille zur Wahrheit, zur »Wahrheit um jeden Preis«, dieser Jünglings-Wahnsinn in der Liebe zur Wahrheit – ist uns verleidet: dazu sind wir zu erfahren, zu ernst, zu lustig, zu gebrannt, zu tief ... Wir glauben nicht mehr daran, dass Wahrheit noch Wahrheit bleibt, wenn man ihr die Schleier abzieht; wir haben genug gelebt, um dies zu glauben. Heute gilt es uns als eine Sache der Schicklichkeit, dass man nicht Alles nackt sehn, nicht bei Allem dabei sein, nicht Alles verstehn und »wissen« wolle. »Ist es wahr, dass der liebe Gott überall zugegen ist?« fragte ein kleines Mädchen seine Mutter: »aber ich finde das unanständig« – ein Wink für Philosophen! Man sollte die Scham besser in Ehren halten, mit der sich die Natur hinter Räthsel und bunte Ungewissheiten versteckt hat. Vielleicht ist die Wahrheit ein Weib, das Gründe hat, ihre Gründe nicht sehn zu lassen? Vielleicht ist ihr Name, griechisch zu reden, Baubo? ... Oh diese Griechen! Sie verstanden sich darauf, zu leben: dazu thut Noth, tapfer bei der Oberfläche, der Falte, der Haut stehen zu bleiben, den Schein anzubeten, an Formen, an Töne, an Worte, an den ganzen Olymp des Scheins zu glauben! Diese Griechen waren oberflächlich – aus Tiefe! Und kommen wir nicht eben darauf zurück, wir Wagehalse des Geistes, die wir die höchste und gefährlichste Spitze des gegenwärtigen Gedankens erklettert und uns von da aus umgesehn haben, die wir von da aus hinabgesehn haben? Sind wir nicht eben darin – Griechen? Anbeter der Formen, der Töne, der Worte? Eben darum – Künstler?

Ruta bei Genua,
im Herbst 1886.

[353]

»Scherz, List und Rache.«
Vorspiel in deutschen Reimen.

1.
Einladung.

Wagt's mit meiner Kost, ihr Esser!
Morgen schmeckt sie euch schon besser
Und schon übermorgen gut!
Wollt ihr dann noch mehr, – so machen
Meine alten sieben Sachen
Mir zu sieben neuen Muth.

2.
Mein Glück.

Seit ich des Suchens müde ward,
Erlernte ich das Finden.
Seit mir ein Wind hielt Widerpart,
Segl' ich mit allen Winden.

3.
Unverzagt.

Wo du stehst, grab tief hinein!
Drunten ist die Quelle!
Lass die dunklen Männer schrein:
»Stets ist drunten – Hölle!«

[354]

4.
Zwiegespräch.

A. War ich krank? Bin ich genesen?
Und wer ist mein Arzt gewesen?
Wie vergass ich alles Das!
B. Jetzt erst glaub ich dich genesen:
Denn gesund ist, wer vergass.

5.
An die Tugendsamen.

Unseren Tugenden auch soll'n leicht die Füsse sich heben:
Gleich den Versen Homer's müssen sie kommen und gehn!

6.
Welt-Klugheit.

Bleib nicht auf ebnem Feld!
Steig nicht zu hoch hinaus!
Am schönsten sieht die Welt
Von halber Höhe aus.

7.
Vademecum – Vadetecum.

Es lockt dich meine Art und Sprach,
Du folgest mir, du gehst mir nach?
Geh nur dir selber treulich nach: –
So folgst du mir – gemach! gemach!

8.
Bei der dritten Häutung.

Schon krümmt und bricht sich mir die Haut,
Schon giert mit neuem Drange,
So viel sie Erde schon verdaut,
Nach Erd' in mir die Schlange.

[355] Schon kriech' ich zwischen Stein und Gras
Hungrig auf krummer Fährte,
Zu essen Das, was stets ich ass,
Dich, Schlangenkost, dich, Erde!

9.
Meine Rosen.

Ja! Mein Glück – es will beglücken –,
Alles Glück will ja beglücken!
Wollt ihr meine Rosen pflücken?

Müsst euch bücken und verstecken
Zwischen Fels und Dornenhecken,
Oft die Fingerchen euch lecken!

Denn mein Glück – es liebt das Necken!
Denn mein Glück – es liebt die Tücken!
Wollt ihr meine Rosen pflücken?

10.
Der Verächter.

Vieles lass ich fall'n und rollen,
Und ihr nennt mich drum Verächter.
Wer da trinkt aus allzuvollen
Bechern, lässt viel fall'n und rollen –,
Denkt vom Weine drum nicht schlechter.

11.
Das Sprüchwort spricht.

Scharf und milde, grob und fein,
Vertraut und seltsam, schmutzig und rein,
Der Narren und Weisen Stelldichein:
Diess Alles bin ich, will ich sein,
Taube zugleich, Schlange und Schwein!

[356]

12.
An einen Lichtfreund.

Willst du nicht Aug' und Sinn ermatten,
Lauf' auch der Sonne nach im Schatten!

13.
Für Tänzer.

Glattes Eis
Ein Paradeis
Für Den, der gut zu tanzen weiss.

14.
Der Brave.

Lieber aus ganzem Holz eine Feindschaft,
Als eine geleimte Freundschaft!

15.
Rost.

Auch Rost thut Noth: Scharfsein ist nicht genung!
Sonst sagt man stets von dir: »er ist zu jung!«

16.
Aufwärts.

»Wie komm ich am besten den Berg hinan?«
Steig nur hinauf und denk nicht dran!

17.
Spruch des Gewaltmenschen.

Bitte nie! Lass diess Gewimmer!
Nimm, ich bitte dich, nimm immer!

[357]

18.
Schmale Seelen.

Schmale Seelen sind mir verhasst;
Da steht nichts Gutes, nichts Böses fast.

19.
Der unfreiwillige Verführer.

Er schoss ein leeres Wort zum Zeitvertreib
In's Blaue – und doch fiel darob ein Weib.

20.
Zur Erwägung.

Zwiefacher Schmerz ist leichter zu tragen,
Als Ein Schmerz: willst du darauf es wagen?

21.
Gegen die Hoffahrt.

Blas dich nicht auf: sonst bringet dich
Zum Platzen schon ein kleiner Stich.

22.
Mann und Weib.

»Raub dir das Weib, für das dein Herze fühlt!« –
So denkt der Mann; das Weib raubt nicht, es stiehlt.

23.
Interpretation.

Leg ich mich aus, so leg ich mich hinein:
Ich kann nicht selbst mein Interprete sein.
Doch wer nur steigt auf seiner eignen Bahn,
Trägt auch mein Bild zu hellerm Licht hinan.

[358]

24.
Pessimisten-Arznei.

Du klagst, dass Nichts dir schmackhaft sei?
Noch immer, Freund, die alten Mucken?
Ich hör dich lästern, lärmen, spucken –
Geduld und Herz bricht mir dabei.
Folg mir, mein Freund! Entschliess dich frei,
Ein fettes Krötchen zu verschlucken,
Geschwind und ohne hinzugucken! –
Das hilft dir von der Dyspepsei!

25.
Bitte.

Ich kenne mancher Menschen Sinn
Und weiss nicht, wer ich selber bin!
Mein Auge ist mir viel zu nah –
Ich bin nicht, was ich seh und sah.
Ich wollte mir schon besser nützen,
Könnt' ich mir selber ferner sitzen.
Zwar nicht so ferne wie mein Feind!

Zu fern sitzt schon der nächste Freund –
Doch zwischen dem und mir die Mitte!
Errathet ihr, um was ich bitte?

26.
Meine Härte.

Ich muss weg über hundert Stufen,
Ich muss empor und hör euch rufen:
»Hart bist du; Sind wir denn von Stein?« –
Ich muss weg über hundert Stufen,
Und Niemand möchte Stufe sein.

[359] 27.
Der Wandrer.

»Kein Pfad mehr! Abgrund rings und Todtenstille!« –
So wolltest du's! Vom Pfade wich dein Wille!
Nun, Wandrer, gilt's! Nun blicke kalt und klar!
Verloren bist du, glaubst du – an Gefahr.

28.
Trost für Anfänger.

Seht das Kind umgrunzt von Schweinen,
Hülflos, mit verkrümmten Zeh'n!
Weinen kann es, Nichts als weinen –
Lernt es jemals stehn und gehn?
Unverzagt! Bald, sollt' ich meinen,
Könnt das Kind ihr tanzen sehn!
Steht es erst auf beiden Beinen,
Wird's auch auf dem Kopfe stehn.

29.
Sternen-Egoismus.

Rollt' ich mich rundes Rollefass
Nicht um mich selbst ohn' Unterlass,
Wie hielt' ich's aus, ohne anzubrennen,
Der heissen Sonne nachzurennen?

30.
Der Nächste.

Nah hab den Nächsten ich nicht gerne:
Fort mit ihm in die Höh und Ferne!
Wie würd' er sonst zu meinem Sterne? –

[360] 31.
Der verkappte Heilige.

Dass dein Glück uns nicht bedrücke,
Legst du um dich Teufelstücke,
Teufelswitz und Teufelskleid.
Doch umsonst! Aus deinem Blicke
Blickt hervor die Heiligkeit!

32.
Der Unfreie.

A. Er steht und horcht: was konnt ihn irren?
Was hört er vor den Ohren schwirren?
Was war's, das ihn darniederschlug?
B. Wie Jeder, der einst Ketten trug,
Hört überall er – Kettenklirren.

33.
Der Einsame.

Verhasst ist mir das Folgen und das Führen.
Gehorchen? Nein! Und aber nein – Regieren!
Wer *sich* nicht schrecklich ist, macht Niemand
Schrecken:
Und nur wer Schrecken macht, kann Andre führen.
Verhasst ist mir's schon, selber mich zu führen!
Ich liebe es, gleich Wald- und Meeresthieren,
Mich für ein gutes Weilchen zu verlieren,
In holder Irrniss grüblerisch zu hocken,
Von ferne her mich endlich heimzulocken,
Mich selber zu mir selber – zu verführen.

34.
Seneca et hoc genus omne.

Das schreibt und schreibt sein unausstehlich weises Larifari,
[361] Als gält es primum scribere,
Deinde philosophari.

35.
Eis.

Ja! Mitunter mach' ich Eis:
Nützlich ist Eis zum Verdauen!
Hättet ihr viel zu verdauen,
Oh wie liebtet ihr mein Eis!

36.

Jugendschriften.

Meiner Weisheit A und O
Klang mir hier: was hört' ich doch!
Jetzo klingt mir's nicht mehr so,
Nur das ew'ge Ah! und Oh!
Meiner Jugend hör ich noch.

37.

Vorsicht.

In jener Gegend reist man jetzt nicht gut;
Und hast du Geist, sei doppelt auf der Hut!
Man lockt und liebt dich, bis man dich zerreisst:
Schwarmgeister sind's –: da fehlt es stets an Geist!

38.

Der Fromme spricht.

Gott liebt uns, weil er uns erschuf! –
»Der Mensch schuf Gott!« – sagt drauf ihr Feinen.
Und soll nicht lieben, was er schuf?
Soll's gar, weil er es schuf, verneinen?
Das hinkt, das trägt des Teufels Huf.

[362] 39.

Im Sommer.

Im Schweisse unsres Angesichts
Soll'n unser Brod wir essen?
Im Schweisse isst man lieber Nichts,
Nach weiser Aerzte Ermessen.
Der Hundsstern winkt: woran gebricht's?
Was will sein feurig Winken?
Im Schweisse unsres Angesichts
Soll'n unsren Wein wir trinken!

40.

Ohne Neid.

Ja, neidlos blickt er: und ihr ehrt ihn drum?
Er blickt sich nicht nach euren Ehren um;
Er hat des Adlers Auge für die Ferne,
Er sieht euch nicht! – er sieht nur Sterne, Sterne.

41.

Heraklitismus.

Alles Glück auf Erden,
Freunde, giebt der Kampf!
Ja, um Freund zu werden,
Braucht es Pulverdampf!
Eins in Drei'n sind Freunde:
Brüder vor der Noth,
Gleiche vor dem Feinde,
Freie – vor dem Tod!

42.

Grundsatz der Allzufeinen.

Lieber auf den Zehen noch,
Als auf allen Vieren!
Lieber durch ein Schlüsselloch,
Als durch offne Thüren!

[363] 43.

Zuspruch.

Auf Ruhm hast du den Sinn gericht?
Dann acht' der Lehre:
Bei Zeiten leiste frei Verzicht
Auf Ehre!

44.
Der Gründliche.

Ein Forscher ich? Oh spart diess Wort! –
Ich bin nur schwer – so manche Pfund'!
Ich falle, falle immerfort
Und endlich auf den Grund!

45.
Für immer.

»Heut komm' ich, weil mir's heute frommt« –
Denkt Jeder, der für immer kommt.
Was ficht ihn an der Welt Gered':
»Du kommst zu früh! Du kommst zu spät!«

46.
Urtheile der Müden.

Der Sonne fluchen alle Matten;
Der Bäume Werth ist ihnen – Schatten!

47.
Niedergang.

»Er sinkt, er fällt jetzt« – höhnt ihr hin und wieder;
Die Wahrheit ist: er steigt zu euch hernieder!

Sein Ueberglück ward ihm zum Ungemach,
Sein Ueberlicht geht eurem Dunkel nach.

[364] 48.
Gegen die Gesetze.

Von heut an hängt an härner Schnur
Um meinen Hals die Stunden-Uhr:
Von heut an hört der Sterne Lauf,

Sonn', Hahnenschrei und Schatten auf,
Und was mir je die Zeit verkünd't,
Das ist jetzt stumm und taub und blind: –
Es schweigt mir jegliche Natur
Beim Tiktak von Gesetz und Uhr.

49.
Der Weise spricht.

Dem Volke fremd und nützlich doch dem Volke,
Zieh ich des Weges, Sonne bald, bald Wolke –
Und immer über diesem Volke!

50.
Den Kopf verloren.

Sie hat jetzt Geist – wie kam's, dass sie ihn fand?
Ein Mann verlor durch sie jüngst den Verstand,
Sein Kopf war reich vor diesem Zeitvertreibe:
Zum Teufel gieng sein Kopf – nein! nein! zum Weibe!

51.
Fromme Wünsche.

»Mögen alle Schlüssel doch
Flugs verloren gehen,
Und in jedem Schlüsselloch
Sich der Dietrich drehen!«
Also denkt zu jeder Frist
Jeder, der – ein Dietrich ist.

[365] 52.
Mit dem Fusse schreiben.

Ich schreib nicht mit der Hand allein:
Der Fuss will stets mit Schreiber sein.

Fest, frei und tapfer läuft er mir
Bald durch das Feld, bald durchs Papier.

53.
»Menschliches, Allzumenschliches.«
Ein Buch.

Schwermüthig scheu, solang du rückwärts schaust,
Der Zukunft trauend, wo du selbst dir traust:
Oh Vogel, rechn' ich dich den Adlern zu?
Bist du Minerva's Liebling U-hu-hu?

54.
Meinem Leser.

Ein gut Gebiss und einen guten Magen –
Diess wünsch' ich dir!
Und hast du erst mein Buch vertragen,
Verträgst du dich gewiss mit mir!

55.
Der realistische Maler.

»Treu die Natur und ganz!« – Wie fängt er's an:
Wann wäre je Natur im Bilde abgethan?
Unendlich ist das kleinste Stück der Welt! –
Er malt zuletzt davon, was ihm gefällt.
Und was gefällt ihm? Was er malen kann!

56.
Dichter-Eitelkeit.

Gebt mir Leim nur: denn zum Leime
Find' ich selber mir schon Holz!
[366] Sinn in vier unsinn'ge Reime
Legen – ist kein kleiner Stolz!

57.
Wählerischer Geschmack.

Wenn man frei mich wählen liesse,
Wählt' ich gern ein Plätzchen mir
Mitten drin im Paradiese:
Gerner noch – vor seiner Thür!

58.
Die krumme Nase.

Die Nase schauet trutziglich
In's Land, der Nüster blähet sich –
Drum fällst du, Nashorn ohne Horn,
Mein stolzes Menschlein, stets nach vorn!
Und stets beisammen find't sich das:
Gerader Stolz, gekrümmte Nas.

59.
Die Feder kritzelt.

Die Feder kritzelt: Hölle das!
Bin ich verdammt zum Kritzeln-Müssen? –
So greif' ich kühn zum Tintenfass
Und schreib' mit dicken Tintenflüssen.
Wie läuft das hin, so voll, so breit!
Wie glückt mir Alles, wie ich's treibe!
Zwar fehlt der Schrift die Deutlichkeit –
Was thut's? Wer liest denn, was ich schreibe?

60.
Höhere Menschen.

Der steigt empor – ihn soll man loben!
Doch Jener kommt allzeit von Oben!
[367] Der lebt dem Lobe selbst enthoben,
Der ist von Droben!

61.
Der Skeptiker spricht.

Halb ist dein Leben um,
Der Zeiger rückt, die Seele schaudert dir!
Lang schweift sie schon herum
Und sucht und fand nicht – und sie zaudert hier?
Halb ist dein Leben um:
Schmerz war's und Irrthum, Stund' um Stund' dahier!
Was suchst du noch? Warum? – –
Diess eben such' ich – Grund um Grund dafür!

62.
Ecce homo.

Ja! Ich weiss, woher ich stamme!
Ungesättigt gleich der Flamme
Glühe und verzehr' ich mich.
Licht wird Alles, was ich fasse,
Kohle Alles, was ich lasse:
Flamme bin ich sicherlich.

63.
Sternen-Moral.

Vorausbestimmt zur Sternenbahn,
Was geht dich, Stern, das Dunkel an?

Roll' selig hin durch diese Zeit!
Ihr Elend sei dir fremd und weit!

Der fernsten Welt gehört dein Schein:
Mitleid soll Sünde für dich sein!

Nur Ein Gebot gilt dir: sei rein!

[369]

Erstes Buch.

1.

Die Lehrer vom Zwecke des Daseins. – Ich mag nun mit gutem oder bösem Blicke auf die Menschen sehen, ich finde sie immer bei Einer Aufgabe, Alle und jeden Einzelnen in Sonderheit: Das zu thun, was der Erhaltung der menschlichen Gattung frommt. Und zwar wahrlich nicht aus einem Gefühl der Liebe für diese Gattung, sondern einfach, weil Nichts in ihnen älter, stärker, unerbittlicher, unüberwindlicher ist, als jener Instinct, – weil dieser Instinct eben *das Wesen* unserer Art und Heerde ist. Ob man schon schnell genug mit der üblichen Kurzsichtigkeit auf fünf Schritt hin seine Nächsten säuberlich in nützliche und schädliche, gute und böse Menschen auseinander zu thun pflegt, bei einer Abrechnung im Grossen, bei einem längeren Nachdenken über das Ganze wird man gegen dieses Säubern und Auseinanderthun misstrauisch und lässt es endlich sein. Auch der schädlichste Mensch ist vielleicht immer noch der allernützlichste, in Hinsicht auf die Erhaltung der Art; denn er unterhält bei sich oder, durch seine Wirkung, bei Anderen Triebe, ohne welche die Menschheit längst erschlafft oder verfault wäre. Der Hass, die Schadenfreude, die Raub- und Herrschsucht und was Alles sonst böse genannt wird: es gehört zu der erstaunlichen Oekonomie der Arterhaltung, freilich zu einer kostspieligen, verschwenderischen und im Ganzen höchst thörichten Oekonomie: – welche aber *bewiesener Maas-* [370] *sen* unser Geschlecht bisher erhalten hat. Ich weiss nicht mehr, ob du, mein lieber Mitmensch und Nächster, überhaupt zu Ungunsten der Art, also »unvernünftig« und »schlecht« leben kannst; Das, was der Art hätte schaden können, ist vielleicht seit vielen Jahrtausenden schon ausgestorben und gehört jetzt zu den Dingen, die selbst bei Gott nicht mehr möglich sind. Hänge deinen besten oder deinen schlechtesten Begierden nach und vor Allem: geh' zu Grunde! – in Beidem bist du wahrscheinlich immer noch irgendwie der Förderer und Wohlthäter der Menschheit und darfst dir daraufhin deine Lobredner halten – und ebenso deine Spötter! Aber du wirst nie den finden, der dich, den Einzelnen, auch in deinem Besten ganz zu verspotten verstünde, der deine grenzenlose Fliegen- und Frosch-Armseligkeit dir so genügend, wie es sich mit der Wahrheit vertrüge, zu Gemüthe führen könnte! Ueber sich selber lachen, wie man lachen müsste, um aus der ganzen Wahrheit heraus zu lachen, – dazu hatten bisher die Besten nicht genug Wahrheitssinn und die Begabtesten viel zu wenig Genie! Es giebt vielleicht auch für das Lachen noch eine Zukunft! Dann, wenn der Satz »die Art ist Alles, Einer ist immer Keiner« – sich der Menschheit einverleibt hat und Jedem jederzeit der Zugang zu dieser letzten Befreiung und Unverantwortlichkeit offen steht. Vielleicht wird sich dann das Lachen mit der Weisheit verbündet haben, vielleicht giebt es dann nur noch »fröhliche Wissenschaft«. Einstweilen ist es noch ganz anders, einstweilen ist die Komödie des Daseins sich selber noch nicht »bewusst geworden«, einstweilen ist es immer noch die Zeit der Tragödie, die Zeit der Moralen und Religionen. Was bedeutet das immer neue Erscheinen jener Stifter der Moralen und Religionen, jener Urheber des Kampfes um sittliche Schätzungen, jener Lehrer der Gewissensbisse und der Religionskriege? Was bedeuten diese Helden auf dieser Bühne? Denn es waren bisher die Helden derselben, und alles Uebrige, zeitweilig allein Sichtbare und Allzunahe, hat immer nur zur Vorbereitung dieser Helden ge-[371]dient, sei es als Maschinerie und Coulisse oder in der Rolle von Vertrauten und Kammerdienern. (Die Poeten zum Beispiel waren immer die Kammerdiener irgend einer Moral.) – Es versteht sich von selber, dass auch diese Tragöden im Interesse der Art arbeiten, wenn sie auch glauben mögen, im Interesse Gottes und als Sendlinge Gottes zu arbeiten. Auch sie fördern das Leben der Gattung, indem sie den Glauben an das Leben fördern. »Es ist werth zu leben – so ruft ein Jeder von ihnen – es hat Etwas auf sich mit diesem Leben, das Leben hat Etwas hinter sich, unter sich, nehmt euch in Acht!« Jener Trieb, welcher in den höchsten und gemeinsten Menschen gleichmässig waltet, der Trieb der Arterhaltung, bricht von Zeit zu Zeit als Vernunft und Leidenschaft des Geistes hervor; er hat dann ein glänzendes Gefolge von Gründen um sich und will mit aller Gewalt vergessen machen, dass er im Grunde Trieb, Instinct, Thorheit, Grundlosigkeit ist. Das Leben soll geliebt werden, denn! Der Mensch soll sich und seinen Nächsten fördern, denn! Und wie alle diese Soll's und Denn's heissen und in Zukunft noch heissen mögen! Damit Das, was nothwendig und immer, von sich aus und ohne allen Zweck geschieht, von jetzt an auf einen Zweck hin gethan erscheine und dem Menschen als Vernunft und letztes Gebot einleuchte, – dazu tritt der ethische Lehrer auf, als der Lehrer vom Zweck des Daseins; dazu erfindet er ein zweites und anderes Dasein und hebt mittelst seiner neuen Mechanik dieses alte gemeinsame Dasein aus seinen alten gemeinen Angeln. Ja! er will durchaus nicht, dass wir über das Dasein lachen, noch auch über uns, – noch auch über ihn; für ihn ist Einer immer Einer, etwas Erstes und Letztes und Ungeheures, für ihn giebt es keine Art, keine Summen, keine Nullen. Wie thöricht und schwärmerisch auch seine Erfindungen und Schätzungen sein mögen, wie sehr er den Gang der Natur verkennt und ihre Bedingungen verleugnet: – und alle Ethiken waren zeither bis zu dem Grade thöricht und widernatürlich, dass an jeder von ihnen die Menschheit zu Grunde [372] gegangen sein würde, falls sie sich der Menschheit bemächtigt hätte – immerhin! jedesmal wenn

»der Held« auf die Bühne trat, wurde etwas Neues erreicht, das schauerliche Gegenstück des Lachens, jene tiefe Erschütterung vieler Einzelner bei dem Gedanken: »ja, es ist werth zu leben! ja, ich bin werth zu leben!« – das Leben und ich und du und wir Alle einander wurden uns wieder einmal für einige Zeit interessant. – Es ist nicht zu leugnen, dass auf die Dauer über jeden Einzelnen dieser grossen Zwecklehrer bisher das Lachen und die Vernunft und die Natur Herr geworden ist: die kurze Tragödie gieng schliesslich immer in die ewige Komödie des Daseins über und zurück, und die »Wellen unzähligen Gelächters« – mit Aeschylus zu reden – müssen zuletzt auch über den grössten dieser Tragöden noch hinwegschlagen. Aber bei alle diesem corrigirenden Lachen ist im Ganzen doch durch diess immer neue Erscheinen jener Lehrer vom Zweck des Daseins die menschliche Natur verändert worden, – sie hat jetzt ein Bedürfniss mehr, eben das Bedürfniss nach dem immer neuen Erscheinen solcher Lehrer und Lehren vom »Zweck«. Der Mensch ist allmählich zu einem phantastischen Thiere geworden, welches eine Existenz-Bedingung mehr, als jedes andere Thier, zu erfüllen hat: der Mensch muss von Zeit zu Zeit glauben, zu wissen, warum er existirt, seine Gattung kann nicht gedeihen ohne ein periodisches Zutrauen zu dem Leben! Ohne Glauben an die Vernunft im Leben! Und immer wieder wird von Zeit zu Zeit das menschliche Geschlecht decretiren: »es giebt Etwas, über das absolut nicht mehr gelacht werden darf!« Und der vorsichtigste Menschenfreund wird hinzufügen: »nicht nur das Lachen und die fröhliche Weisheit, sondern auch das Tragische mit all seiner erhabenen Unvernunft gehört unter die Mittel und Nothwendigkeiten der Arterhaltung!« – Und folglich! Folglich! Folglich! Oh versteht ihr mich, meine Brüder? Versteht ihr dieses neue Gesetz der Ebbe und Fluth? Auch wir haben unsere Zeit!

[373] 2.

Das intellectuale Gewissen. – Ich mache immer wieder die gleiche Erfahrung und sträube mich ebenso immer von Neuem gegen sie, ich will es nicht glauben, ob ich es gleich mit Händen greife: den Allermeisten fehlt das intellectuale Gewissen; ja es wollte mir oft scheinen, als ob man mit der Forderung eines solchen in den volkreichsten Städten einsam wie in der Wüste sei. Es sieht dich Jeder mit fremden Augen an und handhabt seine Wage weiter, diess gut, jenes böse nennend; es macht Niemandem eine Schamröthe, wenn du merken lässest, dass diese Gewichte nicht vollwichtig sind, – es macht auch keine Empörung gegen dich: vielleicht lacht man über deinen Zweifel. Ich will sagen: die Allermeisten finden es nicht verächtlich, diess oder jenes zu glauben und darnach zu leben, ohne sich vorher der letzten und sichersten Gründe für und wider bewusst worden zu sein und ohne sich auch nur die Mühe um solche Gründe hinterdrein zu geben, – die begabtesten Männer und die edelsten Frauen gehören noch zu diesen »Allermeisten«. Was ist mir aber Gutherzigkeit, Feinheit und Genie, wenn der Mensch dieser Tugenden schlaffe Gefühle im Glauben und Urtheilen bei sich duldet, wenn das Verlangen nach Gewissheit ihm nicht als die innerste Begierde und tiefste Noth gilt, – als Das, was die höheren Menschen von den niederen scheidet! Ich fand bei gewissen Frommen einen Hass gegen die Vernunft vor und war ihnen gut dafür: so verrieth sich doch wenigstens noch das böse intellectuale Gewissen! Aber inmitten dieser rerum concordia discors und der ganzen wundervollen Ungewissheit und Vieldeutigkeit des Daseins stehen und nicht fragen, nicht zittern vor Begierde und Lust des Fragens, nicht einmal den Fragenden hassen, vielleicht gar noch an ihm sich matt ergötzen – das ist es, was ich als verächtlich empfinde, und diese Empfindung ist es, nach der ich zuerst bei Jedermann suche: – irgend eine Narrheit

[374] überredet mich immer wieder, jeder Mensch habe diese Empfindung, als Mensch. Es ist meine Art von Ungerechtigkeit.

3.

Edel und Gemein. – Den gemeinen Naturen erscheinen alle edlen, grossmüthigen Gefühle als unzweckmässig und desshalb zu allererst als unglaubwürdig: sie zwinkern mit den Augen, wenn sie von dergleichen hören, und scheinen sagen zu wollen »es wird wohl irgend ein guter Vortheil dabei sein, man kann nicht durch alle Wände sehen«: – sie sind argwöhnisch gegen den Edlen, als ob er den Vortheil auf Schleichwegen suche. Werden sie von der Abwesenheit selbstischer Absichten und Gewinnste allzu deutlich überzeugt, so gilt ihnen der Edle als eine Art von Narren: sie verachten ihn in seiner Freude und lachen über den Glanz seiner Augen. »Wie kann man sich darüber freuen im Nachtheil zu sein, wie kann man mit offnen Augen in Nachtheil gerathen wollen! Es muss eine Krankheit der Vernunft mit der edlen Affection verbunden sein« – so denken sie und blicken geringschätzig dabei: wie sie die Freude geringschätzen, welche der Irrsinnige von seiner fixen Idee her hat. Die gemeine Natur ist dadurch ausgezeichnet, dass sie ihren Vortheil unverrückt im Auge behält und dass diess Denken an Zweck und Vortheil selbst stärker, als die stärksten Triebe in ihr ist: sich durch jene Triebe nicht zu unzweckmässigen Handlungen verleiten lassen – das ist ihre Weisheit und ihr Selbstgefühl. Im Vergleich mit ihr ist die höhere Natur die unvernünftigere: – denn der Edle, Grossmüthige, Aufopfernde unterliegt in der That seinen Trieben, und in seinen besten Augenblicken pausirt seine Vernunft. Ein Thier, das mit Lebensgefahr seine Jungen beschützt oder in der Zeit der Brunst dem Weibchen auch in den Tod folgt, denkt nicht an die Gefahr und den Tod, seine Vernunft pausirt ebenfalls, weil die Lust an seiner Brut oder an dem Weibchen und die Furcht, dieser Lust be-[375]raubt zu werden es ganz beherrschen; es wird dümmer, als es sonst ist, gleich dem Edlen und Grossmüthigen. Dieser besitzt einige Lust- und Unlust-Gefühle in solcher Stärke, dass der Intellect dagegen schweigen oder sich zu ihrem Dienste hergeben muss: es tritt dann bei ihnen das Herz in den Kopf und man spricht nunmehr von »Leidenschaft«. (Hier und da kommt auch wohl der Gegensatz dazu und gleichsam die »Umkehrung der Leidenschaft« vor, zum Beispiel bei Fontenelle, dem Jemand einmal die Hand auf das Herz legte, mit den Worten: »Was Sie da haben, mein Theuerster, ist auch Gehirn«.) Die Unvernunft oder Quervernunft der Leidenschaft ist es, die der Gemeine am Edlen verachtet, zumal wenn diese sich auf Objecte richtet, deren Werth ihm ganz phantastisch und willkürlich zu sein scheint. Er ärgert sich über Den, welcher der Leidenschaft des Bauches unterliegt, aber er begreift doch den Reiz, welcher hier den Tyrannen macht; aber er begreift es nicht, wie man zum Beispiel einer Leidenschaft der Erkenntniss zu Liebe seine Gesundheit und Ehre auf's Spiel setzen könne. Der Geschmack der höheren Natur richtet sich auf Ausnahmen, auf Dinge, die gewöhnlich kalt lassen und keine Süssigkeit zu haben scheinen; die höhere Natur hat ein singuläres Werthmaass. Dazu ist sie meistens des Glaubens, nicht ein singuläres Werthmaass in ihrer Idiosynkrasie des Geschmacks zu haben, sie setzt vielmehr ihre Werthe und Unwerthe als die überhaupt gültigen Werthe und Unwerthe an, und geräth damit in's Unverständliche und Unpraktische. Es ist sehr selten, dass eine höhere Natur soviel Vernunft übrig behält, um Alltags-Menschen als solche zu verstehen und zu behandeln: zu allermeist glaubt sie an ihre Leidenschaft als an die verborgen gehaltene Leidenschaft Aller und ist gerade in diesem Glauben voller Gluth und Beredtsamkeit. Wenn nun solche Ausnahme-Menschen sich selber nicht als Ausnahmen fühlen, wie sollten sie jemals die gemeinen Naturen verstehen und die Regel billig abschätzen können! – und so reden auch sie von der Thorheit, Zweckwidrigkeit und Phan-[376]tasterei der Menschheit, voller Verwunderung, wie toll die Welt laufe und warum sie sich nicht zu dem bekennen wolle, was »ihr Noth thue«. – Diess ist die ewige Ungerechtigkeit der Edlen.

4.

Das Arterhaltende. – Die stärksten und bösesten Geister haben bis jetzt die Menschheit am meisten vorwärts gebracht: sie entzündeten immer wieder die einschlafenden Leidenschaften – alle geordnete Gesellschaft schläfert die Leidenschaften ein –, sie weckten immer wieder den Sinn der Vergleichung, des Widerspruchs, der Lust am Neuen, Gewagten, Unerprobten, sie zwangen die Menschen, Meinungen gegen Meinungen, Musterbilder gegen Musterbilder zu stellen. Mit den Waffen, mit Umsturz der Grenzsteine, durch Verletzung der Pietäten zumeist: aber auch durch neue Religionen und Moralen! Die selbe »Bosheit« ist in jedem Lehrer und Prediger des Neuen, – welche einen Eroberer verrufen macht, wenn sie auch sich feiner äussert, nicht sogleich die Muskeln in Bewegung setzt und eben desshalb auch nicht so verrufen macht! Das Neue ist aber unter allen Umständen das Böse, als Das, was erobern, die alten Grenzsteine und die alten Pietäten umwerfen will; und nur das Alte ist das Gute! Die guten Menschen jeder Zeit sind die, welche die alten Gedanken in die Tiefe graben und mit ihnen Frucht tragen, die Ackerbauer des Geistes. Aber jedes Land wird endlich ausgenützt, und immer wieder muss die Pflugschar des Bösen kommen. – Es giebt jetzt eine gründliche Irrlehre der Moral, welche namentlich in England sehr gefeiert wird: nach ihr sind die Urtheile »gut« und »böse« die Aufsammlung der Erfahrungen über »zweckmässig« und »unzweckmässig«; nach ihr ist das Gut-Genannte das Arterhaltende, das Bös-Genannte aber das der Art Schädliche. In Wahrheit sind aber die bösen Triebe in eben so hohem Grade zweckmässig, art-[377]erhaltend und unentbehrlich wie die guten: – nur ist ihre Function eine verschiedene.

5.

Unbedingte Pflichten. – Alle Menschen, welche fühlen, dass sie die stärksten Worte und Klänge, die beredtesten Gebärden und Stellungen nöthig haben, um überhaupt zu wirken, Revolutions-Politiker, Socialisten, Bussprediger mit und ohne Christenthum, bei denen allen es keine halben Erfolge geben darf: alle diese reden von »Pflichten«, und zwar immer von Pflichten mit dem Charakter des Unbedingten – ohne solche hätten sie kein Recht zu ihrem grossen Pathos: das wissen sie recht wohl! So greifen sie nach Philosophieen der Moral, welche irgend einen kategorischen Imperativ predigen, oder sie nehmen ein gutes Stück Religion in sich hinein, wie diess zum Beispiel Mazzini gethan hat. Weil sie wollen, dass ihnen unbedingt vertraut werde, haben sie zuerst nöthig, dass sie sich selber unbedingt vertrauen, auf Grund irgend eines letzten indiscutabeln und an sich erhabenen Gebotes, als dessen Diener und Werkzeuge sie sich fühlen und ausgeben möchten. Hier haben wir die natürlichsten und meistens sehr einflussreichen Gegner der moralischen Aufklärung und Skepsis: aber sie sind selten. Dagegen giebt es eine sehr umfängliche Classe dieser Gegner überall dort, wo das Interesse die Unterwerfung lehrt, während Ruf und Ehre die Unterwerfung zu verbieten scheinen. Wer sich entwürdigt fühlt bei dem Gedanken, das Werkzeug eines Fürsten oder einer Partei und Secte oder gar einer Geldmacht zu sein, zum Beispiel als Abkömmling einer alten, stolzen Familie, aber eben diess Werkzeug sein will oder sein muss, vor sich und vor der Oeffentlichkeit, der hat pathetische Principien nöthig, die man jederzeit in den Mund nehmen kann: – Principien eines unbedingten Sollens, welchen man sich ohne Beschämung unterwerfen und unterworfen zeigen darf. Alle feinere Servilität hält am kategorischen Imperativ fest und ist [378] der Todfeind Derer, welche der Pflicht den unbedingten Charakter nehmen wollen: so fordert es von ihnen der Anstand, und nicht nur der Anstand.

6.

Verlust an Würde. – Das Nachdenken ist um all seine Würde der Form gekommen, man hat das Ceremoniell und die feierliche Gebärde des Nachdenkens zum Gespött gemacht und würde einen weisen Mann alten Stils nicht mehr aushalten. Wir denken zu rasch, und unterwegs, und mitten im Gehen, mitten in Geschäften aller Art, selbst wenn wir an das Ernsthafteste denken; wir brauchen wenig Vorbereitung, selbst wenig Stille: – es ist, als ob wir eine unaufhaltsam rollende Maschine im Kopfe herumtrügen, welche selbst unter den ungünstigsten Umständen noch arbeitet. Ehemals sah man es Jedem an, dass er einmal denken wollte – es war wohl die Ausnahme! –, dass er jetzt weiser werden wollte und sich auf einen Gedanken gefasst machte: man zog ein Gesicht dazu, wie zu einem Gebet, und hielt den Schritt an; ja man stand stundenlang auf der Strasse still, wenn der Gedanke »kam« – auf einem oder auf zwei Beinen. So war es »der Sache würdig«!

7.

Etwas für Arbeitsame. – Wer jetzt aus den moralischen Dingen ein Studium machen will, eröffnet sich ein ungeheures Feld der Arbeit. Alle Arten Passionen müssen einzeln durchdacht, einzeln durch Zeiten, Völker, grosse und kleine Einzelne verfolgt werden; ihre ganze Vernunft und alle ihre Werthschätzungen und Beleuchtungen der Dinge sollen an's Licht hinaus! Bisher hat alles Das, was dem Dasein Farbe gegeben hat, noch keine Geschichte: oder wo gäbe es eine Geschichte der Liebe, der Habsucht, des Neides, des Gewissens, der Pietät, der Grau-[379]samkeit? Selbst eine vergleichende Geschichte des Rechtes, oder auch nur der Strafe, fehlt bisher vollständig. Hat man schon die verschiedene Eintheilung des Tages, die Folgen einer regelmässigen Festsetzung von Arbeit, Fest und Ruhe zum Gegenstand der Forschung gemacht? Kennt man die moralischen Wirkungen der Nahrungsmittel? Giebt es eine Philosophie der Ernährung? (Der immer wieder losbrechende Lärm für und wider den Vegetarianismus beweist schon, dass es noch keine solche Philosophie giebt!) Sind die Erfahrungen über das Zusammenleben, zum Beispiel die Erfahrungen der Klöster, schon gesammelt? Ist die Dialektik der Ehe und Freundschaft schon dargestellt? Die Sitten der Gelehrten, der Kaufleute, Künstler, Handwerker, – haben sie schon ihre Denker gefunden? Es ist so viel daran zu denken! Alles, was bis jetzt die Menschen als ihre »Existenz-Bedingungen« betrachtet haben, und alle Vernunft, Leidenschaft und Aberglauben an dieser Betrachtung, – ist diess schon zu Ende erforscht? Allein die Beobachtung des verschiedenen Wachsthums, welches die menschlichen Triebe je nach dem verschiedenen moralischen Klima gehabt haben und noch haben könnten, giebt schon zu viel der Arbeit für den Arbeitsamsten; es bedarf ganzer Geschlechter und planmässig zusammen arbeitender Geschlechter von Gelehrten, um hier die Gesichtspuncte und das Material zu erschöpfen. Das Selbe gilt von der Nachweisung der Gründe für die Verschiedenheit des moralischen Klimas (»wesshalb leuchtet hier diese Sonne eines moralischen Grundurtheils und Hauptwerthmessers – und dort jene?«). Und wieder eine neue Arbeit ist es, welche die Irrthümlichkeit aller dieser Gründe und das ganze Wesen des bisherigen moralischen Urtheils feststellt. Gesetzt, alle diese Arbeiten seien gethan, so träte die heikeligste aller Fragen in den Vordergrund, ob die Wissenschaft im Stande sei, Ziele des Handelns zu geben, nachdem sie bewiesen hat, dass sie solche nehmen und vernichten kann – und dann würde ein Experimentiren am Platze sein, an dem jede Art von Heroismus sich [380] befriedigen könnte, ein Jahrhunderte langes Experimentiren, welches alle grossen Arbeiten und Aufopferungen der bisherigen Geschichte in Schatten stellen könnte. Bisher hat die Wissenschaft ihre Cyklopen-Bauten noch nicht gebaut; auch dafür wird die Zeit kommen.

8.

Unbewusste Tugenden. – Alle Eigenschaften eines Menschen, deren er sich bewusst ist – und namentlich, wenn er deren Sichtbarkeit und Evidenz auch für seine Umgebung voraussetzt – stehen unter ganz anderen Gesetzen der Entwickelung, als jene Eigenschaften, welche ihm unbekannt oder schlecht bekannt sind und die sich auch vor dem Auge des feineren Beobachters durch ihre Feinheit verbergen und wie hinter das Nichts zu verstecken wissen. So steht es mit den feinen Sculpturen auf den Schuppen der Reptilien: es würde ein Irrthum sein, in ihnen einen Schmuck oder eine Waffe zu vermuthen – denn man sieht sie erst mit dem Mikroskop, also mit einem so künstlich verschärften Auge, wie es ähnliche Thiere, für welche es etwa Schmuck oder Waffe zu bedeuten hätte, nicht besitzen! Unsere sichtbaren moralischen Qualitäten, und namentlich unsere sichtbar geglaubten gehen ihren Gang, – und die unsichtbaren ganz gleichnamigen, welche uns in Hinsicht auf Andere weder Schmuck noch Waffe sind, gehen auch ihren Gang: einen ganz anderen wahrscheinlich, und mit Linien und Feinheiten und Sculpturen, welche vielleicht einem Gotte mit einem göttlichen Mikroskope Vergnügen machen könnten. Wir haben zum Beispiel unsern Fleiss, unsern Ehrgeiz, unsern Scharfsinn: alle Welt weiss darum –, und ausserdem haben wir wahrscheinlich noch einmal unseren Fleiss, unseren Ehrgeiz, unseren Scharfsinn; aber für diese unsere Reptilien-Schuppen ist das Mikroskop noch nicht erfunden! – Und hier werden die Freunde der instinctiven Moralität sa-[381]gen: »Bravo! Er hält wenigstens unbewusste Tugenden für möglich, – das genügt uns!« – Oh ihr Genügsamen!

9.

Unsere Eruptionen. – Unzähliges, was sich die Menschheit auf früheren Stufen aneignete, aber so schwach und embryonisch, dass es Niemand als angeeignet wahrzunehmen wusste, stösst plötzlich, lange darauf, vielleicht nach Jahrhunderten, an's Licht: es ist inzwischen stark und reif geworden. Manchen Zeitaltern scheint diess oder jenes Talent, diese oder jene Tugend ganz zu fehlen, wie manchen Menschen: aber man warte nur bis auf die Enkel und Enkelskinder, wenn man Zeit hat, zu warten, – sie bringen das Innere ihrer Grossväter an die Sonne, jenes Innere, von dem die Grossväter selbst noch Nichts wussten. Oft ist schon der Sohn der Verräther seines Vaters: dieser versteht sich selber besser, seit er seinen Sohn hat. Wir haben Alle verborgene Gärten und Pflanzungen in uns; und, mit einem andern Gleichnisse, wir sind Alle wachsende Vulcane, die ihre Stunde der Eruption haben werden: – wie nahe aber oder wie ferne diese ist, das freilich weiss Niemand, selbst der liebe Gott nicht.

10.

Eine Art von Atavismus. – Die seltenen Menschen einer Zeit verstehe ich am liebsten als plötzlich auftauchende Nachschösslinge vergangener Culturen und deren Kräften: gleichsam als den Atavismus eines Volkes und seiner Gesittung: – so ist wirklich Etwas noch an ihnen zu verstehen! Jetzt erscheinen sie fremd, selten, ausserordentlich: und wer diese Kräfte in sich fühlt, hat sie gegen eine widerstrebende andere Welt zu pflegen, zu vertheidigen, zu ehren, gross zu ziehen: und so wird er damit entweder ein grosser [382]

Mensch oder ein verrückter und absonderlicher, sofern er überhaupt nicht bei Zeiten zu Grunde geht. Ehedem waren diese selben Eigenschaften gewöhnlich und galten folglich als gemein: sie zeichneten nicht aus. Vielleicht wurden sie gefordert, vorausgesetzt; es war unmöglich, mit ihnen gross zu werden, und schon desshalb, weil die Gefahr fehlte, mit ihnen auch toll und einsam zu werden. – Die erhaltenden Geschlechter und Kasten eines Volkes sind es vornehmlich, in denen solche Nachschläge alter Triebe vorkommen, während keine Wahrscheinlichkeit für solchen Atavismus ist, wo Rassen, Gewohnheiten, Werthschätzungen zu rasch wechseln. Das Tempo bedeutet nämlich unter den Kräften der Entwickelung bei Völkern ebensoviel wie bei der Musik; für unseren Fall ist durchaus ein Andante der Entwickelung nothwendig, als das Tempo eines leidenschaftlichen und langsamen Geistes: – und der Art ist ja der Geist conservativer Geschlechter.

11.

Das Bewusstsein. – Die Bewusstheit ist die letzte und späteste Entwickelung des Organischen und folglich auch das Unfertigste und Unkräftigste daran. Aus der Bewusstheit stammen unzählige Fehlgriffe, welche machen, dass ein Thier, ein Mensch zu Grunde geht, früher als es nöthig wäre, »über das Geschick«, wie Homer sagt. Wäre nicht der erhaltende Verband der Instincte so überaus viel mächtiger, diente er nicht im Ganzen als Regulator: an ihrem verkehrten Urtheilen und Phantasiren mit offenen Augen, an ihrer Ungründlichkeit und Leichtgläubigkeit, kurz eben an ihrer Bewusstheit müsste die Menschheit zu Grunde gehen: oder vielmehr, ohne jenes gäbe es diese längst nicht mehr! Bevor eine Function ausgebildet und reif ist, ist sie eine Gefahr des Organismus: gut, wenn sie so lange tüchtig tyrannisirt wird! So wird die Bewusstheit tüchtig tyrannisirt – und nicht am wenigsten von dem Stolze darauf! Man denkt, hier sei der Kern des Menschen; sein Bleibendes, [383] Ewiges, Letztes, Ursprünglichstes! Man hält die Bewusstheit für eine feste gegebene Grösse! Leugnet ihr Wachsthum, ihre Intermittenzen! Nimmt sie als »Einheit des Organismus«! – Diese lächerliche Ueberschätzung und Verkennung des Bewusstseins hat die grosse Nützlichkeit zur Folge, dass damit eine allzuschnelle Ausbildung desselben verhindert worden ist. Weil die Menschen die Bewusstheit schon zu haben glaubten, haben sie sich wenig Mühe darum gegeben, sie zu erwerben – und auch jetzt noch steht es nicht anders! Es ist immer noch eine ganz neue und eben erst dem menschlichen Auge aufdämmernde, kaum noch deutlich erkennbare Aufgabe, das Wissen sich einzuverleiben und instinctiv zu machen, – eine Aufgabe, welche nur von Denen gesehen wird, die begriffen haben, dass bisher nur unsere Irrthümer uns einverleibt waren und dass alle unsere Bewusstheit sich auf Irrthümer bezieht!

12.

Vom Ziele der Wissenschaft. – Wie? Das letzte Ziel der Wissenschaft sei, dem Menschen möglichst viel Lust und möglichst wenig Unlust zu schaffen? Wie, wenn nun Lust und Unlust so mit einem Stricke zusammengeknüpft wären, dass, wer möglichst viel von der einen haben will, auch möglichst viel von der andern haben muss, – dass, wer das »Himmelhoch-Jauchzen« lernen will, sich auch für das »zum-Tode-betrübt« bereit halten muss? Und so steht es vielleicht! Die Stoiker glaubten wenigstens, dass es so stehe, und waren consequent, als sie nach möglichst wenig Lust begehrten, um möglichst wenig Unlust vom Leben zu haben (wenn man den Spruch im Munde führte »Der Tugendhafte ist der Glücklichste«, so hatte man in ihm sowohl ein Aushängeschild der Schule für die grosse Masse, als auch eine casuistische Feinheit für die Feinen). Auch heute noch habt ihr die Wahl: entweder möglichst [384] wenig Unlust, kurz Schmerzlosigkeit – und im Grunde dürften Socialisten und Politiker aller Parteien ihren Leuten ehrlicher Weise nicht mehr verheissen – oder möglichst viel Unlust als Preis für das Wachsthum einer Fülle von feinen und bisher selten gekosteten Lüsten und Freuden! Entschliesst ihr euch für das Erstere, wollt ihr also die Schmerzhaftigkeit der Menschen herabdrücken und vermindern, nun, so müsst ihr auch ihre Fähigkeit zur Freude herabdrücken und vermindern. In der That kann man mit der Wissenschaft das eine wie das andere Ziel fördern! Vielleicht ist sie jetzt noch bekannter wegen ihrer Kraft, den Menschen um seine Freuden zu bringen, und ihn kälter, statuenhafter, stoischer zu machen. Aber sie könnte auch noch als die grosse Schmerzbringerin entdeckt werden! – Und dann würde vielleicht zugleich ihre Gegenkraft entdeckt sein, ihr ungeheures Vermögen, neue Sternenwelten der Freude aufleuchten zu lassen!

13.

Zur Lehre vom Machtgefühl. – Mit Wohlthun und Wehethun übt man seine Macht an Andern aus – mehr will man dabei nicht! Mit Wehethun an Solchen, denen wir unsere Macht erst fühlbar machen müssen; denn der Schmerz ist ein viel empfindlicheres Mittel dazu als die Lust: – der Schmerz fragt immer nach der Ursache, während die Lust geneigt ist, bei sich selber stehen zu bleiben und nicht rückwärts zu schauen. Mit Wohlthun und Wohlwollen an Solchen, die irgendwie schon von uns abhängen (das heisst gewohnt sind, an uns als ihre Ursachen zu denken); wir wollen ihre Macht mehren, weil wir so die unsere mehren, oder wir wollen ihnen den Vortheil zeigen, den es hat, in unserer Macht zu stehen, – so werden sie mit ihrer Lage zufriedener und gegen die Feinde unserer Macht feindseliger und kampfbereiter sein. Ob wir beim Wohl- oder Wehethun Opfer bringen, verändert den letzten Werth un-

[385]serer Handlungen nicht; selbst wenn wir unser Leben daran setzen, wie der Märtyrer zu Gunsten seiner Kirche, es ist ein Opfer, gebracht unserem Verlangen nach Macht, oder zum Zweck der Erhaltung unseres Machtgefühls. Wer da empfindet »ich bin im Besitz der Wahrheit«, wie viel Besitzthümer lässt der nicht fahren, um diese Empfindung zu retten! Was wirft er nicht Alles über Bord, um sich »oben« zu erhalten, – das heisst über den Andern, welche der »Wahrheit« ermangeln! Gewiss ist der Zustand, wo wir wehe thun, selten so angenehm, so ungemischt-angenehm, wie der, in welchem wir wohl thun, – es ist ein Zeichen, dass uns noch Macht fehlt, oder verräth den Verdruss über diese Armuth, es bringt neue Gefahren und Unsicherheiten für unseren vorhandenen Besitz von Macht mit sich und umwölkt unsern Horizont durch die Aussicht auf Rache, Hohn, Strafe, Misserfolg. Nur für die reizbarsten und begehrlichsten Menschen des Machtgefühles mag es lustvoller sein, dem Widerstrebenden das Siegel der Macht aufzudrücken; für solche, denen der Anblick des bereits Unterworfenen (als welcher der Gegenstand des Wohlwollens ist) Last und Langeweile macht. Es kommt darauf an, wie man gewöhnt ist, sein Leben zu würzen; es ist eine Sache des Geschmackes, ob man lieber den langsamen oder den plötzlichen, den sicheren oder den gefährlichen und verwegenen Machtzuwachs haben will, – man sucht diese oder jene Würze immer nach seinem Temperamente. Eine leichte Beute ist stolzen Naturen etwas Verächtliches, sie empfinden ein Wohlgefühl erst beim Anblick ungebrochener Menschen, welche ihnen Feind werden könnten, und ebenso beim Anblick aller schwer zugänglichen Besitzthümer; gegen den Leidenden sind sie oft hart, denn er ist ihres Strebens und Stolzes nicht werth, – aber um so verbindlicher zeigen sie sich gegen die Gleichen, mit denen ein Kampf und Ringen jedenfalls ehrenvoll wäre, wenn sich einmal eine Gelegenheit dazu finden sollte. Unter dem Wohlgefühle dieser Perspective haben sich die Menschen der rit-

terlichen Kaste gegen einander an eine aus-[386]gesuchte Höflichkeit gewöhnt. – Mitleid ist das angenehmste Gefühl bei Solchen, welche wenig stolz sind und keine Aussicht auf grosse Eroberungen haben: für sie ist die leichte Beute – und das ist jeder Leidende – etwas Entzückendes. Man rühmt das Mitleid als die Tugend der Freudenmädchen.

14.

Was Alles Liebe genannt wird. – Habsucht und Liebe: wie verschieden empfinden wir bei jedem dieser Worte! – und doch könnte es der selbe Trieb sein, zweimal benannt, das eine Mal verunglimpft vom Standpuncte der bereits Habenden aus, in denen der Trieb etwas zur Ruhe gekommen ist und die nun für ihre »Habe« fürchten; das andere Mal vom Standpuncte der Unbefriedigten, Durstigen aus, und daher verherrlicht als »gut«. Unsere Nächstenliebe – ist sie nicht ein Drang nach neuem Eigenthum? Und ebenso unsere Liebe zum Wissen, zur Wahrheit und überhaupt all jener Drang nach Neuigkeiten? Wir werden des Alten, sicher Besessenen allmählich überdrüssig und strecken die Hände wieder aus; selbst die schönste Landschaft, in der wir drei Monate leben, ist unserer Liebe nicht mehr gewiss, und irgend eine fernere Küste reizt unsere Habsucht an: der Besitz wird durch das Besitzen zumeist geringer. Unsere Lust an uns selber will sich so aufrecht erhalten, dass sie immer wieder etwas Neues in uns selber verwandelt, – das eben heisst Besitzen. Eines Besitzes überdrüssig werden, das ist: unserer selber überdrüssig werden. (Man kann auch am Zuviel leiden, – auch die Begierde, wegzuwerfen, auszutheilen, kann sich den Ehrennamen »Liebe« zulegen.) Wenn wir Jemanden leiden sehen, so benutzen wir gerne die jetzt gebotene Gelegenheit, Besitz von ihm zu ergreifen; diess thut zum Beispiel der Wohlthätige und Mitleidige, auch er nennt die in ihm erweckte Begierde nach neuem Besitz »Liebe«, und hat seine Lust dabei wie bei einer neuen ihm winkenden

Eroberung. Am deut-[387]lichsten aber verräth sich die Liebe der Geschlechter als Drang nach Eigenthum: der Liebende will den unbedingten Alleinbesitz der von ihm ersehnten Person, er will eine ebenso unbedingte Macht über ihre Seele wie ihren Leib, er will allein geliebt sein und als das Höchste und Begehrenswertheste in der andern Seele wohnen und herrschen. Erwägt man, dass diess nichts Anderes heisst, als alle Welt von einem kostbaren Gute, Glücke und Genusse ausschliessen: erwägt man, dass der Liebende auf die Verarmung und Entbehrung aller anderen Mitbewerber ausgeht und zum Drachen seines goldenen Hortes werden möchte, als der rücksichtsloseste und selbstsüchtigste aller »Eroberer« und Ausbeuter: erwägt man endlich, dass dem Liebenden selber die ganze andere Welt gleichgültig, blass, werthlos erscheint und er jedes Opfer zu bringen, jede Ordnung zu stören, jedes Interesse hintennach zu setzen bereit ist: so wundert man sich in der That, dass diese wilde Habsucht und Ungerechtigkeit der Geschlechtsliebe dermaassen verherrlicht und vergöttlicht worden ist, wie zu allen Zeiten geschehen, ja, dass man aus dieser Liebe den Begriff Liebe als den Gegensatz des Egoismus hergenommen hat, während sie vielleicht gerade der unbefangenste Ausdruck des Egoismus ist. Hier haben offenbar die Nichtbesitzenden und Begehrenden den Sprachgebrauch gemacht, – es gab wohl ihrer immer zu viele. Solche, welchen auf diesem Bereiche viel Besitz und Sättigung gegönnt war, haben wohl hier und da ein Wort vom »wüthenden Dämon« fallen lassen, wie jener liebenswürdigste und geliebteste aller Athener, Sophokles: aber Eros lachte jederzeit über solche Lästerer, – es waren immer gerade seine grössten Lieblinge. – Es giebt wohl hier und da auf Erden eine Art Fortsetzung der Liebe, bei der jenes habsüchtige Verlangen zweier Personen nach einander einer neuen Begierde und Habsucht, einem gemeinsamen höheren Durste nach einem über ihnen stehenden Ideale gewichen ist: aber wer kennt diese Liebe? Wer hat sie erlebt? Ihr rechter Name ist Freundschaft.

[388] 15.

Aus der Ferne. – Dieser Berg macht die ganze Gegend, die er beherrscht, auf alle Weise reizend und bedeutungsvoll: nachdem wir diess uns zum hundertsten Male gesagt haben, sind wir so unvernünftig und so dankbar gegen ihn gestimmt, dass wir glauben, er, der Geber dieses Reizes, müsse selber das Reizvollste der Gegend sein – und so steigen wir auf ihn hinauf und sind enttäuscht. Plötzlich ist er selber, und die ganze Landschaft um uns, unter uns wie entzaubert; wir hatten vergessen, dass manche Grösse, wie manche Güte, nur auf eine gewisse Distanz hin gesehen werden will, und durchaus von unten, nicht von oben, – so allein wirkt sie. Vielleicht kennst du Menschen in deiner Nähe, die sich selber nur aus einer gewissen Ferne ansehen dürfen, um sich überhaupt erträglich oder anziehend und kraftgebend zu finden; die Selbsterkenntnis ist ihnen zu widerrathen.

16.

Ueber den Steg. – Im Verkehre mit Personen, welche gegen ihre Gefühle schamhaft sind, muss man sich verstellen können; sie empfinden einen plötzlichen Hass gegen Den, welcher sie auf einem zärtlichen oder schwärmerischen und hochgehenden Gefühle ertappt, wie als ob er ihre Heimlichkeiten gesehen habe. Will man ihnen in solchen Augenblicken wohl thun, so mache man sie lachen oder sage irgend eine kalte scherzhafte Bosheit: – ihr Gefühl erfriert dabei, und sie sind ihrer wieder mächtig. Doch ich gebe die Moral vor der Geschichte. – Wir sind uns Einmal im Leben so nahe gewesen, dass Nichts unsere Freund- und Bruderschaft mehr zu hemmen schien und nur noch ein kleiner Steg zwischen uns war. Indem du ihn eben betreten wolltest, fragte ich dich: »willst du zu mir über den Steg?« – Aber da wolltest du nicht mehr; und als ich nochmals bat, schwiegst du. Seitdem sind Berge und reissende Ströme, und was [389] nur trennt und fremd macht, zwischen uns geworfen, und wenn wir auch zu einander wollten, wir könnten es nicht mehr! Gedenkst du aber jetzt jenes kleinen Steges, so hast du nicht Worte mehr, – nur noch Schluchzen und Verwunderung.

17.

Seine Armuth motiviren. – Wir können freilich durch kein Kunststück aus einer armen Tugend eine reiche, reichfliessende machen, aber wohl können wir ihre Armuth schön in die Nothwendigkeit umdeuten, sodass ihr Anblick uns nicht mehr wehe thut, und wir ihrethalben dem Fatum keine vorwurfsvollen Gesichter machen. So thut der weise Gärtner, der das arme Wässerchen seines Gartens einer Quellnymphe in den Arm legt und also die Armuth motivirt: – und wer hätte nicht gleich ihm die Nymphen nöthig!

18.

Antiker Stolz. – Die antike Färbung der Vornehmheit fehlt uns, weil unserem Gefühle der antike Sclave fehlt. Ein Grieche edler Abkunft fand zwischen seiner Höhe und jener letzten Niedrigkeit solche ungeheure Zwischen-Stufen und eine solche Ferne, dass er den Sclaven kaum noch deutlich sehen konnte: selbst Plato hat ihn nicht ganz mehr gesehen. Anders wir, gewöhnt wie wir sind an die Lehre von der Gleichheit der Menschen, wenn auch nicht an die Gleichheit selber. Ein Wesen, das nicht über sich selber verfügen kann und dem die Musse fehlt, – das gilt unserem Auge noch keineswegs als etwas Verächtliches; es ist von derlei Sclavenhaftem vielleicht zu viel an Jedem von uns, nach den Bedingungen unserer gesellschaftlichen Ordnung und Thätigkeit, welche grundverschieden von denen der Alten sind. – Der griechische Philosoph gieng durch das Leben mit dem geheimen Gefühle, dass es viel mehr Sclaven

[390] gebe, als man vermeine – nämlich, dass Jedermann Sclave sei, der nicht Philosoph sei; sein Stolz schwoll über, wenn er erwog, dass auch die Mächtigsten der Erde unter diesen seinen Sclaven seien. Auch dieser Stolz ist uns fremd und unmöglich; nicht einmal im Gleichniss hat das Wort »Sclave« für uns seine volle Kraft.

19.

Das Böse. – Prüfet das Leben der besten und fruchtbarsten Menschen und Völker und fragt euch, ob ein Baum, der stolz in die Höhe wachsen soll, des schlechten Wetters und der Stürme entbehren könne: ob Ungunst und Widerstand von aussen, ob irgend welche Arten von Hass, Eifersucht, Eigensinn, Misstrauen, Härte, Habgier und Gewaltsamkeit nicht zu den begünstigenden Umständen gehören, ohne welche ein grosses Wachsthum selbst in der Tugend kaum möglich ist? Das Gift, an dem die schwächere Natur zu Grunde geht, ist für den Starken Stärkung – und er nennt es auch nicht Gift.

20.

Würde der Thorheit. – Einige Jahrtausende weiter auf der Bahn des letzten Jahrhunderts! – und in Allem, was der Mensch thut, wird die höchste Klugheit sichtbar sein: aber eben damit wird die Klugheit alle ihre Würde verloren haben. Es ist dann zwar nothwendig, klug zu sein, aber auch so gewöhnlich und so gemein, dass ein eklerer Geschmack diese Nothwendigkeit als eine Gemeinheit empfinden wird. Und ebenso wie eine Tyrannei der Wahrheit und Wissenschaft im Stande wäre, die Lüge hoch im Preise steigen zu machen, so könnte eine Tyrannei der Klugheit eine neue Gattung von Edelsinn hervortreiben. Edel sein – dass hiesse dann vielleicht: Thorheiten im Kopfe haben.

[391] 21.

An die Lehrer der Selbstlosigkeit. – Man nennt die Tugenden eines Menschen gut, nicht in Hinsicht auf die Wirkungen, welche sie für ihn selber haben, sondern in Hinsicht auf die Wirkungen, welche wir von ihnen für uns und die Gesellschaft voraussetzen: – man ist von jeher im Lobe der Tugenden sehr wenig »selbstlos«, sehr wenig »unegoistisch« gewesen! Sonst nämlich hätte man sehen müssen, dass die Tugenden (wie Fleiss, Gehorsam, Keuschheit, Pietät, Gerechtigkeit) ihren Inhabern meistens schädlich sind, als Triebe, welche allzu heftig und begehrlich in ihnen walten und von der Vernunft sich durchaus nicht im Gleichgewicht zu den andern Trieben halten lassen wollen. Wenn du eine Tugend hast, eine wirkliche, ganze Tugend (und nicht nur ein Triebchen nach einer Tugend!) – so bist du ihr Opfer! Aber der Nachbar lobt eben desshalb deine Tugend! Man lobt den Fleissigen, ob er gleich die Sehkraft seiner Augen oder die Ursprünglichkeit und Frische seines Geistes mit diesem Fleisse schädigt; man ehrt und bedauert den Jüngling, welcher sich »zu Schanden gearbeitet hat«, weil man urtheilt: »Für das ganze Grosse der Gesellschaft ist auch der Verlust des besten Einzelnen nur ein kleines Opfer! Schlimm, dass das Opfer Noth thut! Viel schlimmer freilich, wenn der Einzelne anders denken und seine Erhaltung und Entwickelung wichtiger nehmen sollte, als seine Arbeit im Dienste der Gesellschaft!« Und so bedauert man diesen Jüngling, nicht um seiner selber willen, sondern weil ein ergebenes und gegen sich rücksichtsloses Werkzeug – ein sogenannter »braver Mensch« – durch diesen Tod der Gesellschaft verloren gegangen ist. Vielleicht erwägt man noch, ob es im Interesse der Gesellschaft nützlicher gewesen sein würde, wenn er minder rücksichtslos gegen sich gearbeitet und sich länger erhalten hätte, – ja man gesteht sich wohl einen Vortheil davon zu, schlägt aber jenen anderen Vortheil, dass ein Opfer gebracht und die Gesinnung des

Opferthiers sich wieder einmal augenschein-[392]lich bestätigt hat, für höher und nachhaltiger an. Es ist also einmal die Werkzeug-Natur in den Tugenden, die eigentlich gelobt wird, wenn die Tugenden gelobt werden, und sodann der blinde in jeder Tugend waltende Trieb, welcher durch den Gesammt-Vortheil des Individuums sich nicht in Schranken halten lässt, kurz: die Unvernunft in der Tugend, vermöge deren das Einzelwesen sich zur Function des Ganzen umwandeln lässt. Das Lob der Tugenden ist das Lob von etwas Privat-Schädlichem, – das Lob von Trieben, welche dem Menschen seine edelste Selbstsucht und die Kraft zur höchsten Obhut über sich selber nehmen. – Freilich: zur Erziehung und zur Einverleibung tugendhafter Gewohnheiten kehrt man eine Reihe von Wirkungen der Tugend heraus, welche Tugend und Privat-Vortheil als verschwistert erscheinen lassen, – und es giebt in der That eine solche Geschwisterschaft! Der blindwüthende Fleiss zum Beispiel, diese typische Tugend eines Werkzeuges, wird dargestellt als der Weg zu Reichthum und Ehre und als das heilsamste Gift gegen die Langeweile und die Leidenschaften: aber man verschweigt seine Gefahr, seine höchste Gefährlichkeit. Die Erziehung verfährt durchweg so: sie sucht den Einzelnen durch eine Reihe von Reizen und Vortheilen zu einer Denk- und Handlungsweise zu bestimmen, welche, wenn sie Gewohnheit, Trieb und Leidenschaft geworden ist, wider seinen letzten Vortheil, aber »zum allgemeinen Besten« in ihm und über ihn herrscht. Wie oft sehe ich es, dass der blindwüthende Fleiss zwar Reichthümer und Ehre schafft, aber zugleich den Organen die Feinheit nimmt, vermöge deren es einen Genuss an Reichthum und Ehren geben könnte, ebenso, dass jenes Hauptmittel gegen die Langeweile und die Leidenschaften zugleich die Sinne stumpf und den Geist widerspänstig gegen neue Reize macht. (Das fleissigste aller Zeitalter – unser Zeitalter – weiss aus seinem vielen Fleisse und Gelde Nichts zu machen, als immer wieder mehr Geld und immer wieder mehr Fleiss: es gehört eben mehr Genie dazu, auszugeben, als zu erwerben! – Nun, wir [393] werden unsere »Enkel« haben!) Gelingt die Erziehung, so ist jede Tugend des Einzelnen eine öffentliche Nützlichkeit und ein privater Nachtheil im Sinne des höchsten privaten Zieles, – wahrscheinlich irgend eine geistig-sinnliche Verkümmerung oder gar der frühzeitige Untergang: man erwäge der Reihe nach von diesem Gesichtspuncte aus die Tugend des Gehorsams, der Keuschheit, der Pietät, der Gerechtigkeit. Das Lob des Selbstlosen, Aufopfernden, Tugendhaften – also Desjenigen, der nicht seine ganze Kraft und Vernunft auf seine Erhaltung, Entwickelung, Erhebung, Förderung, Macht-Erweiterung verwendet, sondern in Bezug auf sich bescheiden und gedankenlos, vielleicht sogar gleichgültig oder ironisch lebt, – dieses Lob ist jedenfalls nicht aus dem Geiste der Selbstlosigkeit entsprungen! Der »Nächste« lobt die Selbstlosigkeit, weil er durch sie Vortheile hat! Dächte der Nächste selber »selbstlos«, so würde er jenen Abbruch an Kraft, jene Schädigung zu seinen Gunsten abweisen, der Entstehung solcher Neigungen entgegenarbeiten und vor Allem seine Selbstlosigkeit eben dadurch bekunden, dass er dieselbe nicht gut nennte! – Hiermit ist der Grundwiderspruch jener Moral angedeutet, welche gerade jetzt sehr in Ehren steht: die Motive zu dieser Moral stehen im Gegensatz zu ihrem Principe! Das, womit sich diese Moral beweisen will, widerlegt sie aus ihrem Kriterium des Moralischen! Der Satz »du sollst dir selber entsagen und dich zum Opfer bringen« dürfte, um seiner eigenen Moral nicht zuwiderzugehen, nur von einem Wesen decretirt werden, welches damit selber seinem Vortheil entsagte und vielleicht in der verlangten Aufopferung der Einzelnen seinen eigenen Untergang herbeiführte. Sobald aber der Nächste (oder die Gesellschaft) den Altruismus um des Nutzens willen anempfiehlt, wird der gerade entgegengesetzte Satz »du sollst den Vortheil auch auf Unkosten alles Anderen suchen« zur Anwendung gebracht, also in Einem Athem ein »Du sollst« und »Du sollst nicht« gepredigt!

[394] 22.

L'ordre du jour pour le roi. – Der Tag beginnt: beginnen wir für diesen Tag die Geschäfte und Feste unseres allergnädigsten Herrn zu ordnen, der jetzt noch zu ruhen geruht. Seine Majestät hat heute schlechtes Wetter: wir werden uns hüten, es schlecht zu nennen; man wird nicht vom Wetter reden, – aber wir werden die Geschäfte heute etwas feierlicher und die Feste etwas festlicher nehmen, als sonst nöthig wäre. Seine Majestät wird vielleicht sogar krank sein: wir werden zum Frühstück die letzte gute Neuigkeit vom Abend präsentiren, die Ankunft des Herrn von Montaigne, der so angenehm über seine Krankheit zu scherzen weiss, – er leidet am Stein. Wir werden einige Personen empfangen (Personen! – was würde jener alte aufgeblasene Frosch, der unter ihnen sein wird, sagen, wenn er diess Wort hörte! »Ich bin keine Person, würde er sagen, sondern immer die Sache selber«.) – und der Empfang wird länger dauern, als irgend Jemandem angenehm ist: Grund genug, von jenem Dichter zu erzählen, der auf seine Thüre schrieb: »wer hier eintritt, wird mir eine Ehre erweisen; wer es nicht thut – ein Vergnügen.« – Diess heisst fürwahr eine Unhöflichkeit auf höfliche Manier sagen! Und vielleicht hat dieser Dichter für seinen Theil ganz Recht, unhöflich zu sein: man sagt, dass seine Verse besser seien, als der Verse-Schmied. Nun, so mag er noch viele machen und sich selber möglichst der Welt entziehen: und das ist ja der Sinn seiner artigen Unart! Umgekehrt ist ein Fürst immer mehr werth, als sein »Vers«, selbst wenn – doch was machen wir? Wir plaudern, und der ganze Hof meint, wir arbeiteten schon und zerbrächen uns die Köpfe: man sieht kein Licht früher, als das in unserem Fenster brennen. – Horch! War das nicht die Glocke? Zum Teufel! Der Tag und der Tanz beginnt, und wir wissen seine Touren nicht! So müssen wir improvisiren, – alle Welt improvisirt ihren Tag. Machen wir es heute einmal wie alle Welt! – Und damit verschwand mein wunderlicher Morgentraum, wahrscheinlich vor den harten [395] Schlägen der Thurmuhr, die eben mit all der Wichtigkeit, die ihr eigen ist, die fünfte Stunde verkündete. Es scheint mir, dass diessmal der Gott der Träume sich über meine Gewohnheiten lustig machen wollte, – es ist meine Gewohnheit, den Tag so zu beginnen, dass ich ihn für mich zurecht lege und erträglich mache, und es mag sein, dass ich diess öfters zu förmlich und zu prinzenhaft gethan habe.

23.

Die Anzeichen der Corruption. – Man beachte an jenen von Zeit zu Zeit nothwendigen Zuständen der Gesellschaft, welche mit dem Wort »Corruption« bezeichnet werden, folgende Anzeichen. Sobald irgend wo die Corruption eintritt, nimmt ein bunter Aberglaube überhand und der bisherige Gesammtglaube eines Volkes wird blass und ohnmächtig dagegen: der Aberglaube ist nämlich die Freigeisterei zweiten Ranges, – wer sich ihm ergiebt, wählt gewisse ihm zusagende Formen und Formeln aus und erlaubt sich ein Recht der Wahl. Der Abergläubische ist, im Vergleich mit dem Religiösen, immer viel mehr »Person«, als dieser, und eine abergläubische Gesellschaft wird eine solche sein, in der es schon viele Individuen und Lust am Individuellen giebt. Von diesem Standpuncte aus gesehen, erscheint der Aberglaube immer als ein Fortschritt gegen den Glauben und als Zeichen dafür, dass der Intellect unabhängiger wird und sein Recht haben will. Ueber Corruption klagen dann die Verehrer der alten Religion und Religiosität, – sie haben bisher auch den Sprachgebrauch bestimmt und dem Aberglauben eine üble Nachrede selbst bei den freiesten Geistern gemacht. Lernen wir, dass er ein Symptom der Aufklärung ist. – Zweitens beschuldigt man eine Gesellschaft, in der die Corruption Platz greift, der Erschlaffung: und ersichtlich nimmt in ihr die Schätzung des Krieges und die Lust am Kriege ab, und die Bequemlichkeiten des Lebens werden jetzt eben so [396] heiss erstrebt, wie ehedem die kriegerischen und gymnastischen Ehren. Aber man pflegt zu übersehen, dass jene alte Volks-Energie und Volks-Leidenschaft, welche durch den Krieg und die Kampfspiele eine prachtvolle Sichtbarkeit bekam, jetzt sich in unzählige Privat-Leidenschaften umgesetzt hat und nur weniger sichtbar geworden ist; ja, wahrscheinlich ist in Zuständen der »Corruption« die Macht und Gewalt der jetzt verbrauchten Energie eines Volkes grösser, als je, und das Individuum giebt so verschwenderisch davon aus, wie es ehedem nicht konnte, – es war damals noch nicht reich genug dazu! Und so sind es gerade die Zeiten der »Erschlaffung«, wo die Tragödie durch die Häuser und Gassen läuft, wo die grosse Liebe und der grosse Hass geboren werden, und die Flamme der Erkenntniss lichterloh zum Himmel aufschlägt. – Drittens pflegt man, gleichsam zur Entschädigung für den Tadel des Aberglaubens und der Erschlaffung, solchen Zeiten der Corruption nachzusagen, dass sie milder seien und dass jetzt die Grausamkeit, gegen die ältere gläubigere und stärkere Zeit gerechnet, sehr in Abnahme komme. Aber auch dem Lobe kann ich nicht beipflichten, ebensowenig als jenem Tadel: nur so viel gebe ich zu, dass jetzt die Grausamkeit sich verfeinert, und dass ihre älteren Formen von nun an wider den Geschmack gehen; aber die Verwundung und Folterung durch Wort und Blick erreicht in Zeiten der Corruption ihre höchste Ausbildung, – jetzt erst wird die Bosheit geschaffen und die Lust an der Bosheit. Die Menschen der Corruption sind witzig und verläumderisch; sie wissen, dass es noch andere Arten des Mordes giebt, als durch Dolch und Ueberfall, – sie wissen auch, dass alles Gutgesagte geglaubt wird. – Viertens: wenn »die Sitten verfallen«, so tauchen zuerst jene Wesen auf, welche man Tyrannen nennt: es sind die Vorläufer und gleichsam die frühreifen Erstlinge der Individuen. Noch eine kleine Weile: und diese Frucht der Früchte hängt reif und gelb am Baume eines Volkes, – und nur um dieser

Früchte willen gab es diesen Baum! Ist der Verfall auf seine Höhe gekommen und [397] der Kampf aller Art Tyrannen ebenfalls, so kommt dann immer der Cäsar, der Schluss-Tyrann, der dem ermüdeten Ringen um Alleinherrschaft ein Ende macht, indem er die Müdigkeit für sich arbeiten lässt. Zu seiner Zeit ist gewöhnlich das Individuum am reifsten und folglich die »Cultur« am höchsten und fruchtbarsten, aber nicht um seinetwillen und nicht durch ihn: obwohl die höchsten Cultur-Menschen ihrem Cäsar damit zu schmeicheln lieben, dass sie sich als sein Werk ausgeben. Die Wahrheit aber ist, dass sie Ruhe von Aussen nöthig haben, weil sie ihre Unruhe und Arbeit in sich haben. In diesen Zeiten ist die Bestechlichkeit und der Verrath am grössten: denn die Liebe zu dem eben erst entdeckten ego ist jetzt viel mächtiger, als die Liebe zum alten, verbrauchten, todtgeredeten »Vaterlande«; und das Bedürfniss, sich irgendwie gegen die furchtbaren Schwankungen des Glückes sicherzustellen, öffnet auch edlere Hände, sobald ein Mächtiger und Reicher sich bereit zeigt, Gold in sie zu schütten. Es giebt jetzt so wenig sichere Zukunft: da lebt man für heute: ein Zustand der Seele, bei dem alle Verführer ein leichtes Spiel spielen, – man lässt sich nämlich auch nur »für heute« verführen und bestechen und behält sich die Zukunft und die Tugend vor! Die Individuen, diese wahren An- und Für-sich's, sorgen, wie bekannt, mehr für den Augenblick, als ihre Gegensätze, die Heerden-Menschen, weil sie sich selber für ebenso unberechenbar halten wie die Zukunft; ebenso knüpfen sie sich gerne an Gewaltmenschen an, weil sie sich Handlungen und Auskünfte zutrauen, die bei der Menge weder auf Verständniss noch auf Gnade rechnen können, – aber der Tyrann oder Cäsar versteht das Recht des Individuums auch in seiner Ausschreitung und hat ein Interesse daran, einer kühneren Privatmoral das Wort zu reden und selbst die Hand zu bieten. Denn er denkt von sich und will über sich gedacht haben, was Napoleon einmal in seiner classischen Art und Weise ausgesprochen hat: »ich habe das

Recht, auf Alles, worüber man gegen mich Klage führt, durch ein ewiges »Das-bin-ich« zu antworten. Ich [398] bin abseits von aller Welt, ich nehme von Niemandem Bedingungen an. Ich will, dass man sich auch meinen Phantasieen unterwerfe und es ganz einfach finde, wenn ich mich diesen oder jenen Zerstreuungen hingebe.« So sprach Napoleon einmal zu seiner Gemahlin, als diese Gründe hatte, die eheliche Treue ihres Gatten in Frage zu ziehen. – Die Zeiten der Corruption sind die, in welchen die Aepfel vom Baume fallen: ich meine die Individuen, die Samenträger der Zukunft, die Urheber der geistigen Colonisation und Neubildung von Staats- und Gesellschaftsverbänden. Corruption ist nur ein Schimpfwort für die Herbstzeiten eines Volkes.

24.

Verschiedene Unzufriedenheit. – Die schwachen und gleichsam weiblichen Unzufriedenen sind die Erfindsamen für die Verschönerung und Vertiefung des Lebens; die starken Unzufriedenen – die Mannspersonen unter ihnen, im Bilde zu bleiben – für Verbesserung und Sicherung des Lebens. Die Ersteren zeigen darin ihre Schwäche und Weiberart, dass sie sich gerne zeitweilig täuschen lassen und wohl schon mit ein Wenig Rausch und Schwärmerei einmal fürlieb nehmen, aber im Ganzen nie zu befriedigen sind und an der Unheilbarkeit ihrer Unzufriedenheit leiden; überdiess sind sie die Förderer aller Derer, welche opiatische und narkotische Tröstungen zu schaffen wissen, und eben darum Jenen gram, die den Arzt höher als den Priester schätzen, – dadurch unterhalten sie die Fortdauer der wirklichen Nothstände! Hätte es nicht seit den Zeiten des Mittelalters eine Ueberzahl von Unzufriedenen dieser Art in Europa gegeben, so würde vielleicht die berühmte europäische Fähigkeit zur beständigen Verwandelung gar nicht entstanden sein: denn die Ansprüche der starken Unzufriedenen sind zu grob und im Grunde zu anspruchslos, um nicht endlich einmal zur Ruhe gebracht werden zu [399] können. China ist das Beispiel eines Landes, wo die Unzufriedenheit im Grossen und die Fähigkeit der Verwandelung seit vielen Jahrhunderten ausgestorben ist; und die Socialisten und Staats-Götzendiener Europa's könnten es mit ihren Maassregeln zur Verbesserung und Sicherung des Lebens auch in Europa leicht zu chinesischen Zuständen und einem chinesischen »Glücke« bringen, vorausgesetzt, dass sie hier zuerst jene kränklichere, zartere, weiblichere, einstweilen noch überreichlich vorhandene Unzufriedenheit und Romantik ausrotten könnten. Europa ist ein Kranker, der seiner Unheilbarkeit und ewigen Verwandelung seines Leidens den höchsten Dank schuldig ist; diese beständigen neuen Lagen, diese ebenso beständigen neuen Gefahren, Schmerzen und Auskunftsmittel haben zuletzt eine intellectuale Reizbarkeit erzeugt, welche beinahe so viel, als Genie, und jedenfalls die Mutter alles Genie's ist.

25.

Nicht zur Erkenntniss vorausbestimmt. – Es giebt eine gar nicht seltene blöde Demüthigkeit, mit der behaftet man ein für alle Mal nicht zum Jünger der Erkenntniss taugt. Nämlich: in dem Augenblick, wo ein Mensch dieser Art etwas Auffälliges wahrnimmt, dreht er sich gleichsam auf dem Fusse um und sagt sich: »Du hast dich getäuscht! Wo hast du deine Sinne gehabt! Diess darf nicht die Wahrheit sein!« – und nun, statt noch einmal schärfer hinzusehen und hinzuhören, läuft er wie eingeschüchtert dem auffälligen Dinge aus dem Wege und sucht es sich so schnell wie möglich aus dem Kopfe zu schlagen. Sein innerlicher Kanon nämlich lautet: »Ich will Nichts sehen, was der üblichen Meinung über die Dinge widerspricht! Bin ich dazu gemacht, neue Wahrheiten zu entdecken? Es giebt schon der alten zu viele.«

[400] 26.

Was heisst Leben? – Leben – das heisst: fortwährend Etwas von sich abstossen, das sterben will; Leben – das heisst: grausam und unerbittlich gegen Alles sein, was schwach und alt an uns, und nicht nur an uns, wird. Leben – das heisst also: ohne Pietät gegen Sterbende, Elende und Greise sein? Immerfort Mörder sein? – Und doch hat der alte Moses gesagt: »Du sollst nicht tödten!«

27.

Der Entsagende. – Was thut der Entsagende? Er strebt nach einer höheren Welt, er will weiter und ferner und höher fliegen, als alle Menschen der Bejahung, – er wirft Vieles weg, was seinen Flug beschweren würde, und Manches darunter, was ihm nicht unwerth, nicht unliebsam ist: er opfert es seiner Begierde zur Höhe. Dieses Opfern, dieses Wegwerfen ist nun gerade Das, was allein sichtbar an ihm wird: darnach giebt man ihm den Namen des Entsagenden, und als dieser steht er vor uns, eingehüllt in seine Kapuze und wie die Seele eines härenen Hemdes. Mit diesem Effecte, den er auf uns macht, ist er aber wohl zufrieden: er will vor uns seine Begierde, seinen Stolz, seine Absicht, über uns hinauszufliegen, verborgen halten. – Ja! Er ist klüger, als wir dachten, und so höflich gegen uns – dieser Bejahende! Denn das ist er gleich uns, auch indem er entsagt.

28.

Mit seinem Besten schaden. – Unsere Stärken treiben uns mitunter so weit vor, dass wir unsere Schwächen nicht mehr aushalten können und an ihnen zu Grunde gehen: wir sehen auch wohl diesen Ausgang voraus und wollen es trotzdem nicht anders. Da werden wir hart gegen Das an uns, was geschont sein will, und unsere Grösse ist auch unsere Unbarm-[401]herzigkeit. – Ein solches Erlebniss, das wir zuletzt mit dem Leben bezahlen müssen, ist ein Gleichniss für das gesammte Wirken grosser Menschen auf Andere und auf ihre Zeit: – gerade mit ihrem Besten, mit dem, was nur sie können, richten sie viele Schwache, Unsichere, Werdende, Wollende zu Grunde, und sind hierdurch schädlich. Ja es kann der Fall vorkommen, dass sie, im Ganzen gerechnet, nur schaden, weil ihr Bestes allein von Solchen angenommen und gleichsam aufgetrunken wird, welche an ihm, wie an einem zu starken Getränke, ihren Verstand und ihre Selbstsucht verlieren: sie werden so berauscht, dass sie ihre Glieder auf allen den Irrwegen brechen müssen, wohin sie der Rausch treibt.

29.

Die Hinzu-Lügner. – Als man in Frankreich die Einheiten des Aristoteles zu bekämpfen und folglich auch zu vertheidigen anfieng, da war es wieder einmal zu sehen, was so oft zu sehen ist, aber so ungern gesehen wird: – man log sich Gründe vor, um derenthalben jene Gesetze bestehen sollten, blos um sich nicht einzugestehen, dass man sich an die Herrschaft dieser Gesetze gewöhnt habe und es nicht mehr anders haben wolle. Und so macht man es innerhalb jeder herrschenden Moral und Religion und hat es von jeher gemacht: die Gründe und die Absichten hinter der Gewohnheit werden immer zu ihr erst hinzugelogen, wenn Einige anfangen, die Gewohnheit zu bestreiten und nach Gründen und Absichten zu fragen. Hier steckt die grosse Unehrlichkeit der Conservativen aller Zeiten: – es sind die Hinzu-Lügner.

30.

Komödienspiel der Berühmten. – Berühmte Männer, welche ihren Ruhm nöthig haben, wie zum Beispiel alle Politiker, wählen ihre Verbündeten und Freunde [402] nie mehr ohne Hintergedanken: von diesem wollen sie ein Stück Glanz und Abglanz seiner Tugend, von jenem das Furchteinflössende gewisser bedenklicher Eigenschaften, die Jedermann an ihm kennt, einem andern stehlen sie den Ruf seines Müssigganges, seines In-der-Sonne-liegens, weil es ihren eigenen Zwecken frommt, zeitweilig für unachtsam und träge zu gelten: – es verdeckt, dass sie auf der Lauer liegen; bald brauchen sie den Phantasten, bald den Kenner, bald den Grübler, bald den Pedanten in ihrer Nähe und gleichsam als ihr gegenwärtiges Selbst, aber eben so bald brauchen sie dieselben nicht mehr! Und so sterben fortwährend ihre Umgebungen und Aussenseiten ab, während Alles sich in diese Umgebung zu drängen scheint und zu ihrem »Charakter« werden will: darin gleichen sie den grossen Städten. Ihr Ruf ist fortwährend im Wandel wie ihr Charakter, denn ihre wechselnden Mittel verlangen diesen Wechsel, und schieben bald diese, bald jene wirkliche oder erdichtete Eigenschaft hervor und auf die Bühne hinaus: ihre Freunde und Verbündeten gehören, wie gesagt, zu diesen Bühnen-Eigenschaften. Dagegen muss Das, was sie wollen, um so mehr fest und ehern und weithin glänzend stehen bleiben, – und auch diess hat bisweilen seine Komödie und sein Bühnenspiel nöthig.

31.

Handel und Adel. – Kaufen und verkaufen gilt jetzt als gemein, wie die Kunst des Lesens und Schreibens; Jeder ist jetzt darin eingeübt, selbst wenn er kein Handelsmann ist, und übt sich noch an jedem Tage in dieser Technik: ganz wie ehemals, im Zeitalter der wilderen Menschheit, Jedermann Jäger war und sich Tag für Tag in der Technik der Jagd übte. Damals war die Jagd gemein: aber wie diese endlich ein Privilegium der Mächtigen und Vornehmen wurde und damit den Charakter der Alltäglichkeit und Gemeinheit verlor – dadurch, [403] dass sie aufhörte nothwendig zu sein und eine Sache der Laune und des Luxus wurde: – so könnte es irgendwann einmal mit dem Kaufen und Verkaufen werden. Es sind Zustände der Gesellschaft denkbar, wo nicht verkauft und gekauft wird und wo die Nothwendigkeit dieser Technik allmählich ganz verloren geht: vielleicht, dass dann Einzelne, welche dem Gesetze des allgemeinen Zustandes weniger unterworfen sind, sich dann das Kaufen und Verkaufen wie einen Luxus der Empfindung erlauben. Dann erst bekäme der Handel Vornehmheit, und die Adeligen würden sich dann vielleicht ebenso gern mit dem Handel abgeben, wie bisher mit dem Kriege und der Politik: während umgekehrt die Schätzung der Politik sich dann völlig geändert haben könnte. Schon jetzt hört sie auf, das Handwerk des Edelmannes zu sein: und es wäre möglich, dass man sie eines Tages so gemein fände, um sie, gleich aller Partei- und Tageslitteratur, unter die Rubrik »Prostitution des Geistes« zu bringen.

32.

Unerwünschte Jünger. – Was soll ich mit diesen beiden Jünglingen machen! rief mit Unmuth ein Philosoph, welcher die Jugend »verdarb«, wie Sokrates sie einst verdorben hat, – es sind mir unwillkommene Schüler. Der da kann nicht Nein sagen und Jener sagt zu Allem: »Halb und halb.« Gesetzt, sie ergriffen meine Lehre, so würde der Erstere zu viel leiden, denn meine Denkweise erfordert eine kriegerische Seele, ein Wehethun-Wollen, eine Lust am Neinsagen, eine harte Haut, – er würde an offenen und inneren Wunden dahin siechen. Und der Andere wird sich aus jeder Sache, die er vertritt, eine Mittelmässigkeit zurecht machen und sie dergestalt zur Mittelmässigkeit machen, – einen solchen Jünger wünsche ich meinem Feinde.

[404] 33.

Ausserhalb des Hörsaales. – »Um Ihnen zu beweisen, dass der Mensch im Grunde zu den gutartigen Thieren gehört, würde ich Sie daran erinnern, wie leichtgläubig er so lange gewesen ist. Jetzt erst ist er, ganz spät und nach ungeheurer Selbstüberwindung, ein misstrauisches Thier geworden, – ja! der Mensch ist jetzt böser als je.« – Ich verstehe diess nicht: warum sollte der Mensch jetzt misstrauischer und böser sein? – »Weil er jetzt eine Wissenschaft hat, – nöthig hat!« –

34.

Historia abscondita. – Jeder grosse Mensch hat eine rückwirkende Kraft: alle Geschichte wird um seinetwillen wieder auf die Wage gestellt, und tausend Geheimnisse der Vergangenheit kriechen aus ihren Schlupfwinkeln – hinein in seine Sonne. Es ist gar nicht abzusehen, was Alles einmal noch Geschichte sein wird. Die Vergangenheit ist vielleicht immer noch wesentlich unentdeckt! Es bedarf noch so vieler rückwirkender Kräfte!

35.

Ketzerei und Hexerei. – Anders denken, als Sitte ist – das ist lange nicht so sehr die Wirkung eines besseren Intellectes, als die Wirkung starker, böser Neigungen, loslösender, isolirender, trotziger, schadenfroher, hämischer Neigungen. Die Ketzerei ist das Seitenstück zur Hexerei und gewiss ebensowenig, als diese, etwas Harmloses oder gar an sich selber Verehrungswürdiges. Die Ketzer und die Hexen sind zwei Gattungen böser Menschen: gemeinsam ist ihnen, dass sie sich auch als böse fühlen, dass aber ihre unbezwingliche Lust ist, an dem, was herrscht (Menschen oder Meinungen), sich schädigend auszulassen. Die Reformation, eine Art Verdop-[405]pelung des mittelalterlichen

Geistes, zu einer Zeit, als er bereits das gute Gewissen nicht mehr bei sich hatte, brachte sie beide in grösster Fülle hervor.

36.

Letzte Worte. – Man wird sich erinnern, dass der Kaiser Augustus, jener fürchterliche Mensch, der sich ebenso in der Gewalt hatte und der ebenso schweigen konnte wie irgend ein weiser Sokrates, mit seinem letzten Worte indiscret gegen sich selber wurde: er liess zum ersten Male seine Maske fallen, als er zu verstehen gab, dass er eine Maske getragen und eine Komödie gespielt habe, – er hatte den Vater des Vaterlandes und die Weisheit auf dem Throne gespielt, gut bis zur Illusion! Plaudite amici, comoedia finita est! – Der Gedanke des sterbenden Nero: qualis artifex pereo! war auch der Gedanke des sterbenden Augustus: Histrionen-Eitelkeit! Histrionen-Schwatzhaftigkeit! Und recht das Gegenstück zum sterbenden Sokrates! – Aber Tiberius starb schweigsam, dieser gequälteste aller Selbstquäler, – der war ächt und kein Schauspieler! Was mag dem wohl zuletzt durch den Kopf gegangen sein! Vielleicht diess: »Das Leben – das ist ein langer Tod. Ich Narr, der ich so Vielen das Leben verkürzte! War ich dazu gemacht, ein Wohltäter zu sein? Ich hätte ihnen das ewige Leben geben sollen: so hätte ich sie ewig sterben sehen können. Dafür hatte ich ja so gute Augen: qualis spectator pereo!« Als er nach einem langen Todeskampfe doch wieder zu Kräften zu kommen schien, hielt man es für rathsam, ihn mit Bettkissen zu ersticken, – er starb eines doppelten Todes.

37.

Aus drei Irrthümern. – Man hat in den letzten Jahrhunderten die Wissenschaft gefördert, theils weil man mit [406] ihr und durch sie Gottes Güte und Weisheit am besten zu verstehen hoffte – das Hauptmotiv in der Seele der grossen Engländer (wie Newton) –, theils weil man an die absolute Nützlichkeit der Erkenntniss glaubte, namentlich an den innersten Verband von Moral, Wissen und Glück – das Hauptmotiv in der Seele der grossen Franzosen (wie Voltaire) –, theils weil man in der Wissenschaft etwas Selbstloses, Harmloses, Sich-selber-Genügendes, wahrhaft Unschuldiges zu haben und zu lieben meinte, an dem die bösen Triebe des Menschen überhaupt nicht betheiligt seien – das Hauptmotiv in der Seele Spinoza's, der sich als Erkennender göttlich fühlte: – also aus drei Irrthümern.

38.

Die Explosiven. – Erwägt man, wie explosionsbedürftig die Kraft junger Männer daliegt, so wundert man sich nicht, sie so unfein und so wenig wählerisch sich für diese oder jene Sache entscheiden zu sehen: Das, was sie reizt, ist der Anblick des Eifers, der um eine Sache ist, und gleichsam der Anblick der brennenden Lunte, – nicht die Sache selber. Die feineren Verführer verstehen sich desshalb darauf, ihnen die Explosion in Aussicht zu stellen und von der Begründung ihrer Sache abzusehen: mit Gründen gewinnt man diese Pulverfässer nicht!

39.

Veränderter Geschmack. – Die Veränderung des allgemeinen Geschmackes ist wichtiger, als die der Meinungen; Meinungen mit allen Beweisen, Widerlegungen und der ganzen intellectuellen Maskerade sind nur Symptome des veränderten Geschmacks und ganz gewiss gerade Das nicht, wofür man sie noch so häufig anspricht, dessen Ursachen. Wie verändert sich der allgemeine Geschmack? Dadurch, dass Einzelne, Mächtige, Einflussreiche ohne Schamgefühl ihr hoc est ridi-[407]culum, hoc est absurdum, also das Urtheil ihres Geschmacks und Ekels, aussprechen und tyrannisch durchsetzen: – sie legen damit Vielen einen Zwang auf, aus dem allmählich eine Gewöhnung noch Mehrerer und zuletzt ein Bedürfniss Aller wird. Dass diese Einzelnen aber anders empfinden und »schmecken«, das hat gewöhnlich seinen Grund in einer Absonderlichkeit ihrer Lebensweise, Ernährung, Verdauung, vielleicht in einem Mehr oder Weniger der anorganischen Salze in ihrem Blute und Gehirn, kurz in der Physis: sie haben aber den Muth, sich zu ihrer Physis zu bekennen und deren Forderungen noch in ihren feinsten Tönen Gehör zu schenken: ihre ästhetischen und moralischen Urtheile sind solche »feinste Töne« der Physis.

40.

Vom Mangel der vornehmen Form. – Soldaten und Führer haben immer noch ein viel höheres Verhalten zu einander, als Arbeiter und Arbeitgeber. Einstweilen wenigstens steht alle militärisch begründete Cultur noch hoch über aller sogenannten industriellen Cultur: letztere in ihrer jetzigen Gestalt ist überhaupt die gemeinste Daseinsform, die es bisher gegeben hat. Hier wirkt einfach das Gesetz der Noth: man will leben und muss sich verkaufen, aber man verachtet Den, der diese Noth ausnützt und sich den Arbeiter kauft. Es ist seltsam, dass die Unterwerfung unter mächtige, furchterregende, ja schreckliche Personen, unter Tyrannen und Heerführer, bei Weitem nicht so peinlich empfunden wird, als diese Unterwerfung unter unbekannte und uninteressante Personen, wie es alle Grössen der Industrie sind: in dem Arbeitgeber sieht der Arbeiter gewöhnlich nur einen listigen, aussaugenden, auf alle Noth speculirenden Hund von Menschen, dessen Name, Gestalt, Sitte und Ruf ihm ganz gleichgültig sind. Den Fabricanten und Gross-Unternehmern des Handels fehlten bisher wahrscheinlich allzusehr alle jene Formen und Abzeichen der höheren [408] Rasse, welche erst die Personen interessant werden lassen; hätten sie die Vornehmheit des Geburts-Adels im Blick und in der Gebärde, so gäbe es vielleicht keinen Socialismus der Massen. Denn diese sind im Grunde bereit zur Sclaverei jeder Art, vorausgesetzt, dass der Höhere über ihnen sich beständig als höher, als zum Befehlen geboren legitimirt – durch die vornehme Form! Der gemeinste Mann fühlt, dass die Vornehmheit nicht zu improvisiren ist und dass er in ihr die Frucht langer Zeiten zu ehren hat, – aber die Abwesenheit der höheren Form und die berüchtigte Fabricanten-Vulgarität mit rothen, feisten Händen, bringen ihn auf den Gedanken, dass nur Zufall und Glück hier den Einen über den Andern erhoben habe: wohlan, so schliesst er bei sich, versuchen wir einmal den Zufall und das Glück! Werfen wir einmal die Würfel! – und der Socialismus beginnt.

41.

Gegen die Reue. – Der Denker sieht in seinen eigenen Handlungen Versuche und Fragen, irgend worüber Aufschluss zu erhalten: Erfolg und Misserfolg sind ihm zu allererst Antworten. Sich aber darüber, dass Etwas missräth, ärgern oder gar Reue empfinden – das überlässt er Denen, welche handeln, weil es ihnen befohlen wird, und welche Prügel zu erwarten haben, wenn der gnädige Herr mit dem Erfolg nicht zufrieden ist.

42.

Arbeit und Langeweile. – Sich Arbeit suchen um des Lohnes willen – darin sind sich in den Ländern der Civilisation jetzt fast alle Menschen gleich; ihnen allen ist Arbeit ein Mittel, und nicht selber das Ziel; wesshalb sie in der Wahl der Arbeit wenig fein sind, vorausgesetzt, dass sie einen reichlichen Gewinn abwirft. Nun giebt es seltenere Menschen, wel- [409] che lieber zu Grunde gehen wollen, als ohne

Lust an der Arbeit arbeiten: jene Wählerischen, schwer zu Befriedigenden, denen mit einem reichlichen Gewinn nicht gedient wird, wenn die Arbeit nicht selber der Gewinn aller Gewinne ist. Zu dieser seltenen Gattung von Menschen gehören die Künstler und Contemplativen aller Art, aber auch schon jene Müssiggänger, die ihr Leben auf der Jagd, auf Reisen oder in Liebeshändeln und Abenteuern zubringen. Alle diese wollen Arbeit und Noth, sofern sie mit Lust verbunden ist, und die schwerste, härteste Arbeit, wenn es sein muss. Sonst aber sind sie von einer entschlossenen Trägheit, sei es selbst, dass Verarmung, Unehre, Gefahr der Gesundheit und des Lebens an diese Trägheit geknüpft sein sollte. Sie fürchten die Langeweile nicht so sehr, als die Arbeit ohne Lust: ja, sie haben viel Langeweile nöthig, wenn ihnen ihre Arbeit gelingen soll. Für den Denker und für alle erfindsamen Geister ist Langeweile jene unangenehme »Windstille« der Seele, welche der glücklichen Fahrt und den lustigen Winden vorangeht; er muss sie ertragen, muss ihre Wirkung bei sich abwarten: – das gerade ist es, was die geringeren Naturen durchaus nicht von sich erlangen können! Langeweile auf jede Weise von sich scheuchen ist gemein: wie arbeiten ohne Lust gemein ist. Es zeichnet vielleicht die Asiaten vor den Europäern aus, dass sie einer längeren, tieferen Ruhe fähig sind, als diese; selbst ihre Narcotica wirken langsam und verlangen Geduld, im Gegensatz zu der widrigen Plötzlichkeit des europäischen Giftes, des Alkohols.

43.

Was die Gesetze verrathen. – Man vergreift sich sehr, wenn man die Strafgesetze eines Volkes studirt, als ob sie ein Ausdruck seines Charakters wären; die Gesetze verrathen nicht Das, was ein Volk ist, sondern Das, was ihm fremd, seltsam, ungeheuerlich, ausländisch erscheint. Die Gesetze bezie-[410]hen sich auf die Ausnahmen der Sittlichkeit der Sitte; und die härtesten Strafen treffen Das, was der Sitte des

Nachbarvolkes gemäss ist. So giebt es bei den Wahabiten nur zwei Todsünden: einen anderen Gott haben als den Wahabiten-Gott und – rauchen (es wird bei ihnen bezeichnet als »die schmachvolle Art des Trinkens«). »Und wie steht es mit Mord und Ehebruch?« – fragte erstaunt der Engländer, der diese Dinge erfuhr. »Nun, Gott ist gnädig und barmherzig!« – sagte der alte Häuptling. – So gab es bei den alten Römern die Vorstellung, dass ein Weib sich nur auf zweierlei Art tödtlich versündigen könne: einmal durch Ehebruch, sodann – durch Weintrinken. Der alte Cato meinte, man habe das Küssen unter Verwandten nur desshalb zur Sitte gemacht, um die Weiber in diesem Puncte unter Controle zu halten; ein Kuss bedeute: riecht sie nach Wein? Man hat wirklich Frauen, die beim Weine ertappt wurden, mit dem Tode gestraft: und gewiss nicht nur, weil die Weiber mitunter unter der Einwirkung des Weines alles Nein-Sagen verlernen; die Römer fürchteten vor Allem das orgiastische und dionysische Wesen, von dem die Weiber des europäischen Südens damals, als der Wein noch neu in Europa war, von Zeit zu Zeit heimgesucht wurden, als eine ungeheuerliche Ausländerei, welche den Grund der römischen Empfindung umwarf; es war ihnen wie ein Verrath an Rom, wie die Einverleibung des Auslandes.

44.

Die geglaubten Motive. – So wichtig es sein mag, die Motive zu wissen, nach denen wirklich die Menschheit bisher gehandelt hat: vielleicht ist der Glaube an diese oder jene Motive, also Das, was die Menschheit sich selber als die eigentlichen Hebel ihres Thuns bisher untergeschoben und eingebildet hat, etwas noch Wesentlicheres für den Erkennenden. Das innere Glück und Elend der Menschen ist ihnen nämlich je [411] nach ihrem Glauben an diese oder jene Motive zu Theil geworden, – nicht aber durch Das, was wirklich Motiv war! Alles diess Letztere hat ein Interesse zweiten Ranges.

45.

Epikur. – Ja, ich bin stolz darauf, den Charakter Epikur's anders zu empfinden, als irgend Jemand vielleicht, und bei Allem, was ich von ihm höre und lese, das Glück des Nachmittags des Alterthums zu geniessen: – ich sehe sein Auge auf ein weites weissliches Meer blicken, über Uferfelsen hin, auf denen die Sonne liegt, während grosses und kleines Gethier in ihrem Lichte spielt, sicher und ruhig wie diess Licht und jenes Auge selber. Solch ein Glück hat nur ein fortwährend Leidender erfinden können, das Glück eines Auges, vor dem das Meer des Daseins stille geworden ist, und das nun an seiner Oberfläche und an dieser bunten, zarten, schaudernden Meeres-Haut sich nicht mehr satt sehen kann: es gab nie zuvor eine solche Bescheidenheit der Wollust.

46.

Unser Erstaunen. – Es liegt ein tiefes und gründliches Glück darin, dass die Wissenschaft Dinge ermittelt, die Stand halten und die immer wieder den Grund zu neuen Ermittelungen abgeben: – es könnte ja anders sein! Ja, wir sind so sehr von all der Unsicherheit und Phantasterei unserer Urtheile und von dem ewigen Wandel aller menschlichen Gesetze und Begriffe überzeugt, dass es uns eigentlich ein Erstaunen macht, wie sehr die Ergebnisse der Wissenschaft Stand halten! Früher wusste man Nichts von dieser Wandelbarkeit alles Menschlichen, die Sitte der Sittlichkeit hielt den Glauben aufrecht, dass das ganze innere Leben des Menschen mit ewigen Klammern an die eherne Nothwendigkeit geheftet sei: [412] vielleicht empfand man damals eine ähnliche Wollust des Erstaunens, wenn man sich Märchen und Feengeschichten erzählen liess. Das Wunderbare that jenen Menschen so wohl, die der Regel und der Ewigkeit mitunter wohl müde werden mochten. Einmal den Boden verlieren! Schweben! Irren! Toll sein! – das gehörte zum Paradies und zur Schwelgerei früherer Zeiten: während unsere Glückseligkeit der des Schiffbrüchigen gleicht, der an's Land gestiegen ist und mit beiden Füssen sich auf die alte feste Erde stellt – staunend, dass sie nicht schwankt.

47.

Von der Unterdrückung der Leidenschaften. – Wenn man sich anhaltend den Ausdruck der Leidenschaften verbietet, wie als etwas den »Gemeinen«, den gröberen, bürgerlichen, bäuerlichen Naturen zu Ueberlassendes, – also nicht die Leidenschaften selber unterdrücken will, sondern nur ihre Sprache und Gebärde: so erreicht man nichtsdestoweniger eben Das mit, was man nicht will: die Unterdrückung der Leidenschaften selber, mindestens ihre Schwächung und Veränderung: – wie diess zum belehrendsten Beispiele der Hof Ludwig's des Vierzehnten und Alles, was von ihm abhängig war, erlebt hat. Das Zeitalter darauf, erzogen in der Unterdrückung des Ausdrucks, hatte die Leidenschaften selber nicht mehr und ein anmuthiges, flaches, spielendes Wesen an ihrer Stelle, – ein Zeitalter, das mit der Unfähigkeit behaftet war, unartig zu sein: sodass selbst eine Beleidigung nicht anders als mit verbindlichen Worten angenommen und zurückgegeben wurde. Vielleicht giebt unsere Gegenwart das merkwürdigste Gegenstück dazu ab: ich sehe überall, im Leben und auf dem Theater, und nicht am wenigsten in Allem, was geschrieben wird, das Wohlbehagen an allen gröberen Ausbrüchen und Gebärden der Leidenschaft: es wird jetzt eine gewisse Convention der Leidenschaftlichkeit verlangt, – nur nicht die Leidenschaft [413] selber! Trotzdem wird man sie damit zuletzt erreichen, und unsere Nachkommen werden eine ächte Wildheit haben und nicht nur eine Wildheit und Ungebärdigkeit der Formen.

48.

Kenntniss der Noth. – Vielleicht werden die Menschen und Zeiten durch Nichts so sehr von einander geschieden, als durch den verschiedenen Grad von Kenntniss der Noth, den sie haben: Noth der Seele wie des Leibes. In Bezug auf letztere sind wir Jetzigen vielleicht allesammt, trotz unserer Gebrechen und Gebrechlichkeiten, aus Mangel an reicher Selbst-Erfahrung Stümper und Phantasten zugleich: im Vergleich zu einem Zeitalter der Furcht – dem längsten aller Zeitalter –, wo der Einzelne sich selber gegen Gewalt zu schützen hatte und um dieses Zieles willen selber Gewaltmensch sein musste. Damals machte ein Mann seine reiche Schule körperlicher Qualen und Entbehrungen durch und begriff selbst in einer gewissen Grausamkeit gegen sich, in einer freiwilligen Uebung des Schmerzes, ein ihm nothwendiges Mittel seiner Erhaltung; damals erzog man seine Umgebung zum Ertragen des Schmerzes, damals fügte man gern Schmerz zu und sah das Furchtbarste dieser Art über Andere ergehen, ohne ein anderes Gefühl, als das der eigenen Sicherheit. Was die Noth der Seele aber betrifft, so sehe ich mir jetzt jeden Menschen darauf an, ob er sie aus Erfahrung oder Beschreibung kennt; ob er diese Kenntniss zu heucheln doch noch für nöthig hält, etwa als ein Zeichen der feineren Bildung, oder ob er überhaupt an grosse Seelenschmerzen im Grunde seiner Seele nicht glaubt und es ihm bei Nennung derselben ähnlich ergeht, wie bei Nennung grosser körperlicher Erduldungen; wobei ihm seine Zahn- und Magenschmerzen einfallen. So aber scheint es mir bei den Meisten jetzt zu stehen. Aus der allgemeinen Ungeübtheit im Schmerz beiderlei Gestalt und einer gewissen Seltenheit des Anblicks eines [414] Leidenden ergiebt sich nun eine wichtige Folge: man hasst jetzt den Schmerz viel mehr, als frühere Menschen, und redet ihm viel übler nach als je, ja, man findet schon das Vorhandensein des Schmerzes als eines Gedankens kaum erträglich und macht dem gesammten Dasein eine Gewissenssache und einen Vorwurf daraus. Das Auftauchen pessimistischer Philosophien ist durchaus nicht das Merkmal grosser, furchtbarer Nothstände; sondern diese Fragezeichen am Werthe alles Lebens werden in Zeiten gemacht, wo die Verfeinerung und Erleichterung des Daseins bereits die unvermeidlichen Mückenstiche der Seele und des Leibes als gar zu blutig und bösartig befindet und in der Armuth an wirklichen Schmerz-Erfahrungen am liebsten schon quälende allgemeine Vorstellungen als das Leid höchster Gattung erscheinen lassen möchte. – Es gäbe schon ein Recept gegen pessimistische Philosophien und die übergrosse Empfindlichkeit, welche mir die eigentliche »Noth der Gegenwart« zu sein scheint: – aber vielleicht klingt diess Recept schon zu grausam und würde selber unter die Anzeichen gerechnet werden, auf Grund deren hin man jetzt urtheilt: »Das Dasein ist etwas Böses«. Nun! Das Recept gegen »die Noth« lautet: Noth.

49.

Grossmuth und Verwandtes. – Jene paradoxen Erscheinungen, wie die plötzliche Kälte im Benehmen des Gemüthsmenschen, wie der Humor des Melancholikers, wie vor Allem die Grossmuth, als eine plötzliche Verzichtleistung auf Rache oder Befriedigung des Neides – treten an Menschen auf, in denen eine mächtige innere Schleuderkraft ist, an Menschen der plötzlichen Sättigung und des plötzlichen Ekels. Ihre Befriedigungen sind so schnell und so stark, dass diesen sofort Ueberdruss und Widerwille und eine Flucht in den entgegengesetzten Geschmack auf dem Fusse folgt: in diesem Gegensatze löst sich der Krampf der Empfindung aus, bei Diesem [415] durch plötzliche Kälte, bei Jenem durch Gelächter, bei einem Dritten durch Thränen und Selbstaufopferung. Mir erscheint der Grossmüthige – wenigstens jene Art des Grossmüthigen, die immer am meisten Eindruck gemacht hat, – als ein Mensch des äussersten Rachedurstes, dem eine Befriedigung sich in der Nähe zeigt und der sie so reichlich, gründlich und bis zum letzten Tropfen schon in der Vorstellung austrinkt, dass ein ungeheurer schneller Ekel dieser schnellen Ausschweifung folgt, – er erhebt sich nunmehr »über sich«, wie man sagt, und verzeiht seinem Feinde, ja segnet und ehrt ihn. Mit dieser Vergewaltigung seiner selber, mit dieser Verhöhnung seines eben noch so mächtigen Rachetriebes giebt er aber nur dem neuen Triebe nach, der eben jetzt in ihm mächtig geworden ist (dem Ekel), und thut diess ebenso ungeduldig und ausschweifend wie er kurz vorher die Freude an der Rache mit der Phantasie vorwegnahm und gleichsam ausschöpfte. Es ist in der Grossmuth der selbe Grad von Egoismus wie in der Rache, aber eine andere Qualität des Egoismus.

50.

Das Argument der Vereinsamung. – Der Vorwurf des Gewissens ist auch beim Gewissenhaftesten schwach gegen das Gefühl: »Diess und Jenes ist wider die gute Sitte deiner Gesellschaft.« Ein kalter Blick, ein verzogener Mund von Seiten Derer, unter denen und für die man erzogen ist, wird auch vom Stärksten noch gefürchtet. Was wird da eigentlich gefürchtet? Die Vereinsamung! als das Argument, welches auch die besten Argumente für eine Person oder Sache niederschlägt! – So redet der Heerden-Instinct aus uns.

51.

Wahrheitssinn. – Ich lobe mir eine jede Skepsis, auf welche mir erlaubt ist zu antworten: »Versuchen wir's!« Aber [416] ich mag von allen Dingen und allen Fragen, welche das Experiment nicht zulassen, Nichts mehr hören. Diess ist die Grenze meines »Wahrheitssinnes«: denn dort hat die Tapferkeit ihr Recht verloren.

52.

Was Andere von uns wissen. – Das, was wir von uns selber wissen und im Gedächtniss haben, ist für das Glück unseres Lebens nicht so entscheidend, wie man glaubt. Eines Tages stürzt Das, was Andere von uns wissen (oder zu wissen meinen) über uns her – und jetzt erkennen wir, dass es das Mächtigere ist. Man wird mit seinem schlechten Gewissen leichter fertig, als mit seinem schlechten Rufe.

53.

Wo das Gute beginnt. – Wo die geringe Sehkraft des Auges den bösen Trieb wegen seiner Verfeinerung nicht mehr als solchen zu sehen vermag, da setzt der Mensch das Reich des Guten an, und die Empfindung, nunmehr in's Reich des Guten übergetreten zu sein, bringt alle die Triebe in Miterregung, welche durch die bösen Triebe bedroht und eingeschränkt waren, wie das Gefühl der Sicherheit, des Behagens, des Wohlwollens. Also: je stumpfer das Auge, desto weiter reicht das Gute! Daher die ewige Heiterkeit des Volkes und der Kinder! Daher die Düsterkeit und der dem schlechten Gewissen verwandte Gram der grossen Denker!

54.

Das Bewusstsein vom Scheine. – Wie wundervoll und neu und zugleich wie schauerlich und ironisch fühle ich mich mit meiner Erkenntniss zum gesammten Dasein gestellt! Ich habe für mich entdeckt, dass die alte Mensch- und [417] Thierheit, ja die gesammte Urzeit und Vergangenheit alles empfindenden Seins in mir fortdichtet, fortliebt, forthasst, fortschliesst, – ich bin plötzlich mitten in diesem Traume erwacht, aber nur zum Bewusstsein, dass ich eben träume und dass ich weiterträumen muss, um nicht zu

Grunde zu gehen: wie der Nachtwandler weiterträumen muss, um nicht hinabzustürzen. Was ist mir jetzt »Schein«! Wahrlich nicht der Gegensatz irgend eines Wesens, – was weiss ich von irgend welchem Wesen auszusagen, als eben nur die Prädicate seines Scheines! Wahrlich nicht eine todte Maske, die man einem unbekannten X aufsetzen und auch wohl abnehmen könnte! Schein ist für mich das Wirkende und Lebende selber, das soweit in seiner Selbstverspottung geht, mich fühlen zu lassen, dass hier Schein und Irrlicht und Geistertanz und nichts Mehr ist, – dass unter allen diesen Träumenden auch ich, der »Erkennende«, meinen Tanz tanze, dass der Erkennende ein Mittel ist, den irdischen Tanz in die Länge zu ziehen und insofern zu den Festordnern des Daseins gehört, und dass die erhabene Consequenz und Verbundenheit aller Erkenntnisse vielleicht das höchste Mittel ist und sein wird, die Allgemeinheit der Träumerei und die Allverständlichkeit aller dieser Träumenden unter einander und eben damit die Dauer des Traumes aufrecht zu erhalten.

55.

Der letzte Edelsinn. – Was macht denn »edel«? Gewiss nicht, dass man Opfer bringt; auch der rasend Wollüstige bringt Opfer. Gewiss nicht, dass man überhaupt einer Leidenschaft folgt; es giebt verächtliche Leidenschaften. Gewiss nicht, dass man für Andere Etwas thut und ohne Selbstsucht: vielleicht ist die Consequenz der Selbstsucht gerade bei dem Edelsten am grössten. – Sondern dass die Leidenschaft, die den Edeln befällt, eine Sonderheit ist, ohne dass er um diese Sonder-[418]heit weiss: der Gebrauch eines seltenen und singulären Maassstabes und beinahe eine Verrücktheit: das Gefühl der Hitze in Dingen, welche sich für alle Anderen kalt anfühlen: ein Errathen von Werthen, für die die Wage noch nicht erfunden ist: ein Opferbringen auf Altären, die einem unbekannten Gotte geweiht sind:

eine Tapferkeit ohne den Willen zur Ehre: eine Selbstgenügsamkeit, welche Ueberfluss hat und an Menschen und Dinge mittheilt. Bisher war es also das Seltene und die Unwissenheit um diess Seltensein, was edel machte. Dabei erwäge man aber, dass durch diese Richtschnur alles Gewöhnte, Nächste und Unentbehrliche, kurz, das am meisten Arterhaltende, und überhaupt die Regel in der bisherigen Menschheit, unbillig beurtheilt und im Ganzen verleumdet worden ist, zu Gunsten der Ausnahmen. Der Anwalt der Regel werden – das könnte vielleicht die letzte Form und Feinheit sein, in welcher der Edelsinn auf Erden sich offenbart.

56.

Die Begierde nach Leiden. – Denke ich an die Begierde, Etwas zu thun, wie sie die Millionen junger Europäer fortwährend kitzelt und stachelt, welche alle die Langeweile und sich selber nicht ertragen können, – so begreife ich, dass in ihnen eine Begierde, Etwas zu leiden, sein muss, um aus ihrem Leiden einen probablen Grund zum Thun, zur That herzunehmen. Noth ist nöthig! Daher das Geschrei der Politiker, daher die vielen falschen, erdichteten, übertriebenen »Nothstände« aller möglichen Classen und die blinde Bereitwilligkeit, an sie zu glauben. Diese junge Welt verlangt, von Aussen her solle – nicht etwa das Glück – sondern das Unglück kommen oder sichtbar werden; und ihre Phantasie ist schon voraus geschäftig, ein Ungeheuer daraus zu formen, damit sie nachher mit einem Ungeheuer kämpfen können. Fühlten diese Nothsüchtigen in sich die Kraft, von Innen her sich selber wohlzuthun, [419] sich selber Etwas anzuthun, so würden sie auch verstehen, von Innen her sich eine eigene, selbsteigene Noth zu schaffen. Ihre Erfindungen könnten dann feiner sein und ihre Befriedigungen könnten wie gute Musik klingen: während sie jetzt die Welt mit ihrem Nothgeschrei und folglich gar zu oft erst mit dem Nothgefühle anfüllen! Sie verstehen mit sich Nichts anzufangen – und so malen sie das Unglück Anderer an die Wand: sie haben immer Andere nöthig! Und immer wieder andere Andere! – Verzeihung, meine Freunde, ich habe gewagt, mein Glück an die Wand zu malen.

[421] Zweites Buch.

57.

An die Realisten. – Ihr nüchternen Menschen, die ihr euch gegen Leidenschaft und Phantasterei gewappnet fühlt und gerne einen Stolz und einen Zierath aus eurer Leere machen möchtet, ihr nennt euch Realisten und deutet an, so wie euch die Welt erscheine, so sei sie wirklich beschaffen: vor euch allein stehe die Wirklichkeit entschleiert, und ihr selber wäret vielleicht der beste Theil davon, – oh ihr geliebten Bilder von Sais! Aber seid nicht auch ihr in eurem entschleiertsten Zustande noch höchst leidenschaftliche und dunkle Wesen, verglichen mit den Fischen, und immer noch einem verliebten Künstler allzu ähnlich? – und was ist für einen verliebten Künstler »Wirklichkeit«! Immer noch tragt ihr die Schätzungen der Dinge mit euch herum, welche in den Leidenschaften und Verliebtheiten früherer Jahrhunderte ihren Ursprung haben! Immer noch ist eurer Nüchternheit eine geheime und unvertilgbare Trunkenheit einverleibt! Eure Liebe zur »Wirklichkeit« zum Beispiel – oh das ist eine alte uralte »Liebe«! In jeder Empfindung, in jedem Sinneseindruck ist ein Stück dieser alten Liebe: und ebenso hat irgend eine Phantasterei, ein Vorurtheil, eine Unvernunft, eine Unwissenheit, eine Furcht und was sonst noch Alles! daran gearbeitet und gewebt. Da jener Berg! Da jene Wolke! Was ist denn daran »wirklich«? Zieht einmal das Phantasma und die ganze menschliche Zuthat davon ab, ihr Nüchternen! Ja, [422] wenn ihr das könntet! Wenn ihr eure Herkunft, Vergangenheit, Vorschule vergessen könntet, – eure gesammte Menschheit und Thierheit! Es giebt für uns keine »Wirklichkeit« – und auch für euch nicht, ihr Nüchternen –, wir sind einander lange nicht so fremd, als ihr meint, und vielleicht ist unser guter Wille, über die Trunkenheit hinauszukommen, ebenso achtbar als euer Glaube, der Trunkenheit überhaupt unfähig zu sein.

58.

Nur als Schaffende! – Diess hat mir die grösste Mühe gemacht und macht mir noch immerfort die grösste Mühe: einzusehen, dass unsäglich mehr daran liegt, wie die Dinge heissen, als was sie sind. Der Ruf, Name und Anschein, die Geltung, das übliche Maass und Gewicht eines Dinges – im Ursprunge zuallermeist ein Irrthum und eine Willkürlichkeit, den Dingen übergeworfen wie ein Kleid und seinem Wesen und selbst seiner Haut ganz fremd – ist durch den Glauben daran und sein Fortwachsen von Geschlecht zu Geschlecht dem Dinge allmählich gleichsam an- und eingewachsen und zu seinem Leibe selber geworden: der Schein von Anbeginn wird zuletzt fast immer zum Wesen und wirkt als Wesen! Was wäre das für ein Narr, der da meinte, es genüge, auf diesen Ursprung und diese Nebelhülle des Wahnes hinzuweisen, um die als wesenhaft geltende Welt, die sogenannte »Wirklichkeit«, zu vernichten! Nur als Schaffende können wir vernichten! – Aber vergessen wir auch diess nicht: es genügt, neue Namen und Schätzungen und Wahrscheinlichkeiten zu schaffen, um auf die Länge hin neue »Dinge« zu schaffen.

59.

Wir Künstler! – Wenn wir ein Weib lieben, so haben wir leicht einen Hass auf die Natur, aller der widerlichen [423] Natürlichkeiten gedenkend, denen jedes Weib ausgesetzt ist; gerne denken wir überhaupt daran vorbei, aber wenn einmal unsere Seele diese Dinge streift, so zuckt sie ungeduldig und blickt, wie gesagt, verächtlich nach der Natur hin: – wir sind beleidigt, die Natur scheint in unsern Besitz einzugreifen und mit den ungeweihtesten Händen. Da macht man die Ohren zu gegen alle Physiologie und decretirt für sich insgeheim »ich will davon, dass der Mensch noch etwas Anderes ist, ausser Seele und Form, Nichts hören!« »Der Mensch unter der Haut« ist allen Liebenden ein Greuel und Ungedanke, eine Gottes- und Liebeslästerung. – Nun, so wie jetzt noch der Liebende empfindet, in Hinsicht der Natur und Natürlichkeit, so empfand ehedem jeder Verehrer Gottes und seiner »heiligen Allmacht«: bei Allem, was von der Natur gesagt wurde, durch Astronomen, Geologen, Physiologen, Aerzte, sah er einen Eingriff in seinen köstlichsten Besitz und folglich einen Angriff, – und noch dazu eine Schamlosigkeit des Angreifenden! Das »Naturgesetz« klang ihm schon wie eine Verleumdung Gottes; im Grunde hätte er gar zu gerne alle Mechanik auf moralische Willens- und Willküracte zurückgeführt gesehn: – aber weil ihm Niemand diesen Dienst erweisen konnte, so verhehlte er sich die Natur und Mechanik, so gut er konnte und lebte im Traum. Oh diese Menschen von ehedem haben verstanden zu träumen und hatten nicht erst nöthig, einzuschlafen! – und auch wir Menschen von heute verstehen es noch viel zu gut, mit allem unseren guten Willen zum Wachsein und zum Tage! Es genügt, zu lieben, zu hassen, zu begehren, überhaupt zu empfinden, – sofort kommt der Geist und die Kraft des Traumes über uns, und wir steigen offenen Auges und kalt gegen alle Gefahr auf den gefährlichsten Wegen empor, hinauf auf die Dächer und Thürme der Phantasterei, und ohne allen Schwindel, wie geboren zum Klettern – wir Nachtwandler des Tages! Wir Künstler! Wir Verhehler der Natürlichkeit! Wir Mond- und Gottsüchtigen! Wir todtenstillen unermüdlichen Wanderer, auf Höhen, die wir [424] nicht als Höhen sehen, sondern als unsere Ebenen, als unsere Sicherheiten!

60.

Die Frauen und ihre Wirkung in die Ferne. – Habe ich noch Ohren? Bin ich nur noch Ohr und Nichts weiter mehr? Hier stehe ich inmitten des Brandes der Brandung, deren weisse Flammen bis zu meinem Fusse heraufzüngeln: – von allen Seiten heult, droht, schreit, schrillt es auf mich zu, während in der tiefsten Tiefe der alte Erderschütterer seine Arie singt, dumpf wie ein brüllender Stier: er stampft sich dazu einen solchen Erderschütterer-Tact, dass selbst diesen verwetterten Felsunholden hier das Herz darüber im Leibe zittert. Da, plötzlich, wie aus dem Nichts geboren, erscheint vor dem Thore dieses höllischen Labyrinthes, nur wenige Klafter weit entfernt, – ein grosses Segelschiff, schweigsam wie ein Gespenst dahergleitend. Oh diese gespenstische Schönheit! Mit welchem Zauber fasst sie mich an! Wie? Hat alle Ruhe und Schweigsamkeit der Welt sich hier eingeschifft? Sitzt mein Glück selber an diesem stillen Platze, mein glücklicheres Ich, mein zweites verewigtes Selbst? Nicht todt sein und doch auch nicht mehr lebend? Als ein geisterhaftes, stilles, schauendes, gleitendes, schwebendes Mittelwesen? Dem Schiffe gleichend, welches mit seinen weissen Segeln wie ein ungeheurer Schmetterling über das dunkle Meer hinläuft! Ja! Ueber das Dasein hinlaufen! Das ist es! Das wäre es! – – Es scheint, der Lärm hier hat mich zum Phantasten gemacht? Aller grosse Lärm macht, dass wir das Glück in die Stille und Ferne setzen. Wenn ein Mann inmitten seines Lärmes steht, inmitten seiner Brandung von Würfen und Entwürfen: da sieht er auch wohl stille zauberhafte Wesen an sich vorübergleiten, nach deren Glück und Zurückgezogenheit er sich sehnt, – es sind die Frauen. Fast meint er, dort bei den Frauen wohne sein besseres Selbst: an diesen stillen Plätzen werde auch die lauteste Brandung zur [425] Todtenstille und das Leben selber zum Traume über das Leben. Jedoch! Jedoch! Mein edler Schwärmer, es giebt auch auf dem schönsten Segelschiffe so viel Geräusch und Lärm und leider so viel kleinen erbärmlichen Lärm! Der Zauber und die mächtigste Wirkung der Frauen ist, um die Sprache der Philosophen zu reden, eine Wirkung in die Ferne, eine actio in distans: dazu gehört aber, zuerst und vor Allem – Distanz!

61.

Zu Ehren der Freundschaft. – Dass das Gefühl der Freundschaft dem Alterthum als das höchste Gefühl galt, höher selbst als der gerühmteste Stolz des Selbstgenügsamen und Weisen, ja gleichsam als dessen einzige und noch heiligere Geschwisterschaft: diess drückt sehr gut die Geschichte von jenem macedonischen Könige aus, der einem weltverachtenden Philosophen Athen's ein Talent zum Geschenk machte und es von ihm zurückerhielt. »Wie? sagte der König, hat er denn keinen Freund?« Damit wollte er sagen: »ich ehre diesen Stolz des Weisen und Unabhängigen, aber ich würde seine Menschlichkeit noch höher ehren, wenn der Freund in ihm den Sieg über seinen Stolz davongetragen hätte. Vor mir hat sich der Philosoph herabgesetzt, indem er zeigte, dass er eines der beiden höchsten Gefühle nicht kennt, – und zwar das höhere nicht!«

62.

Liebe. – Die Liebe vergiebt dem Geliebten sogar die Begierde.

63.

Das Weib in der Musik. – Wie kommt es, dass warme und regnerische Winde auch die musikalische Stim-[426]mung und die erfinderische Lust der Melodie mit sich führen? Sind es nicht die selben Winde, welche die Kirchen füllen und den Frauen verliebte Gedanken geben?

64.

Skeptiker. – Ich fürchte, dass altgewordene Frauen im geheimsten Verstecke ihres Herzens skeptischer sind, als alle Männer: sie glauben an die Oberflächlichkeit des Daseins als an sein Wesen, und alle Tugend und Tiefe ist ihnen nur Verhüllung dieser »Wahrheit«, die sehr wünschenswerthe Verhüllung eines pudendum –, also eine Sache des Anstandes und der Scham, und nicht mehr!

65.

Hingebung. – Es giebt edle Frauen mit einer gewissen Armuth des Geistes, welche, um ihre tiefste Hingebung auszudrücken, sich nicht anders zu helfen wissen, als so, dass sie ihre Tugend und Scham anbieten: es ist ihnen ihr Höchstes. Und oft wird diess Geschenk angenommen, ohne so tief zu verpflichten, als die Geberinnen voraussetzen, – eine sehr schwermüthige Geschichte!

66.

Die Stärke der Schwachen. – Alle Frauen sind fein darin, ihre Schwäche zu übertreiben, ja sie sind erfinderisch in Schwächen, um ganz und gar als zerbrechliche Zierathen zu erscheinen, denen selbst ein Stäubchen wehe thut: ihr Dasein soll dem Manne seine Plumpheit zu Gemüthe führen und in's Gewissen schieben. So wehren sie sich gegen die Starken und alles »Faustrecht«.

67.

Sich selber heucheln. – Sie liebt ihn nun und blickt seitdem mit so ruhigem Vertrauen vor sich hin wie eine [427] Kuh: aber wehe! Gerade diess war seine Bezauberung, dass sie durchaus veränderlich und unfassbar schien! Er hatte eben schon zu viel beständiges Wetter an sich selber! Sollte sie nicht gut thun, ihren alten Charakter zu heucheln? Lieblosigkeit zu heucheln? Räth ihr also nicht – die Liebe? Vivat comoedia!

68.

Wille und Willigkeit. – Man brachte einen Jüngling zu einem weisen Manne und sagte: »Siehe, das ist Einer, der durch die Weiber verdorben wird!« Der weise Mann schüttelte den Kopf und lächelte. »Die Männer sind es, rief er, welche die Weiber verderben: und Alles, was die Weiber fehlen, soll an den Männern gebüsst und gebessert werden, – denn der Mann macht sich das Bild des Weibes, und das Weib bildet sich nach diesem Bilde.« – »Du bist zu mildherzig gegen die Weiber, sagte einer der Umstehenden, du kennst sie nicht!« Der weise Mann antwortete: »Des Mannes Art ist Wille, des Weibes Art Willigkeit, – so ist es das Gesetz der Geschlechter, wahrlich! ein hartes Gesetz für das Weib! Alle Menschen sind unschuldig für ihr Dasein, die Weiber aber sind unschuldig im zweiten Grade: wer könnte für sie des Oels und der Milde genug haben.« – Was Oel! Was Milde! rief ein Anderer aus der Menge; man muss die Weiber besser erziehen! – »Man muss die Männer besser erziehen«, sagte der weise Mann und winkte dem Jünglinge, dass er ihm folge. – Der Jüngling aber folgte ihm nicht.

69.

Fähigkeit zur Rache. – Dass Einer sich nicht vertheidigen kann und folglich auch nicht will, gereicht ihm in unsern Augen noch nicht zur Schande: aber wir schätzen Den gering, der zur Rache weder das Vermögen noch den guten [428] Willen hat, – gleichgültig ob Mann oder Weib. Würde uns ein Weib festhalten (oder wie man sagt »fesseln«) können, dem wir nicht zutrauten, dass es unter Umständen den Dolch (irgend eine Art von Dolch) gegen uns gut zu handhaben wüsste? Oder gegen sich: was in einem bestimmten Falle die empfindlichere Rache wäre (die chinesische Rache).

70.

Die Herrinnen der Herren. – Eine tiefe mächtige Altstimme, wie man sie bisweilen im Theater hört, zieht uns plötzlich den Vorhang vor Möglichkeiten auf, an die wir für gewöhnlich nicht glauben: wir glauben mit Einem Male daran, dass es irgendwo in der Welt Frauen mit hohen, heldenhaften, königlichen Seelen geben könne, fähig und bereit zu grandiosen Entgegnungen, Entschliessungen und Aufopferungen, fähig und bereit zur Herrschaft über Männer, weil in ihnen das Beste vom Manne, über das Geschlecht hinaus, zum leibhaften Ideale geworden ist. Zwar sollen solche Stimmen nach der Absicht des Theaters gerade nicht diesen Begriff vom Weibe geben: gewöhnlich sollen sie den idealen männlichen Liebhaber, zum Beispiel einen Romeo, darstellen; aber nach meiner Erfahrung zu urtheilen, verrechnet sich dabei das Theater und der Musiker, der von einer solchen Stimme solche Wirkungen erwartet, ganz regelmässig. Man glaubt nicht an diese Liebhaber: diese Stimmen enthalten immer noch eine Farbe des Mütterlichen und Hausfrauenhaften, und gerade dann am meisten, wenn Liebe in ihrem Klange ist.

71.

Von der weiblichen Keuschheit. – Es ist etwas ganz Erstaunliches und Ungeheures in der Erziehung der vornehmen Frauen, ja vielleicht giebt es nichts Paradoxeres. Alle [429] Welt ist darüber einverstanden, sie in eroticis so unwissend wie möglich zu erziehen und ihnen eine tiefe Scham vor dergleichen und die äusserste Ungeduld und Flucht beim Andeuten dieser Dinge in die Seele zu geben. Alle »Ehre« des Weibes steht im Grunde nur hier auf dem

Spiele: was verziehe man ihnen sonst nicht! Aber hierin sollen sie unwissend bis in's Herz hinein bleiben: – sie sollen weder Augen, noch Ohren, noch Worte, noch Gedanken für diess ihr »Böses« haben: ja das Wissen ist hier schon das Böse. Und nun! Wie mit einem grausigen Blitzschlage in die Wirklichkeit und das Wissen geschleudert werden, mit der Ehe – und zwar durch Den, welchen sie am meisten lieben und hochhalten: Liebe und Scham im Widerspruch ertappen, ja Entzücken, Preisgebung, Pflicht, Mitleid und Schrecken über die unerwartete Nachbarschaft von Gott und Thier und was Alles sonst noch! in Einem empfinden müssen! – Da hat man in der That sich einen Seelen-Knoten geknüpft, der seines Gleichen sucht! Selbst die mitleidige Neugier des weisesten Menschenkenners reicht nicht aus, zu errathen, wie sich dieses und jenes Weib in diese Lösung des Räthsels und in diess Räthsel von Lösung zu finden weiss, und was für schauerliche, weithin greifende Verdachte sich dabei in der armen aus den Fugen gerathenen Seele regen müssen, ja wie die letzte Philosophie und Skepsis des Weibes an diesem Puncte ihre Anker wirft! – Hinterher das selbe tiefe Schweigen wie vorher: und oft ein Schweigen vor sich selber, ein Augen-Zuschliessen vor sich selber. – Die jungen Frauen bemühen sich sehr darum, oberflächlich und gedankenlos zu erscheinen; die feinsten unter ihnen erheucheln eine Art Frechheit. – Die Frauen empfinden leicht ihre Männer als ein Fragezeichen ihrer Ehre und ihre Kinder als eine Apologie oder Busse, – sie bedürfen der Kinder und wünschen sie sich, in einem ganz anderen Sinne als ein Mann sich Kinder wünscht. – Kurz, man kann nicht mild genug gegen die Frauen sein!

[430] 72.

Die Mütter. – Die Thiere denken anders über die Weiber, als die Menschen; ihnen gilt das Weibchen als das productive Wesen. Vaterliebe giebt es bei ihnen nicht, aber so

Etwas wie Liebe zu den Kindern einer Geliebten und Gewöhnung an sie. Die Weibchen haben an den Kindern Befriedigung ihrer Herrschsucht, ein Eigenthum, eine Beschäftigung, etwas ihnen ganz Verständliches, mit dem man schwätzen kann: diess Alles zusammen ist Mutterliebe, – sie ist mit der Liebe des Künstlers zu seinem Werke zu vergleichen. Die Schwangerschaft hat die Weiber milder, abwartender, furchtsamer, unterwerfungslustiger gemacht; und ebenso erzeugt die geistige Schwangerschaft den Charakter der Contemplativen, welcher dem weiblichen Charakter verwandt ist: – es sind die männlichen Mütter. – Bei den Thieren gilt das männliche Geschlecht als das schöne.

73.

Heilige Grausamkeit. – Zu einem Heiligen trat ein Mann, der ein eben geborenes Kind in den Händen hielt. »Was soll ich mit dem Kinde machen? fragte er, es ist elend, missgestaltet, und hat nicht genug Leben, um zu sterben.« »Tödte es, rief der Heilige mit schrecklicher Stimme, tödte es und halte es dann drei Tage und drei Nächte lang in deinen Armen, auf dass du dir ein Gedächtniss machest: – so wirst du nie wieder ein Kind zeugen, wenn es nicht an der Zeit für dich ist, zu zeugen.« – Als der Mann diess gehört hatte, gieng er enttäuscht davon; und Viele tadelten den Heiligen, weil er zu einer Grausamkeit gerathen hatte, denn er hatte gerathen, das Kind zu tödten. »Aber ist es nicht grausamer, es leben zu lassen?« sagte der Heilige.

74.

Die Erfolglosen. – Jenen armen Frauen fehlt es immer an Erfolg, welche in Gegenwart Dessen, den sie lieben, [431] unruhig und unsicher werden und zu viel reden: denn die Männer werden am sichersten durch eine gewisse heimliche und phlegmatische Zärtlichkeit verführt.

75.

Das dritte Geschlecht. – »Ein kleiner Mann ist eine Paradoxie, aber doch ein Mann, – aber die kleinen Weibchen scheinen mir, im Vergleich mit hochwüchsigen Frauen, von einem anderen Geschlechte zu sein« – sagte ein alter Tanzmeister. Ein kleines Weib ist niemals schön – sagte der alte Aristoteles.

76.

Die grösste Gefahr. – Hätte es nicht allezeit eine Ueberzahl von Menschen gegeben, welche die Zucht ihres Kopfes – ihre »Vernünftigkeit« – als ihren Stolz, ihre Verpflichtung, ihre Tugend fühlten, welche durch alles Phantasiren und Ausschweifen des Denkens beleidigt oder beschämt wurden, als die Freunde »des gesunden Menschenverstandes«: so wäre die Menschheit längst zu Grunde gegangen! Ueber ihr schwebte und schwebt fortwährend als ihre grösste Gefahr der ausbrechende Irrsinn – das heisst eben das Ausbrechen des Beliebens im Empfinden, Sehen und Hören, der Genuss in der Zuchtlosigkeit des Kopfes, die Freude am Menschen-Unverstande. Nicht die Wahrheit und Gewissheit ist der Gegensatz der Welt des Irrsinnigen, sondern die Allgemeinheit und Allverbindlichkeit eines Glaubens, kurz das Nicht-Beliebige im Urtheilen. Und die grösste Arbeit der Menschen bisher war die, über sehr viele Dinge mit einander übereinzustimmen und sich ein Gesetz der Uebereinstimmung aufzulegen – gleichgültig, ob diese Dinge wahr oder falsch sind. Diess ist die Zucht des Kopfes, welche die Menschheit erhalten hat; – aber die Gegentriebe sind immer noch so mächtig, dass man im [432] Grunde von der Zukunft der Menschheit mit wenig Vertrauen reden darf. Fortwährend schiebt und verschiebt sich noch das Bild der Dinge, und vielleicht von jetzt ab mehr und schneller als je; fortwährend sträuben sich gerade die ausgesuchtesten Geister gegen jene Allverbindlichkeit – die

Erforscher der Wahrheit voran! Fortwährend erzeugt jener Glaube als Allerweltsglaube einen Ekel und eine neue Lüsternheit bei feineren Köpfen: und schon das langsame Tempo, welches er für alle geistigen Processe verlangt, jene Nachahmung der Schildkröte, welche hier als die Norm anerkannt wird, macht Künstler und Dichter zu Ueberläufern: – diese ungeduldigen Geister sind es, in denen eine förmliche Lust am Irrsinn ausbricht, weil der Irrsinn ein so fröhliches Tempo hat! Es bedarf also der tugendhaften Intellecte, – ach! ich will das unzweideutigste Wort gebrauchen – es bedarf der tugendhaften Dummheit, es bedarf unerschütterlicher Tactschläger des langsamen Geistes, damit die Gläubigen des grossen Gesammtglaubens bei einander bleiben und ihren Tanz weitertanzen: es ist eine Nothdurft ersten Ranges, welche hier gebietet und fordert. Wir Andern sind die Ausnahme und die Gefahr, – wir bedürfen ewig der Vertheidigung! – Nun, es lässt sich wirklich etwas zu Gunsten der Ausnahme sagen, vorausgesetzt, dass sie nie Regel werden will.

77.

Das Thier mit gutem Gewissen. – Das Gemeine in Alledem, was im Süden Europa's gefällt – sei diess nun die italiänische Oper (zum Beispiel Rossini's und Bellini's) oder der spanische Abenteuer-Roman (uns in der französischen Verkleidung des Gil Blas am besten zugänglich) – bleibt mir nicht verborgen, aber es beleidigt mich nicht, ebensowenig als die Gemeinheit, der man bei einer Wanderung durch Pompeji und im Grunde selbst beim Lesen jedes antiken Buches begegnet: [433] woher kommt diess? Ist es, dass hier die Scham fehlt und dass alles Gemeine so sicher und seiner gewiss auftritt, wie irgend etwas Edles, Liebliches und Leidenschaftliches in der selben Art Musik oder Roman? »Das Thier hat sein Recht wie der Mensch: so mag es frei herumlaufen, und du, mein lieber Mitmensch, bist auch diess

Thier noch, trotz Alledem!« – das scheint mir die Moral der Sache und die Eigenheit der südländischen Humanität zu sein. Der schlechte Geschmack hat sein Recht wie der gute, und sogar ein Vorrecht vor ihm, falls er das grosse Bedürfniss, die sichere Befriedigung und gleichsam eine allgemeine Sprache, eine unbedingt verständliche Larve und Gebärde ist: der gute, gewählte Geschmack hat dagegen immer etwas Suchendes, Versuchtes, seines Verständnisses nicht völlig Gewisses, – er ist und war niemals volksthümlich! Volksthümlich ist und bleibt die Maske! So mag denn alles diess Maskenhafte in den Melodien und Cadenzen, in den Sprüngen und Lustigkeiten des Rhythmus dieser Opern dahinlaufen! Gar das antike Leben! Was versteht man von dem, wenn man die Lust an der Maske, das gute Gewissen alles Maskenhaften nicht versteht! Hier ist das Bad und die Erholung des antiken Geistes: – und vielleicht war diess Bad den seltenen und erhabenen Naturen der alten Welt noch nöthiger, als den gemeinen. – Dagegen beleidigt mich eine gemeine Wendung in nordischen Werken, zum Beispiel in deutscher Musik, unsäglich. Hier ist Scham dabei, der Künstler ist vor sich selber hinabgestiegen und konnte es nicht einmal verhüten, dabei zu erröthen: wir schämen uns mit ihm und sind so beleidigt, weil wir ahnen, dass er unseretwegen glaubte hinabsteigen zu müssen.

78.

Wofür wir dankbar sein sollen. – Erst die Künstler, und namentlich die des Theaters, haben den Menschen Augen und Ohren eingesetzt, um Das mit einigem Ver-[434]gnügen zu hören und zu sehen, was Jeder selber ist, selber erlebt, selber will; erst sie haben uns die Schätzung des Helden, der in jedem von allen diesen Alltagsmenschen verborgen ist, und die Kunst gelehrt, wie man sich selber als Held, aus der Ferne und gleichsam vereinfacht und verklärt ansehen könne, – die Kunst, sich vor sich selber »in Scene zu setzen«. So allein kommen wir über einige niedrige Details an uns hinweg! Ohne jene Kunst würden wir Nichts als Vordergrund sein und ganz und gar im Banne jener Optik leben, welche das Nächste und Gemeinste als ungeheuer gross und als die Wirklichkeit an sich erscheinen lässt. – Vielleicht giebt es ein Verdienst ähnlicher Art an jener Religion, welche die Sündhaftigkeit jedes einzelnen Menschen mit dem Vergrösserungsglase ansehen hiess und aus dem Sünder einen grossen, unsterblichen Verbrecher machte: indem sie ewige Perspectiven um ihn beschrieb, lehrte sie den Menschen, sich aus der Ferne und als etwas Vergangenes, Ganzes sehen.

79.

Reiz der Unvollkommenheit. – Ich sehe hier einen Dichter, der, wie so mancher Mensch, durch seine Unvollkommenheiten einen höheren Reiz ausübt, als durch alles Das, was sich unter seiner Hand rundet und vollkommen gestaltet, – ja er hat den Vortheil und den Ruhm vielmehr von seinem letzten Unvermögen, als von seiner reichen Kraft. Sein Werk spricht es niemals ganz aus, was er eigentlich aussprechen möchte, was er gesehen haben möchte: es scheint, dass er den Vorgeschmack einer Vision gehabt hat, und niemals sie selber: – aber eine ungeheure Lüsternheit nach dieser Vision ist in seiner Seele zurückgeblieben, und aus ihr nimmt er seine ebenso ungeheure Beredtsamkeit des Verlangens und Heisshungers. Mit ihr hebt er Den, welcher ihm zuhört, über sein Werk und alle »Werke« hinaus und giebt ihm [435] Flügel, um so hoch zu steigen, wie Zuhörer nie sonst steigen: und so, selber zu Dichtern und Sehern geworden, zollen sie dem Urheber ihres Glückes eine Bewunderung, wie als ob er sie unmittelbar zum Schauen seines Heiligsten und Letzten geführt hätte, wie als ob er sein Ziel erreicht und seine Vision wirklich gesehen und mitgetheilt hätte. Es kommt seinem Ruhme zu Gute, nicht eigentlich an's Ziel gekommen zu sein.

80.

Kunst und Natur. – Die Griechen (oder wenigstens die Athener) hörten gerne gut reden: ja sie hatten einen gierigen Hang darnach, der sie mehr als alles Andere von den Nicht-Griechen unterscheidet. Und so verlangten sie selbst von der Leidenschaft auf der Bühne, dass sie gut rede, und liessen die Unnatürlichkeit des dramatischen Verses mit Wonne über sich ergehen: – in der Natur ist ja die Leidenschaft so wortkarg! so stumm und verlegen! Oder wenn sie Worte findet, so verwirrt und unvernünftig und sich selber zur Scham! Nun haben wir uns Alle, Dank den Griechen, an diese Unnatur auf der Bühne gewöhnt, wie wir jene andere Unnatur, die singende Leidenschaft ertragen und gerne ertragen, Dank den Italiänern. – Es ist uns ein Bedürfniss geworden, welches wir aus der Wirklichkeit nicht befriedigen können: Menschen in den schwersten Lagen gut und ausführlich reden zu hören: es entzückt uns jetzt, wenn der tragische Held da noch Worte, Gründe, beredte Gebärden und im Ganzen eine helle Geistigkeit findet, wo das Leben sich den Abgründen nähert, und der wirkliche Mensch meistens den Kopf und gewiss die schöne Sprache verliert. Diese Art Abweichung von der Natur ist vielleicht die angenehmste Mahlzeit für den Stolz des Menschen; ihretwegen überhaupt liebt er die Kunst, als den Ausdruck einer hohen, heldenhaften Unnatürlichkeit und Conven-[436]tion. Man macht mit Recht dem dramatischen Dichter einen Vorwurf daraus, wenn er nicht Alles in Vernunft und Wort verwandelt, sondern immer einen Rest Schweigen in der Hand zurückbehält: – so wie man mit dem Musiker der Oper unzufrieden ist, der für den höchsten Affect nicht eine Melodie, sondern nur ein affectvolles »natürliches« Stammeln und Schreien zu finden weiss. Hier soll eben der Natur widersprochen werden! Hier soll eben der gemeine Reiz der Illusion einem höheren Reize weichen! Die Griechen gehen auf diesem Wege weit, weit – zum Erschrecken weit! Wie sie die Bühne so schmal wie möglich bilden und alle Wirkung durch tiefe Hintergründe sich verbieten, wie sie dem Schauspieler das Mienenspiel und die leichte Bewegung unmöglich machen und ihn in einen feierlichen, steifen, maskenhaften Popanz verwandeln, so haben sie auch der Leidenschaft selber den tiefen Hintergrund genommen und ihr ein Gesetz der schönen Rede dictirt, ja sie haben überhaupt Alles gethan, um der elementaren Wirkung furcht- und mitleiderweckender Bilder entgegenzuwirken: sie wollten eben nicht Furcht und Mitleid, – Aristoteles in Ehren und höchsten Ehren! aber er traf sicherlich nicht den Nagel, geschweige den Kopf des Nagels, als er vom letzten Zweck der griechischen Tragödie sprach! Man sehe sich doch die griechischen Dichter der Tragödie darauf hin an, was am Meisten ihren Fleiss, ihre Erfindsamkeit, ihren Wetteifer erregt hat, – gewiss nicht die Absicht auf Ueberwältigung der Zuschauer durch Affecte! Der Athener gieng in's Theater, um schöne Reden zu hören! Und um schöne Reden war es dem Sophokles zu thun! – man vergebe mir diese Ketzerei! – Sehr verschieden steht es mit der ernsten Oper: alle ihre Meister lassen es sich angelegen sein, zu verhüten, dass man ihre Personen verstehe. Ein gelegentlich aufgerafftes Wort mag dem unaufmerksamen Zuhörer zu Hülfe kommen: im Ganzen muss die Situation sich selber erklären, – es liegt Nichts an den Reden! – so [437] denken sie Alle und so haben sie Alle mit den Worten ihre Possen getrieben. Vielleicht hat es ihnen nur an Muth gefehlt, um ihre letzte Geringschätzung des Wortes ganz auszudrücken: ein wenig Frechheit mehr bei Rossini und er hätte durchweg la-la-la-la singen lassen – und es wäre Vernunft dabei gewesen! Es soll den Personen der Oper eben nicht »auf's Wort« geglaubt werden, sondern auf den Ton! Das ist der Unterschied, das ist die schöne Unnatürlichkeit, derentwegen man in die Oper geht! Selbst das recitativo secco will nicht eigentlich als Wort und Text angehört sein: diese Art von Halbmusik soll vielmehr dem musicalischen Ohre zunächst eine kleine Ruhe geben (die Ruhe von der Melodie, als dem sublimsten und desshalb auch anstrengendsten Genusse dieser Kunst) –, aber sehr bald etwas Anderes: nämlich eine wachsende Ungeduld, ein wachsendes Widerstreben, eine neue Begierde nach ganzer Musik, nach Melodie. – Wie verhält es sich, von diesem Gesichtspuncte aus gesehen, mit der Kunst Richard Wagner's? Vielleicht anders? Oft wollte es mir scheinen, als ob man Wort und Musik seiner Schöpfungen vor der Aufführung auswendig gelernt haben müßte: denn ohne diess – so schien es mir – höre man weder die Worte noch selber die Musik.

81.

Griechischer Geschmack. – »Was ist Schönes daran? – sagte jener Feldmesser nach einer Aufführung der Iphigenie – es wird Nichts darin bewiesen!« Sollten die Griechen so fern von diesem Geschmacke gewesen sein? Bei Sophokles wenigstens wird »Alles bewiesen«.

82.

Der esprit ungriechisch. – Die Griechen sind in allem ihrem Denken unbeschreiblich logisch und schlicht; sie [438] sind dessen, wenigstens für ihre lange gute Zeit, nicht überdrüssig geworden, wie die Franzosen es so häufig werden: welche gar zu gerne einen kleinen Sprung in's Gegentheil machen und den Geist der Logik eigentlich nur vertragen, wenn er durch eine Menge solcher kleiner Sprünge in's Gegentheil seine gesellige Artigkeit, seine gesellige Selbstverleugnung verräth. Logik erscheint ihnen als nothwendig, wie Brod und Wasser, aber auch gleich diesen als eine Art Gefangenenkost, sobald sie rein und allein genossen werden sollen. In der guten Gesellschaft muss man niemals vollständig und allein Recht haben wollen, wie es alle reine Logik will: daher die kleine Dosis Unvernunft in allem französischen esprit. – Der gesellige Sinn der Griechen war bei Weitem weniger entwickelt, als der der Franzosen es ist und war: daher so wenig esprit bei ihren geistreichsten Männern, daher so wenig Witz selbst bei ihren Witzbolden, daher – ach! Man wird mir schon diese meine Sätze nicht glauben, und wie viele der Art habe ich noch auf der Seele! – Est res magna tacere – sagt Martial mit allen Geschwätzigen.

83.

Uebersetzungen. – Man kann den Grad des historischen Sinnes, welchen eine Zeit besitzt, daran abschätzen, wie diese Zeit Uebersetzungen macht und vergangene Zeiten und Bücher sich einzuverleiben sucht. Die Franzosen Corneille's, und auch noch die der Revolution, bemächtigten sich des römischen Alterthums in einer Weise, zu der wir nicht den Muth mehr hätten – Dank unserem höheren historischen Sinne. Und das römische Alterthum selbst: wie gewaltsam und naiv zugleich legte es seine Hand auf alles Gute und Hohe des griechischen älteren Alterthums! Wie übersetzten sie in die römische Gegenwart hinein! Wie verwischten sie absichtlich und unbekümmert den Flügelstaub des Schmetterlings Augenblick! So übersetzte Horaz hier und da den Alcäus oder den Archi-[439]lochus, so Properz den Callimachus und Philetas (Dichter gleichen Ranges mit Theokrit, wenn wir urtheilen dürfen): was lag ihnen daran, dass der eigentliche Schöpfer Diess und Jenes erlebt und die Zeichen davon in sein Gedicht hineingeschrieben hatte! – als Dichter waren sie dem antiquarischen Spürgeiste, der dem historischen Sinne voranläuft, abhold, als Dichter liessen sie diese ganz persönlichen Dinge und Namen und Alles, was einer Stadt, einer Küste, einem Jahrhundert als seine Tracht und Maske zu eigen war, nicht gelten, sondern stellten flugs das Gegenwärtige und das Römische an seine Stelle. Sie scheinen uns zu fragen: »Sollen wir das Alte nicht für uns neu machen und uns in ihm zurechtlegen? Sollen wir nicht unsere Seele diesem todten Leibe einblasen dürfen? denn todt ist er nun einmal: wie hässlich ist alles Todte!« – Sie kannten den Genuss des historischen Sinnes nicht; das Vergangene und Fremde war ihnen peinlich, und als Römern ein Anreiz zu einer römischen Eroberung. In der That, man eroberte damals, wenn man übersetzte, – nicht nur so, dass man das Historische wegliess: nein, man fügte die Anspielung auf das Gegenwärtige hinzu, man strich vor Allem den Namen des Dichters hinweg und setzte den eigenen an seine Stelle – nicht im Gefühl des Diebstahls, sondern mit dem allerbesten Gewissen des imperium Romanum.

84.

Vom Ursprunge der Poesie. – Die Liebhaber des Phantastischen am Menschen, welche zugleich die Lehre von der instinctiven Moralität vertreten, schliessen so: »gesetzt, man habe zu allen Zeiten den Nutzen als die höchste Gottheit verehrt, woher dann in aller Welt ist die Poesie gekommen? – diese Rhythmisierung der Rede, welche der Deutlichkeit der Mittheilung eher entgegenwirkt, als förderlich ist, und die trotzdem wie ein Hohn auf alle nützliche Zweckmässigkeit [440] überall auf Erden aufgeschossen ist und aufschiesst! Die wildschöne Unvernünftigkeit der Poesie widerlegt euch, ihr Utilitarier! Gerade vom Nutzen einmal loskommen wollen – das hat den Menschen erhoben, das hat ihn zur Moralität und Kunst inspirirt!« Nun ich muss hierin einmal den Utilitariern zu Gefallen reden, – sie haben ja so selten Recht, dass es zum Erbarmen ist! Man hatte in jenen alten Zeiten, welche die Poesie in's Dasein riefen, doch die Nützlichkeit dabei im Auge und eine sehr grosse Nützlichkeit – damals als man den Rhythmus in die Rede dringen liess, jene Gewalt die alle Atome des Satzes neu ordnet, die Worte wählen heisst und den Gedanken neu färbt und dunkler, fremder, ferner macht: freilich eine abergläubische Nützlichkeit! Es sollte vermöge des Rhythmus den Göttern ein menschliches Anliegen tiefer eingeprägt werden, nachdem man bemerkt hatte, dass der Mensch einen Vers besser im Gedächtniss behält, als eine ungebundene Rede; ebenfalls meinte man durch das rhythmische Tiktak über grössere Fernen hin sich hörbar zu machen; das rhythmisirte Gebet schien den Göttern näher an's Ohr zu kommen. Vor Allem aber wollte man den Nutzen von jener elementaren Ueberwältigung haben, welche der Mensch an sich beim Hören der Musik erfährt: der Rhythmus ist ein Zwang; er erzeugt eine unüberwindliche Lust, nachzugeben, mit einzustimmen; nicht nur der Schritt der Füsse, auch die Seele selber geht dem Tacte nach, – wahrscheinlich, so schloss man, auch die Seele der Götter! Man versuchte sie also durch den Rhythmus zu zwingen und eine Gewalt über sie auszuüben: man warf ihnen die Poesie wie eine magische Schlinge um. Es gab noch eine wunderlichere Vorstellung: und diese gerade hat vielleicht am mächtigsten zur Entstehung der Poesie gewirkt. Bei den Phythagoreern erscheint sie als philosophische Lehre und als Kunstgriff der Erziehung: aber längst bevor es Philosophen gab, gestand man der Musik die Kraft zu, die Affecte zu entladen, die Seele zu reinigen, die ferocia animi [441] zu mildern – und zwar gerade durch das Rhythmische in der Musik. Wenn die richtige Spannung und Harmonie der Seele verloren gegangen war, musste man tanzen, in dem Tacte des Sängers, – das war das Recept dieser Heilkunst. Mit ihr stillte Terpander einen Aufruhr, besänftigte Empedokles einen Rasenden, reinigte Damon einen liebessiechen Jüngling; mit ihr nahm man auch die wildgewordenen rachsüchtigen Götter in Cur. Zuerst dadurch, dass man den Taumel und die Ausgelassenheit ihrer Affecte auf's Höchste trieb, also den Rasenden toll, den Rachsüchtigen rachetrunken machte: – alle orgiastischen Culte wollen die ferocia einer Gottheit auf Ein Mal entladen und zur Orgie machen, damit sie hinterher sich freier und ruhiger fühle und den

Menschen in Ruhe lasse. Melos bedeutet seiner Wurzel nach ein Besänftigungsmittel, nicht weil es selber sanft ist, sondern weil seine Nachwirkung sanft macht. – Und nicht nur im Cultusliede, auch bei dem weltlichen Liede der ältesten Zeiten ist die Voraussetzung, dass das Rhythmische eine magische Kraft übe, zum Beispiel beim Wasserschöpfen oder Rudern, das Lied ist eine Bezauberung der hierbei thätig gedachten Dämonen, es macht sie willfährig, unfrei und zum Werkzeug des Menschen. Und so oft man handelt, hat man einen Anlass zu singen, – jede Handlung ist an die Beihülfe von Geistern geknüpft: Zauberlied und Besprechung scheinen die Urgestalt der Poesie zu sein. Wenn der Vers auch beim Orakel verwendet wurde – die Griechen sagten, der Hexameter sei in Delphi erfunden –, so sollte der Rhythmus auch hier einen Zwang ausüben. Sich prophezeien lassen – das bedeutet ursprünglich (nach der mir wahrscheinlichen Ableitung des griechischen Wortes): sich Etwas bestimmen lassen; man glaubt die Zukunft erzwingen zu können dadurch, dass man Apollo für sich gewinnt: er, der nach der ältesten Vorstellung viel mehr, als ein vorhersehender Gott ist. So wie die Formel ausgesprochen wird, buchstäblich und rhythmisch genau, so bindet sie die Zukunft: die Formel aber ist die Erfindung [442] Apollo's, welcher als Gott der Rhythmen auch die Göttinnen des Schicksals binden kann. – Im Ganzen gesehen und gefragt: gab es für die alte abergläubische Art des Menschen überhaupt etwas Nützlicheres, als den Rhythmus? Mit ihm konnte man Alles: eine Arbeit magisch fördern; einen Gott nöthigen, zu erscheinen, nahe zu sein, zuzuhören; die Zukunft sich nach seinem Willen zurecht machen; die eigene Seele von irgend einem Uebermaasse (der Angst, der Manie, des Mitleids, der Rachsucht) entladen, und nicht nur die eigene Seele, sondern die des bösesten Dämons, – ohne den Vers war man Nichts, durch den Vers wurde man beinahe ein Gott. Ein solches Grundgefühl lässt sich nicht mehr völlig ausrotten, – und noch jetzt, nach Jahrtausende langer Arbeit in der Bekämpfung solchen Aberglaubens, wird auch der Weiseste von uns gelegentlich zum Narren des Rhythmus, sei es auch nur darin, dass er einen Gedanken als wahrer empfindet, wenn er eine metrische Form hat und mit einem göttlichen Hopsasa daher kommt. Ist es nicht eine sehr lustige Sache, dass immer noch die ernstesten Philosophen, so streng sie es sonst mit aller Gewissheit nehmen, sich auf Dichtersprüche berufen, um ihren Gedanken Kraft und Glaubwürdigkeit zu geben? – und doch ist es für eine Wahrheit gefährlicher, wenn der Dichter ihr zustimmt, als wenn er ihr widerspricht! Denn wie Homer sagt: »Viel ja lügen die Sänger!« –

85.

Das Gute und das Schöne. – Die Künstler verherrlichen fortwährend – sie thun nichts Anderes –: und zwar alle jene Zustände und Dinge, welche in dem Rufe stehen, dass bei ihnen und in ihnen der Mensch sich einmal gut oder gross, oder trunken, oder lustig, oder wohl und weise fühlen kann. Diese ausgelesenen Dinge und Zustände, deren Werth für das menschliche Glück als sicher und ab-[443]geschätzt gilt, sind die Objecte der Künstler: sie liegen immer auf der Lauer, dergleichen zu entdecken und in's Gebiet der Kunst hinüberzuziehen. Ich will sagen: sie sind nicht selber die Taxatoren des Glückes und des Glücklichen, aber sie drängen sich immer in die Nähe dieser Taxatoren, mit der grössten Neugierde und Lust, sich ihre Schätzungen sofort zu Nutze zu machen. So werden sie, weil sie ausser ihrer Ungeduld auch die grossen Lungen der Herolde und die Füsse der Läufer haben, immer auch unter den Ersten sein, die das neue Gute verherrlichen, und oft als Die erscheinen, welche es zuerst gut nennen und als gut taxiren. Diess aber ist, wie gesagt, ein Irrthum: sie sind nur geschwinder und lauter, als die wirklichen Taxatoren. – Und wer sind denn diese? – Es sind die Reichen und die Müssigen.

86.

Vom Theater. – Dieser Tag gab mir wieder starke und hohe Gefühle, und wenn ich an seinem Abende Musik und Kunst haben könnte, so weiss ich wohl, welche Musik und Kunst ich nicht haben möchte, nämlich alle jene nicht, welche ihre Zuhörer berauschen und zu einem Augenblicke starken und hohen Gefühls emportreiben möchte, – jene Menschen des Alltags der Seele, die am Abende nicht Siegern auf Triumphwägen gleichen, sondern müden Maulthieren, an denen das Leben die Peitsche etwas zu oft geübt hat. Was würden jene Menschen überhaupt von »höheren Stimmungen« wissen, wenn es nicht rauscherzeugende Mittel und idealische Peitschenschläge gäbe! – und so haben sie ihre Begeisterer, wie sie ihre Weine haben. Aber was ist mir ihr Getränk und ihre Trunkenheit! Was braucht der Begeisterte den Wein! Vielmehr blickt er mit einer Art von Ekel auf die Mittel und Mittler hin, welche hier eine Wirkung ohne zureichenden Grund erzeugen sollen, – eine Nachäffung der hohen Seelen-[444]fluth! – Wie? Man schenkt dem Maulwurf Flügel und stolze Einbildungen, – vor Schlafengehen, bevor er in seine Höhle kriecht? Man schickt ihn in's Theater und setzt ihm grosse Gläser vor seine blinden und müden Augen? Menschen, deren Leben keine »Handlung«, sondern ein Geschäft ist, sitzen vor der Bühne und schauen fremdartigen Wesen zu, denen das Leben mehr ist, als ein Geschäft? »So ist es anständig«, sagt ihr, »so ist es unterhaltend, so will es die Bildung!« – Nun denn! So fehlt mir allzuoft die Bildung: denn dieser Anblick ist mir allzuoft ekelhaft. Wer an sich der Tragödie und Komödie genug hat, bleibt wohl am Liebsten fern vom Theater; oder, zur Ausnahme, der ganze Vorgang – Theater und Publicum und Dichter eingerechnet – wird ihm zum eigentlichen tragischen und komischen Schauspiel, sodass das aufgeführte Stück dagegen ihm nur wenig bedeutet. Wer Etwas wie Faust und Manfred ist, was liegt dem an den Fausten und

Manfreden des Theaters! – während es ihm gewiss noch zu denken giebt, dass man überhaupt dergleichen Figuren auf's Theater bringt. Die stärksten Gedanken und Leidenschaften vor Denen, welche des Denkens und der Leidenschaft nicht fähig sind – aber des Rausches! Und jene als ein Mittel zu diesem! Und Theater und Musik das Haschisch-Rauchen und Betel-Kauen der Europäer! Oh wer erzählt uns die ganze Geschichte der Narcotica! – Es ist beinahe die Geschichte der »Bildung«, der sogenannten höheren Bildung!

87.

Von der Eitelkeit der Künstler. – Ich glaube, dass die Künstler oft nicht wissen, was sie am besten können, weil sie zu eitel sind und ihren Sinn auf etwas Stolzeres gerichtet haben, als diese kleinen Pflanzen zu sein scheinen, welche neu, seltsam und schön, in wirklicher Vollkommenheit auf ihrem Boden zu wachsen vermögen. Das letzthin Gute ihres [445] eigenen Gartens und Weinbergs wird von ihnen obenhin abgeschätzt, und ihre Liebe und ihre Einsicht sind nicht gleichen Ranges. Da ist ein Musiker, der mehr als irgend ein Musiker darin seine Meisterschaft hat, die Töne aus dem Reiche leidender, gedrückter, gemarterter Seelen zu finden und auch noch den stummen Thieren Sprache zu geben. Niemand kommt ihm gleich in den Farben des späten Herbstes, dem unbeschreiblich rührenden Glücke eines letzten, allerletzten, allerkürzesten Geniessens, er kennt einen Klang für jene heimlich-unheimlichen Mitternächte der Seele, wo Ursache und Wirkung aus den Fugen gekommen zu sein scheinen und jeden Augenblick Etwas »aus dem Nichts« entstehen kann; er schöpft am glücklichsten von Allen aus dem unteren Grunde des menschlichen Glückes und gleichsam aus dessen ausgetrunkenem Becher, wo die herbsten und widrigsten Tropfen zu guter- und böserletzt mit den süssesten zusammengelaufen sind; er kennt jenes müde Sich-schieben der Seele, die nicht mehr springen und fliegen, ja nicht mehr gehen kann; er hat den scheuen Blick des verhehlten Schmerzes, des Verstehens ohne Trost, des Abschiednehmens ohne Geständniss; ja, als der Orpheus alles heimlichen Elendes ist er grösser, als irgend Einer, und Manches ist durch ihn überhaupt der Kunst hinzugefügt worden, was bisher unausdrückbar und selbst der Kunst unwürdig erschien, und mit Worten namentlich nur zu verscheuchen, nicht zu fassen war, – manches ganz Kleine und Mikroskopische der Seele: ja, es ist der Meister des ganz Kleinen. Aber er will es nicht sein! Sein Charakter liebt vielmehr die grossen Wände und die verwegene Wandmalerei! Es entgeht ihm, dass sein Geist einen anderen Geschmack und Hang hat und am liebsten still in den Winkeln zusammengestürzter Häuser sitzt: – da, verborgen, sich selber verborgen, malt er seine eigentlichen Meisterstücke, welche alle sehr kurz sind, oft nur Einen Tact lang, – da erst wird er ganz gut, gross und vollkommen, da vielleicht allein. – Aber er weiss es nicht! Er ist zu eitel dazu, es zu wissen.

[446] 88.

Der Ernst um die Wahrheit. – Ernst um die Wahrheit! Wie Verschiedenes verstehen die Menschen bei diesen Worten! Eben die selben Ansichten und Arten von Beweis und Prüfung, welche ein Denker an sich wie eine Leichtfertigkeit empfindet, der er zu seiner Scham in dieser oder jener Stunde unterlegen ist, – eben die selben Ansichten können einem Künstler, der auf sie stösst und mit ihnen zeitweilig lebt, das Bewusstsein geben, jetzt habe ihn der tiefste Ernst um die Wahrheit erfasst, und es sei bewunderungswürdig, dass er, obschon Künstler, doch zugleich die ernsthafteste Begierde nach dem Gegensatze des Scheinenden zeige. So ist es möglich, dass Einer gerade mit seinem Pathos von Ernsthaftigkeit verräth, wie oberflächlich und genügsam sein Geist bisher im Reiche der Erkenntniss gespielt hat. – Und ist nicht Alles, was wir wichtig nehmen, unser Verräther? Es zeigt, wo unsere Gewichte liegen und wofür wir keine Gewichte besitzen.

89.

Jetzt und ehedem. – Was liegt an aller unsrer Kunst der Kunstwerke, wenn jene höhere Kunst, die Kunst der Feste, uns abhanden kommt! Ehemals waren alle Kunstwerke an der grossen Feststrasse der Menschheit aufgestellt, als Erinnerungszeichen und Denkmäler hoher und seliger Momente. Jetzt will man mit den Kunstwerken die armen Erschöpften und Kranken von der grossen Leidensstrasse der Menschheit bei Seite locken, für ein lüsternes Augenblickchen; man bietet ihnen einen kleinen Rausch und Wahnsinn an.

90.

Lichter und Schatten. – Die Bücher und Niederschriften sind bei verschiedenen Denkern Verschiedenes: der [447] Eine hat im Buche die Lichter zusammengebracht, die er geschwind aus den Strahlen einer ihm aufleuchtenden Erkenntniss wegzustehlen und heimzutragen wusste; ein Anderer giebt nur die Schatten, die Nachbilder in Grau und Schwarz von dem wieder, was Tags zuvor in seiner Seele sich aufbaute.

91.

Vorsicht. – Alfieri hat, wie bekannt, sehr viel gelogen, als er den erstaunten Zeitgenossen seine Lebensgeschichte erzählte. Er log aus jenem Despotismus gegen sich selber, den er zum Beispiel in der Art bewies, wie er sich seine eigene Sprache schuf und sich zum Dichter tyrannisirte: – er hatte endlich eine strenge Form von Erhabenheit gefunden, in welche er sein Leben und sein Gedächtniss hineinpresste: es wird viel Qual dabei gewesen sein. – Ich würde auch einer Lebensgeschichte Platon's, von ihm selber geschrieben, keinen Glauben schenken: so wenig, als der Rousseau's, oder der vita nuova Dante's.

92.

Prosa und Poesie. – Man beachte doch, dass die grossen Meister der Prosa fast immer auch Dichter gewesen sind, sei es öffentlich, oder auch nur im Geheimen und für das »Kämmerlein«; und fürwahr, man schreibt nur im Angesichte der Poesie gute Prosa! Denn diese ist ein ununterbrochener artiger Krieg mit der Poesie: alle ihre Reize bestehen darin, dass beständig der Poesie ausgewichen und widersprochen wird; jedes Abstractum will als Schalkheit gegen diese und wie mit spöttischer Stimme vorgetragen sein; jede Trockenheit und Kühle soll die liebliche Göttin in eine liebliche Verzweifelung bringen; oft giebt es Annäherungen, Versöhnungen des Augenblickes und dann ein plötzliches Zurückspringen und Auslachen; oft wird der Vorhang aufgezogen [448] und grelles Licht hereingelassen, während gerade die Göttin ihre Dämmerungen und dumpfen Farben geniesst; oft wird ihr das Wort aus dem Munde genommen und nach einer Melodie abgesungen, bei der sie die feinen Hände vor die feinen Oehrchen hält – und so giebt es tausend Vergnügungen des Krieges, die Niederlagen mitgezählt, von denen die Unpoetischen, die sogenannten Prosa-Menschen, gar Nichts wissen: – diese schreiben und sprechen denn auch nur schlechte Prosa! Der Krieg ist der Vater aller guten Dinge, der Krieg ist auch der Vater der guten Prosa! – Vier sehr seltsame und wahrhaft dichterische Menschen waren es in diesem Jahrhundert, welche an die Meisterschaft der Prosa gereicht haben, für die sonst diess Jahrhundert nicht gemacht ist – aus Mangel an Poesie, wie angedeutet. Um von Goethe abzusehen, welchen billigerweise das Jahrhundert in Anspruch nimmt, das ihn hervorbrachte: so sehe ich nur Giacomo Leopardi,

Prosper Mérimée, Ralph Waldo Emerson und Walter Savage Landor, den Verfasser der Imaginary Conversations, als würdig an, Meister der Prosa zu heissen.

93.

Aber warum schreibst denn du? – A.: Ich gehöre nicht zu Denen, welche mit der nassen Feder in der Hand denken; und noch weniger zu Jenen, die sich gar vor dem offenen Tintenfasse ihren Leidenschaften überlassen, auf ihrem Stuhle sitzend und auf's Papier starrend. Ich ärgere oder schäme mich alles Schreibens; Schreiben ist für mich eine Nothdurft, – selbst im Gleichniss davon zu reden, ist mir widerlich. B.: Aber warum schreibst du dann? A.: Ja, mein Lieber, im Vertrauen gesagt: ich habe bisher noch kein anderes Mittel gefunden, meine Gedanken los zu werden. B.: Und warum willst du sie los werden? A.: Warum ich will? Will ich denn? Ich muss. – B.: Genug! Genug!

[449] 94.

Wachsthum nach dem Tode. – Jene kleinen verwegenen Worte über moralische Dinge, welche Fontenelle in seinen unsterblichen Todtengesprächen hinwarf, galten seiner Zeit als Paradoxien und Spiele eines nicht unbedenklichen Witzes; selbst die höchsten Richter des Geschmackes und des Geistes sahen nicht mehr darin, – ja, vielleicht Fontenelle selber nicht. Nun ereignet sich etwas Unglaubliches: diese Gedanken werden Wahrheiten! Die Wissenschaft beweist sie! Das Spiel wird zum Ernst! Und wir lesen jene Dialoge mit einer anderen Empfindung, als Voltaire und Helvetius sie lasen, und heben unwillkürlich ihren Urheber in eine andere und viel höhere Rangclasse der Geister, als Jene thaten, – mit Recht? Mit Unrecht?

95.

Chamfort. – Dass ein solcher Kenner der Menschen und der Menge, wie Chamfort, eben der Menge beisprang und nicht in philosophischer Entsagung und Abwehr seitwärts stehen blieb, das weiss ich mir nicht anders zu erklären, als so: Ein Instinct war in ihm stärker, als seine Weisheit, und war nie befriedigt worden, der Hass gegen alle Noblesse des Geblüts: vielleicht der alte nur zu erklärliche Hass seiner Mutter, welcher durch die Liebe zur Mutter in ihm heilig gesprochen war, – ein Instinct der Rache von seinen Knabenjahren her, der die Stunde erwartete, die Mutter zu rächen. Und nun hatte ihn das Leben und sein Genie, und ach! am meisten wohl das väterliche Blut in seinen Adern dazu verführt, eben dieser Noblesse sich einzureihen und gleichzustellen – viele viele Jahre lang! Endlich ertrug er aber seinen eigenen Anblick, den Anblick des »alten Menschen« unter dem alten Regime nicht mehr; er gerieth in eine heftige Leidenschaft der Busse, und in dieser zog er das Gewand des Pöbels an, als seine Art von härener Kutte! Sein böses Gewissen war die Versäum-[450]niss der Rache. – Gesetzt, Chamfort wäre damals um einen Grad mehr Philosoph geblieben, so hätte die Revolution ihren tragischen Witz und ihren schärfsten Stachel nicht bekommen: sie würde als ein viel dümmeres Ereigniss gelten und keine solche Verführung der Geister sein. Aber der Hass und die Rache Chamfort's erzogen ein ganzes Geschlecht: und die erlauchtesten Menschen machten diese Schule durch. Man erwäge doch, dass Mirabeau zu Chamfort wie zu seinem höheren und älteren Selbst aufsah, von dem er Antriebe, Warnungen und Richtersprüche erwartete und ertrug, – Mirabeau, der als Mensch zu einem ganz anderen Range der Grösse gehört, als selbst die Ersten unter den staatsmännischen Grössen von gestern und heute. – Seltsam, dass trotz einem solchen Freunde und Fürsprecher – man hat ja die Briefe Mirabeau's an Chamfort – dieser witzigste aller Moralisten den Franzosen fremd geblieben ist, nicht anders, als Stendhal, der vielleicht unter allen Franzosen dieses Jahrhunderts die gedankenreichsten Augen und Ohren gehabt hat. Ist es, dass Letzterer im Grunde zu viel von einem Deutschen und Engländer an sich hatte, um den Parisern noch erträglich zu sein? – während Chamfort, ein Mensch, reich an Tiefen und Hintergründen der Seele, düster, leidend, glühend, – ein Denker, der das Lachen als das Heilmittel gegen das Leben nöthig fand, und der sich beinahe verloren gab, an jedem Tage, wo er nicht gelacht hatte, – vielmehr wie ein Italiäner und Blutsverwandter Dante's und Leopardi's erscheint, als wie ein Franzose! Man kennt die letzten Worte Chamfort's: »Ah! mon ami, sagte er zu Sieyès, je m'en vais enfin de ce monde, où il faut que le cœur se brise ou se bronze –«. Das sind sicherlich nicht Worte eines sterbenden Franzosen.

96.

Zwei Redner. – Von diesen beiden Rednern erreicht der eine die ganze Vernunft seiner Sache nur dann, wenn er [451] sich der Leidenschaft überlässt: erst diese pumpt genug Blut und Hitze ihm in's Gehirn, um seine hohe Geistigkeit zur Offenbarung zu zwingen. Der Andere versucht wohl hier und da das Selbe: mit Hülfe der Leidenschaft seine Sache volltönend, heftig und hinreissend vorzubringen, – aber gewöhnlich mit einem schlechten Erfolge. Er redet dann sehr bald dunkel und verwirrt, er übertreibt, macht Auslassungen und erregt gegen die Vernunft seiner Sache Misstrauen: ja, er selber empfindet dabei diess Misstrauen, und daraus erklären sich plötzliche Sprünge in die kältesten und abstossendsten Töne, welche in dem Zuhörer einen Zweifel erregen, ob seine ganze Leidenschaftlichkeit ächt gewesen sei. Bei ihm überfluthet jedes Mal die Leidenschaft den Geist; vielleicht, weil sie stärker ist, als bei dem Ersten. Aber er ist auf der Höhe seiner Kraft, wenn er dem andringenden

Sturme seiner Empfindung widersteht und ihn gleichsam verhöhnt: da erst tritt sein Geist ganz aus seinem Versteck heraus, ein logischer, spöttischer, spielender, und doch furchtbarer Geist.

97.

Von der Geschwätzigkeit der Schriftsteller. – Es giebt eine Geschwätzigkeit des Zornes, – häufig bei Luther, auch bei Schopenhauer. Eine Geschwätzigkeit aus einem zu grossen Vorrathe von Begriffsformeln wie bei Kant. Eine Geschwätzigkeit aus Lust an immer neuen Wendungen der selben Sache: man findet sie bei Montaigne. Eine Geschwätzigkeit hämischer Naturen: wer Schriften dieser Zeit liest, wird sich hierbei zweier Schriftsteller erinnern. Eine Geschwätzigkeit aus Lust an guten Worten und Sprachformen: nicht selten in der Prosa Goethe's. Eine Geschwätzigkeit aus innerem Wohlgefallen an Lärm und Wirrwarr der Empfindungen: zum Beispiel bei Carlyle.

[452] 98.

Zum Ruhme Shakespeare's. – Das Schönste, was ich zum Ruhme Shakespeare's, des Menschen, zu sagen wüsste, ist diess: er hat an Brutus geglaubt und kein Stäubchen Misstrauens auf diese Art Tugend geworfen! Ihm hat er seine beste Tragödie geweiht – sie wird jetzt immer noch mit einem falschen Namen genannt –, ihm und dem furchtbarsten Inbegriff hoher Moral. Unabhängigkeit der Seele! – das gilt es hier! Kein Opfer kann da zu gross sein: seinen liebsten Freund selbst muss man ihr opfern können, und sei er noch dazu der herrlichste Mensch, die Zierde der Welt, das Genie ohne Gleichen, – wenn man nämlich die Freiheit als die Freiheit grosser Seelen liebt, und durch ihn dieser Freiheit Gefahr droht: – derart muss Shakespeare gefühlt haben! Die Höhe, in welche er Cäsar stellt, ist die feinste

Ehre, die er Brutus erweisen konnte: so erst erhebt er dessen inneres Problem in's Ungeheure und ebenso die seelische Kraft, welche diesen Knoten zu zerhauen vermochte! – Und war es wirklich die politische Freiheit, welche diesen Dichter zum Mitgefühl mit Brutus trieb, – zum Mitschuldigen des Brutus machte? Oder war die politische Freiheit nur eine Symbolik für irgend etwas Unaussprechbares? Stehen wir vielleicht vor irgend einem unbekannt gebliebenen dunklen Ereignisse und Abenteuer aus des Dichters eigener Seele, von dem er nur durch Zeichen reden mochte? Was ist alle Hamlet-Melancholie gegen die Melancholie des Brutus! – und vielleicht kennt Shakespeare auch diese, wie er jene kannte, aus Erfahrung! Vielleicht hatte auch er seine finstere Stunde und seinen bösen Engel, gleich Brutus! – Was es aber auch derart von Aehnlichkeiten und geheimen Bezügen gegeben haben mag: vor der ganzen Gestalt und Tugend des Brutus warf Shakespeare sich auf den Boden und fühlte sich unwürdig und ferne: – das Zeugniss dafür hat er in seine Tragödie hineingeschrieben. Zweimal hat er in ihr einen Poeten vorgeführt und zweimal eine solche ungeduldige und allerletzte Verachtung über ihn ge-[453]schüttet, dass es wie ein Schrei klingt, – wie der Schrei der Selbstverachtung. Brutus, selbst Brutus verliert die Geduld, als der Poet auftritt, eingebildet, pathetisch, zudringlich, wie Poeten zu sein pflegen, als ein Wesen, welches von Möglichkeiten der Grösse, auch der sittlichen Grösse, zu strotzen scheint und es doch in der Philosophie der That und des Lebens selten selbst bis zur gemeinen Rechtschaffenheit bringt. »Kennt er die Zeit, so kenn' ich seine Launen, – fort mit dem Schellen-Hanswurst!« – ruft Brutus. Man übersetze sich diess zurück in die Seele des Poeten, der es dichtete.

99.

Die Anhänger Schopenhauer's. – Was man bei der Berührung von Cultur-Völkern und Barbaren zu sehen bekommt: dass regelmässig die niedrigere Cultur von der höheren zuerst deren Laster, Schwächen und Ausschweifungen annimmt, von da aus einen Reiz auf sich ausgeübt fühlt und endlich vermittelst der angeeigneten Laster und Schwächen Etwas von der werthhaltigen Kraft der höheren Cultur mit auf sich überströmen lässt: – das kann man auch in der Nähe und ohne Reisen zu Barbaren-Völkern mit ansehen, freilich etwas verfeinert und vergeistigt und nicht so leicht mit Händen zu greifen. Was pflegen doch die Anhänger Schopenhauer's in Deutschland von ihrem Meister zuerst anzunehmen? – als welche, im Vergleich zu dessen überlegener Cultur, sich barbarenhaft genug vorkommen müssen, um auch durch ihn zuerst barbarenhaft fascinirt und verführt zu werden. Ist es sein harter Thatsachen-Sinn, sein guter Wille zu Helligkeit und Vernunft, der ihn oft so englisch und so wenig deutsch erscheinen lässt? Oder die Stärke seines intellectuellen Gewissens, das einen lebenslangen Widerspruch zwischen Sein und Wollen aushielt und ihn dazu zwang, sich auch in seinen Schriften beständig und fast in jedem Puncte zu widersprechen? Oder seine Reinlichkeit in Dingen der [454] Kirche und des christlichen Gottes? – denn hierin war er reinlich wie kein deutscher Philosoph bisher, so dass er »als Voltairianer« lebte und starb. Oder seine unsterblichen Lehren von der Intellectualität der Anschauung, von der Apriorität des Causalitätsgesetzes, von der Werkzeug-Natur des Intellects und der Unfreiheit des Willens? Nein, diess Alles bezaubert nicht und wird nicht als bezaubernd gefühlt: aber die mystischen Verlegenheiten und Ausflüchte Schopenhauer's, an jenen Stellen, wo der Thatsachen-Denker sich vom eitlen Triebe, der Enträthseler der Welt zu sein, verführen und verderben liess, die unbeweisbare Lehre von Einem Willen (»alle Ursachen sind nur Gelegenheitsursachen der Erscheinung des Willens zu dieser Zeit, an diesem Orte«, »der Wille zum Leben ist in jedem Wesen, auch dem geringsten, ganz und ungetheilt vorhanden, so vollständig, wie in Allen, die je waren, sind und sein werden, zusammengenommen«), die Leugnung des Individuums (»alle Löwen sind im Grunde nur Ein Löwe«, »die Vielheit der Individuen ist ein Schein«; sowie auch die Entwicklung nur ein Schein ist: – er nennt den Gedanken de Lamarck's »einen genialen, absurden Irrthum«), die Schwärmerei vom Genie (»in der ästhetischen Anschauung ist das Individuum nicht mehr Individuum, sondern reines, willenloses, schmerzloses, zeitloses Subject der Erkenntniss«; »das Subject, indem es in dem angeschauten Gegenstande ganz aufgeht, ist dieser Gegenstand selbst geworden«), der Unsinn vom Mitleide und der in ihm ermöglichten Durchbrechung des principii individuationis als der Quelle aller Moralität, hinzugerechnet solche Behauptungen »das Sterben ist eigentlich der Zweck des Daseins«, »es lässt sich a priori nicht geradezu die Möglichkeit ableugnen, dass eine magische Wirkung nicht auch sollte von einem bereits Gestorbenen ausgehen können«: diese und ähnliche Ausschweifungen und Laster des Philosophen werden immer am ersten angenommen und zur Sache des Glaubens gemacht: – Laster und Ausschweifungen sind nämlich [455] immer am leichtesten nachzuahmen und wollen keine lange Vorübung. Doch reden wir von dem berühmtesten der lebenden Schopenhauerianer, von Richard Wagner. – Ihm ist es ergangen, wie es schon manchem Künstler ergangen ist: er vergriff sich in der Deutung der Gestalten, die er schuf, und verkannte die unausgesprochene Philosophie seiner eigensten Kunst. Richard Wagner hat sich bis in die Mitte seines Lebens durch Hegel irreführen lassen; er that das Selbe noch einmal, als er später Schopenhauer's Lehre aus seinen Gestalten herauslas und mit »Wille«, »Genie« und »Mitleid« sich selber zu formuliren begann. Trotzdem wird es wahr bleiben: Nichts geht gerade so sehr wider den Geist Schopenhauer's, als das eigentlich Wagnerische an den Helden Wagner's: ich meine die Unschuld der höchsten Selbstsucht, der Glaube an die grosse Leidenschaft als an das Gute an sich, mit Einem Worte, das Siegfriedhafte im Antlitze seiner Helden. »Das Alles riecht eher noch nach Spinoza als nach mir« – würde vielleicht Schopenhauer sagen. So gute Gründe also Wagner hätte, sich gerade nach anderen Philosophen umzusehen als nach Schopenhauer: die Bezauberung, der er in Betreff dieses Denkers unterlegen ist, hat ihn nicht nur gegen alle anderen Philosophen, sondern sogar gegen die Wissenschaft selber blind gemacht; immer mehr will seine ganze Kunst sich als Seitenstück und Ergänzung der Schopenhauerschen Philosophie geben und immer ausdrücklicher verzichtet sie auf den höheren Ehrgeiz, Seitenstück und Ergänzung der menschlichen Erkenntniss und Wissenschaft zu werden. Und nicht nur reizt ihn dazu der ganze geheimnissvolle Prunk dieser Philosophie, welche auch einen Cagliostro gereizt haben würde: auch die einzelnen Gebärden und die Affecte der Philosophen waren stets Verführer! Schopenhauerisch ist zum Beispiel Wagner's Ereiferung über die Verderbniss der deutschen Sprache; und wenn man hierin die Nachahmung gut heissen sollte, so darf doch auch nicht verschwiegen werden, dass Wagner's Stil selber nicht wenig an all den Geschwüren und Geschwülsten krankt, [456] deren Anblick Schopenhauern so wüthend machte, und dass, in Hinsicht auf die deutsch schreibenden Wagnerianer, die Wagnerei sich so gefährlich zu erweisen beginnt, als nur irgend eine Hegelei sich erwiesen hat. Schopenhauerisch ist Wagner's Hass gegen die Juden, denen er selbst in ihrer grössten That nicht gerecht zu werden vermag: die Juden sind ja die Erfinder des Christenthums. Schopenhauerisch ist der Versuch Wagner's, das Christenthum als ein verwehtes Korn des Buddhismus aufzufassen und für Europa, unter zeitweiliger Annäherung an katholisch-christliche Formeln und Empfindungen, ein buddhistisches Zeitalter vorzubereiten. Schopenhauerisch ist Wagner's Predigt zu Gunsten der Barmherzigkeit im Verkehre mit Thieren; Schopenhauer's Vorgänger hierin war bekanntlich Voltaire, der vielleicht auch schon, gleich seinen Nachfolgern, seinen Hass gegen gewisse Dinge und Menschen als Barmherzigkeit gegen Thiere zu verkleiden wusste. Wenigstens ist Wagner's Hass gegen die Wissenschaft, der aus seiner Predigt spricht, gewiss nicht vom Geiste der Mildherzigkeit und Güte eingegeben – noch auch, wie es sich von selber versteht, vom Geiste überhaupt. – Zuletzt ist wenig an der Philosophie eines Künstlers gelegen, falls sie eben nur eine nachträgliche Philosophie ist und seiner Kunst selber keinen Schaden thut. Man kann sich nicht genug davor hüten, einem Künstler um einer gelegentlichen, vielleicht sehr unglücklichen und anmaasslichen Maskerade willen gram zu werden; vergessen wir doch nicht, dass die lieben Künstler sammt und sonders ein wenig Schauspieler sind und sein müssen und ohne Schauspielerei es schwerlich auf die Länge aushielten. Bleiben wir Wagnern in dem treu, was an ihm wahr und ursprünglich ist, – und namentlich dadurch, dass wir, seine Jünger, uns selber in dem treu bleiben, was an uns wahr und ursprünglich ist. Lassen wir ihm seine intellectuellen Launen und Krämpfe, erwägen wir vielmehr in Billigkeit, welche seltsamen Nahrungen und Nothdürfte eine Kunst, wie die seine, haben darf, um leben und wachsen zu können! Es liegt [457] Nichts daran, dass er als Denker so oft Unrecht hat; Gerechtigkeit und Geduld sind nicht seine Sache. Genug, dass sein Leben vor sich selber Recht hat und Recht behält: – dieses Leben, welches Jedem von uns zuruft: »Sei ein Mann und folge mir nicht nach, – sondern dir! Sondern dir!« Auch unser Leben soll vor uns selber Recht behalten! Auch wir sollen frei und furchtlos, in unschuldiger Selbstigkeit aus uns selber wachsen und blühen! Und so klingen mir, bei der Betrachtung eines solchen Menschen, auch heute noch, wie ehedem, diese Sätze an's Ohr: »dass Leidenschaft besser ist, als Stoicismus und Heuchelei, dass

Ehrlich-sein, selbst im Bösen, besser ist, als sich selber an die Sittlichkeit des Herkommens verlieren, dass der freie Mensch sowohl gut als böse sein kann, dass aber der unfreie Mensch eine Schande der Natur ist, und an keinem himmlischen noch irdischen Troste Antheil hat; endlich dass Jeder, der frei werden will, es durch sich selber werden muss, und dass Niemandem die Freiheit als ein Wundergeschenk in den Schooss fällt«. (Richard Wagner in Bayreuth S. 94.)

100.

Huldigen lernen. – Auch das Huldigen müssen die Menschen lernen wie das Verachten. Jeder, der auf neuen Bahnen geht und Viele auf neue Bahnen geführt hat, entdeckt mit Staunen, wie ungeschickt und arm diese Vielen im Ausdruck ihrer Dankbarkeit sind, ja wie selten sich überhaupt auch nur die Dankbarkeit äussern kann. Es ist als ob ihr immer, wenn sie einmal reden will, Etwas in die Kehle komme, sodass sie sich nur räuspert und im Räuspern wieder verstummt. Die Art, wie ein Denker die Wirkung seiner Gedanken und ihre umbildende und erschütternde Gewalt zu spüren bekommt, ist beinahe eine Komödie; mitunter hat es das Ansehen, als ob Die, auf welche gewirkt worden ist, sich im Grunde dadurch beleidigt fühlten und ihre, wie sie fürchten, bedrohte Selbständigkeit nur [458] in allerlei Unarten zu äussern wüssten. Es bedarf ganzer Geschlechter, um auch nur eine höfliche Convention des Dankes zu erfinden: und erst sehr spät kommt jener Zeitpunct, wo selbst in die Dankbarkeit eine Art Geist und Genialität gefahren ist: dann ist gewöhnlich auch Einer da, welcher der grosse Dank-Empfänger ist, nicht nur für Das, was er selber Gutes gethan hat, sondern zumeist für Das, was von seinen Vorgängern als ein Schatz des Höchsten und Besten allmählich aufgehäuft worden ist.

101.

Voltaire. – Ueberall, wo es einen Hof gab, hat er das Gesetz des Gut-Sprechens und damit auch das Gesetz des Stils für alle Schreibenden gegeben. Die höfische Sprache ist aber die Sprache des Höflings, der kein Fach hat und der sich selbst in Gesprächen über wissenschaftliche Dinge alle bequemen technischen Ausdrücke verbietet, weil sie nach dem Fache schmecken, desshalb ist der technische Ausdruck und Alles, was den Specialisten verräth, in den Ländern einer höfischen Cultur ein Flecken des Stils. Man ist jetzt, wo alle Höfe Caricaturen von sonst und jetzt geworden sind, erstaunt, selbst Voltaire in diesem Puncte unsäglich spröde und peinlich zu finden (zum Beispiel in seinem Urtheil über solche Stilisten, wie Fontenelle und Montesquieu), – wir sind eben alle vom höfischen Geschmack emancipirt, während Voltaire dessen Vollender war!

102.

Ein Wort für die Philologen. – Dass es Bücher giebt, so werthvolle und königliche, dass ganze Gelehrten-Geschlechter gut verwendet sind, wenn durch ihre Mühe diese Bücher rein erhalten und verständlich erhalten werden, – diesen Glauben immer wieder zu befestigen ist die Philologie da. Sie setzt voraus, dass es an jenen seltenen Menschen nicht fehlt (wenn man [459] sie gleich nicht sieht), die so werthvolle Bücher wirklich zu benutzen wissen: – es werden wohl die sein, welche selber solche Bücher machen oder machen könnten. Ich wollte sagen, die Philologie setzt einen vornehmen Glauben voraus, – dass zu Gunsten einiger Weniger, die immer »kommen werden« und nicht da sind, eine sehr grosse Menge von peinlicher, selbst unsauberer Arbeit voraus abzuthun sei: es ist Alles Arbeit in usum Delphinorum.

103.

Von der deutschen Musik. – Die deutsche Musik ist jetzt schon deshalb, mehr als jede andere, die europäische Musik, weil in ihr allein die Veränderung, welche Europa durch die Revolution erfuhr, einen Ausdruck bekommen hat: nur die deutschen Musiker verstehen sich auf den Ausdruck bewegter Volksmassen, auf jenen ungeheuren künstlichen Lärm, der nicht einmal sehr laut zu sein braucht, – während zum Beispiel die italiänische Oper nur Chöre von Bedienten oder Soldaten kennt, aber kein »Volk«. Es kommt hinzu, dass aus aller deutschen Musik eine tiefe bürgerliche Eifersucht auf die noblesse herauszuhören ist, namentlich auf esprit und élégance, als den Ausdruck einer höfischen, ritterlichen, alten, ihrer selber sicheren Gesellschaft. Das ist keine Musik, wie die des Goethischen Sängers vor dem Thore, die auch »im Saale«, und zwar dem Könige wohlgefällt; da heisst es nicht: »die Ritter schauten muthig drein und in den Schooss die Schönen«. Schon die Grazie tritt nicht ohne Anwandelung von Gewissensbissen in der deutschen Musik auf; erst bei der Anmuth, der ländlichen Schwester der Grazie, fängt der Deutsche an, sich ganz moralisch zu fühlen – und von da an immer mehr bis hinauf zu seiner schwärmerischen, gelehrten, oft bärbeissigen »Erhabenheit«, der Beethoven'schen Erhabenheit. Will man sich den Menschen zu dieser Musik denken, nun, so denke man sich eben Beethoven, wie er neben Goethe, etwa bei jener Begegnung in [460] Teplitz, erscheint: als die Halbbarbarei neben der Cultur, als Volk neben Adel, als der gutartige Mensch neben dem guten und mehr noch als »guten« Menschen, als der Phantast neben dem Künstler, als der Trostbedürftige neben dem Getrösteten, als der Uebertreiber und Verdächtiger neben dem Billigen, als der Grillenfänger und Selbstquäler, als der Närrisch-Verzückte, der Selig-Unglückliche, der Treuherzig-Maasslose, als der Anmaassliche und Plumpe – und Alles in Allem als der »ungebändigte Mensch«: so empfand und bezeichnete ihn Goethe selber, Goethe der Ausnahme-Deutsche, zu dem eine ebenbürtige Musik noch nicht gefunden ist! – Zuletzt erwäge man noch, ob nicht jene jetzt immer mehr um sich greifende Verachtung der Melodie und Verkümmerung des melodischen Sinnes bei Deutschen als eine demokratische Unart und Nachwirkung der Revolution zu verstehen ist. Die Melodie hat nämlich eine solche offene Lust an der Gesetzlichkeit und einen solchen Widerwillen bei allem Werdenden, Ungeformten, Willkürlichen, dass sie wie ein Klang aus der alten Ordnung der europäischen Dinge und wie eine Verführung und Rückführung zu dieser klingt.

104.

Vom Klange der deutschen Sprache. – Man weiss, woher das Deutsch stammt, welches seit ein paar Jahrhunderten das allgemeine Schriftdeutsch ist. Die Deutschen, mit ihrer Ehrfurcht vor Allem, was vom Hofe kam, haben sich geflissentlich die Kanzleien zum Muster genommen, in Allem, was sie zu schreiben hatten, also namentlich in ihren Briefen, Urkunden, Testamenten und so weiter. Kanzleimässig schreiben, das war hof- und regierungsmässig schreiben, – das war etwas Vornehmes, gegen das Deutsch der Stadt gehalten, in der man gerade lebte. Allmählich zog man den Schluss und sprach auch so, wie man schrieb, – so wurde man noch vornehmer, in den Wortformen, in der Wahl der Worte und Wendun-[461]gen und zuletzt auch im Klange: man affectirte einen höfischen Klang, wenn man sprach, und die Affectation wurde zuletzt Natur. Vielleicht hat sich etwas ganz Gleiches nirgendswo ereignet: die Uebergewalt des Schreibestils über die Rede und die Ziererei und Vornehmthuerei eines ganzen Volkes als Grundlage einer gemeinsamen nicht mehr dialektischen Sprache. Ich glaube, der Klang der deutschen Sprache war im Mittelalter, und namentlich nach dem Mittelalter, tief bäuerisch und gemein: er hat sich in den letzten Jahrhunderten etwas veredelt, hauptsächlich dadurch, dass man sich genöthigt fand, so viel französische, italiänische und spanische Klänge nachzuahmen und zwar gerade von Seiten des deutschen (und österreichischen) Adels, der mit der Muttersprache sich durchaus nicht begnügen konnte. Aber für Montaigne oder gar Racine muss trotz dieser Uebung Deutsch unerträglich gemein geklungen haben: und selbst jetzt klingt es, im Munde der Reisenden, mitten unter italiänischem Pöbel, noch immer sehr roh, wälderhaft, heiser, wie aus räucherigen Stuben und unhöflichen Gegenden stammend. – Nun bemerke ich, dass jetzt wieder unter den ehemaligen Bewunderern der Kanzleien ein ähnlicher Drang nach Vornehmheit des Klanges um sich greift, und dass die Deutschen einem ganz absonderlichen »Klangzauber« sich zu fügen anfangen, der auf die Dauer eine wirkliche Gefahr für die deutsche Sprache werden könnte, – denn abscheulichere Klänge sucht man in Europa vergebens. Etwas Höhnisches, Kaltes, Gleichgültiges, Nachlässiges in der Stimme: das klingt jetzt den Deutschen »vornehm« – und ich höre den guten Willen zu dieser Vornehmheit in den Stimmen der jungen Beamten, Lehrer, Frauen, Kaufleute; ja die kleinen Mädchen machen schon dieses Offizierdeutsch nach. Denn der Offizier, und zwar der preussische, ist der Erfinder dieser Klänge: dieser selbe Offizier, der als Militär und Mann des Fachs jenen bewunderungswürdigen Tact der Bescheidenheit besitzt, an dem die Deutschen allesammt zu lernen hätten (die deutschen Professoren und Musicanten eingerechnet!). Aber sobald er spricht [462] und sich bewegt, ist er die unbescheidenste und geschmackwidrigste Figur im alten Europa – sich selber unbewusst, ohne allen Zweifel! Und auch den guten Deutschen unbewusst, die in ihm den Mann der ersten und vornehmsten Gesellschaft anstaunen und sich gerne »den Ton von ihm angeben« lassen. Das thut er denn auch! – und zunächst sind es die Feldwebel und Unteroffiziere, welche seinen Ton nachahmen und vergröbern.

Man gebe Acht auf die Commandorufe, von denen die deutschen Städte förmlich umbrüllt werden, jetzt wo man vor allen Thoren exerciert: welche Anmaassung, welches wüthende Autoritätsgefühl, welche höhnische Kälte klingt aus diesem Gebrüll heraus! Sollten die Deutschen wirklich ein musicalisches Volk sein? – Sicher ist, dass die Deutschen sich jetzt im Klange ihrer Sprache militarisiren: wahrscheinlich ist, dass sie, eingeübt militärisch zu sprechen, endlich auch militärisch schreiben werden. Denn die Gewohnheit an bestimmte Klänge greift tief in den Charakter: – man hat bald die Worte und Wendungen und schliesslich auch die Gedanken, welche eben zu diesem Klange passen! Vielleicht schreibt man jetzt schon offiziermäßig; vielleicht lese ich nur zu wenig von dem, was man jetzt in Deutschland schreibt. Aber Eines weiss ich um so sicherer: die öffentlichen deutschen Kundgebungen, die auch in's Ausland dringen, sind nicht von der deutschen Musik inspirirt, sondern von eben jenem neuen Klange einer geschmackwidrigen Anmaassung. Fast in jeder Rede des ersten deutschen Staatsmannes und selbst dann, wenn er sich durch sein kaiserliches Sprachrohr vernehmen lässt, ist ein Accent, den das Ohr eines Ausländers mit Widerwillen zurückweist: aber die Deutschen ertragen ihn, – sie ertragen sich selber.

105.

Die Deutschen als Künstler. – Wenn der Deutsche einmal wirklich in Leidenschaft geräth (und nicht nur, wie gewöhnlich, in den guten Willen zur Leidenschaft!), so benimmt [463] er sich dann in derselben, wie er eben muss, und denkt nicht weiter an sein Benehmen. Die Wahrheit aber ist, dass er sich dann sehr ungeschickt und hässlich und wie ohne Tact und Melodie benimmt, sodass die Zuschauer ihre Pein oder ihre Rührung dabei haben und nicht mehr: – es sei denn, dass er sich in das Erhabene und Entzückte hinaufhebt, dessen manche Passionen fähig sind. Dann wird sogar der Deutsche schön! Die Ahnung davon, auf welcher Höhe erst die Schönheit ihren Zauber selbst über Deutsche ausgiesst, treibt die deutschen Künstler in die Höhe und Ueberhöhe und in die Ausschweifungen der Leidenschaft: ein wirkliches tiefes Verlangen also, über die Hässlichkeit und Ungeschicktheit hinauszukommen, mindestens hinauszublicken – hin nach einer besseren, leichteren, südlicheren, sonnenhafteren Welt. Und so sind ihre Krämpfe oftmals nur Anzeichen dafür, dass sie tanzen möchten: diese armen Bären, in denen versteckte Nymphen und Waldgötter ihr Wesen treiben – und mitunter noch höhere Gottheiten!

106.

Musik als Fürsprecherin. – »Ich habe Durst nach einem Meister der Tonkunst, sagte ein Neuerer zu seinem Jünger, dass er mir meine Gedanken ablerne und sie fürderhin in seiner Sprache rede: so werde ich den Menschen besser zu Ohr und Herzen dringen. Mit Tönen kann man die Menschen zu jedem Irrthume und jeder Wahrheit verführen: wer vermöchte einen Ton zu widerlegen?« – »Also möchtest du für unwiderlegbar gelten?« sagte sein Jünger. Der Neuerer erwiderte: »Ich möchte, dass der Keim zum Baume werde. Damit eine Lehre zum Baume werde, muss sie eine gute Zeit geglaubt werden: damit sie geglaubt werde, muss sie für unwiderlegbar gelten. Dem Baume thun Stürme, Zweifel, Gewürm, Bosheit noth, damit er die Art und Kraft seines Keimes offenbar mache; mag er brechen, wenn er nicht stark genug ist! Aber ein Keim [464] wird immer nur vernichtet, – nicht widerlegt!« – Als er das gesagt hatte, rief sein Jünger mit Ungestüm: »Aber ich glaube an deine Sache und halte sie für so stark, dass ich Alles, Alles sagen werde, was ich noch gegen sie auf dem Herzen habe«. – Der Neuerer lachte bei sich und drohte ihm mit dem Finger. »Diese Art Jüngerschaft, sagte er dann, ist die beste, aber sie ist gefährlich und nicht jede Art Lehre verträgt sie«.

107.

Unsere letzte Dankbarkeit gegen die Kunst. – Hätten wir nicht die Künste gut geheissen und diese Art von Cultus des Unwahren erfunden: so wäre die Einsicht in die allgemeine Unwahrheit und Verlogenheit, die uns jetzt durch die Wissenschaft gegeben wird – die Einsicht in den Wahn und Irrthum als in eine Bedingung des erkennenden und empfindenden Daseins –, gar nicht auszuhalten. Die Redlichkeit würde den Ekel und den Selbstmord im Gefolge haben. Nun aber hat unsere Redlichkeit eine Gegenmacht, die uns solchen Consequenzen ausweichen hilft: die Kunst, als den guten Willen zum Scheine. Wir verwehren es unserm Auge nicht immer, auszurunden, zu Ende zu dichten: und dann ist es nicht mehr die ewige Unvollkommenheit, die wir über den Fluss des Werdens tragen – dann meinen wir, eine Göttin zu tragen und sind stolz und kindlich in dieser Dienstleistung. Als ästhetisches Phänomen ist uns das Dasein immer noch erträglich, und durch die Kunst ist uns Auge und Hand und vor Allem das gute Gewissen dazu gegeben, aus uns selber ein solches Phänomen machen zu können. Wir müssen zeitweilig von uns ausruhen, dadurch, dass wir auf uns hin und hinab sehen und, aus einer künstlerischen Ferne her, über uns lachen oder über uns weinen; wir müssen den Helden und ebenso den Narren entdecken, der in unsrer Leidenschaft der Erkenntniss steckt, wir müssen unsrer Thorheit ab und zu froh [465] werden, um unsrer Weisheit froh bleiben zu können! Und gerade weil wir im letzten Grunde schwere und ernsthafte Menschen und mehr Gewichte als Menschen sind, so thut uns Nichts so gut als die Schelmenkappe: wir brauchen sie vor uns selber – wir brauchen alle übermüthige, schwebende, tanzende, spottende, kindische und selige Kunst, um jener Freiheit über den Dingen nicht verlustig zu gehen, welche unser Ideal von uns fordert. Es wäre ein Rückfall für uns, gerade mit unsrer reizbaren

Redlichkeit ganz in die Moral zu gerathen und um der überstrengen Anforderungen willen, die wir hierin an uns stellen, gar noch selber zu tugendhaften Ungeheuern und Vogelscheuchen zu werden. Wir sollen auch über der Moral stehen können: und nicht nur stehen, mit der ängstlichen Steifigkeit eines Solchen, der jeden Augenblick auszugleiten und zu fallen fürchtet, sondern auch über ihr schweben und spielen! Wie könnten wir dazu der Kunst, wie des Narren entbehren? – Und so lange ihr euch noch irgendwie vor euch selber schämt, gehört ihr noch nicht zu uns!

108.

Neue Kämpfe. – Nachdem Buddha todt war, zeigte man noch Jahrhunderte lang seinen Schatten in einer Höhle, – einen ungeheuren schauerlichen Schatten. Gott ist todt: aber so wie die Art der Menschen ist, wird es vielleicht noch Jahrtausende lang Höhlen geben, in denen man seinen Schatten zeigt. – Und wir – wir müssen auch noch seinen Schatten besiegen!

109.

Hüten wir uns! – Hüten wir uns, zu denken, dass die Welt ein lebendiges Wesen sei. Wohin sollte sie sich ausdehnen? Wovon sollte sie sich nähren? Wie könnte sie wachsen und sich vermehren? Wir wissen ja ungefähr, was das Organische ist: und wir sollten das unsäglich Abgeleitete, Späte, Seltene, Zufällige, das wir nur auf der Kruste der Erde wahrnehmen, zum Wesentlichen, Allgemeinen, Ewigen umdeuten, wie es Jene thun, die das All einen Organismus nennen? Davor ekelt mir. Hüten wir uns schon davor, zu glauben, dass das All eine Maschine sei; es ist gewiss nicht auf Ein Ziel construirt, wir thun ihm mit dem Wort »Maschine« eine viel zu hohe Ehre an. Hüten wir uns, etwas so Formvolles, wie die kyklischen Bewegungen unserer Nachbar-Sterne überhaupt und überall vorauszusetzen; schon ein Blick in die Milchstrasse lässt Zweifel auf-[468]tauchen, ob es dort nicht viel rohere und widersprechendere Bewegungen giebt, ebenfalls Sterne mit ewigen geradlinigen Fallbahnen und dergleichen. Die astrale Ordnung, in der wir leben, ist eine Ausnahme; diese Ordnung und die ziemliche Dauer, welche durch sie bedingt ist, hat wieder die Ausnahme der Ausnahmen ermöglicht: die Bildung des Organischen. Der Gesammt-Charakter der Welt ist dagegen in alle Ewigkeit Chaos, nicht im Sinne der fehlenden Nothwendigkeit, sondern der fehlenden Ordnung, Gliederung, Form, Schönheit, Weisheit, und wie alle unsere ästhetischen Menschlichkeiten heissen. Von unserer Vernunft aus geurtheilt, sind die verunglückten Würfe weitaus die Regel, die Ausnahmen sind nicht das geheime Ziel, und das ganze Spielwerk wiederholt ewig seine Weise, die nie eine Melodie heissen darf, – und zuletzt ist selbst das Wort »verunglückter Wurf« schon eine Vermenschlichung, die einen Tadel in sich schliesst. Aber wie dürften wir das All tadeln oder loben! Hüten wir uns, ihm Herzlosigkeit und Unvernunft oder deren Gegensätze nachzusagen: es ist weder vollkommen, noch schön, noch edel, und will Nichts von alledem werden, es strebt durchaus nicht darnach, den Menschen nachzuahmen! Es wird durchaus durch keines unserer ästhetischen und moralischen Urtheile getroffen! Es hat auch keinen Selbsterhaltungstrieb und überhaupt keine Triebe; es kennt auch keine Gesetze. Hüten wir uns, zu sagen, dass es Gesetze in der Natur gebe. Es giebt nur Nothwendigkeiten: da ist Keiner, der befiehlt, Keiner, der gehorcht, Keiner, der übertritt. Wenn ihr wisst, dass es keine Zwecke giebt, so wisst ihr auch, dass es keinen Zufall giebt: denn nur neben einer Welt von Zwecken hat das Wort »Zufall« einen Sinn. Hüten wir uns, zu sagen, dass Tod dem Leben entgegengesetzt sei. Das Lebende ist nur eine Art des Todten, und eine sehr seltene Art. – Hüten wir uns, zu denken, die Welt schaffe ewig Neues. Es giebt keine ewig dauerhaften Substanzen; die Materie ist ein eben solcher Irrthum, wie der Gott der Eleaten. Aber wann werden wir am Ende mit unserer Vorsicht und Obhut sein! Wann [469] werden uns alle diese Schatten Gottes nicht mehr verdunkeln? Wann werden wir die Natur ganz entgöttlicht haben! Wann werden wir anfangen dürfen, uns Menschen mit der reinen, neu gefundenen, neu erlösten Natur zu vernatürlichen!

110.

Ursprung der Erkenntniss. – Der Intellect hat ungeheure Zeitstrecken hindurch Nichts als Irrthümer erzeugt; einige davon ergaben sich als nützlich und arterhaltend: wer auf sie stiess, oder sie vererbt bekam, kämpfte seinen Kampf für sich und seinen Nachwuchs mit grösserem Glücke. Solche irrthümliche Glaubenssätze, die immer weiter vererbt und endlich fast zum menschlichen Art- und Grundbestand wurden, sind zum Beispiel diese: dass es dauernde Dinge gebe, dass es gleiche Dinge gebe, dass es Dinge, Stoffe, Körper gebe, dass ein Ding Das sei, als was es erscheine, dass unser Wollen frei sei, dass was für mich gut ist, auch an und für sich gut sei. Sehr spät erst traten die Leugner und Anzweifler solcher Sätze auf, – sehr spät erst trat die Wahrheit auf, als die unkräftigste Form der Erkenntniss. Es schien, dass man mit ihr nicht zu leben vermöge, unser Organismus war auf ihren Gegensatz eingerichtet; alle seine höheren Functionen, die Wahrnehmungen der Sinne und jede Art von Empfindung überhaupt, arbeiteten mit jenen uralt einverleibten Grundirrthümern. Mehr noch: jene Sätze wurden selbst innerhalb der Erkenntniss zu den Normen, nach denen man »wahr« und »unwahr« bemass – bis hinein in die entlegensten Gegenden der reinen Logik. Also: die Kraft der Erkenntnisse liegt nicht in ihrem Grade von Wahrheit, sondern in ihrem Alter, ihrer Einverleibtheit, ihrem Charakter als Lebensbedingung. Wo Leben und Erkennen in Widerspruch zu kommen schienen, ist nie ernstlich gekämpft worden; da galt Leugnung und Zweifel als Tollheit. Jene Ausnahme-Denker, wie die Eleaten, welche trotzdem die Gegensätze der natürlichen Irrthümer aufstellten und festhielten, glaubten daran, dass es mög-[470]lich sei, dieses Gegentheil auch zu leben: sie erfanden den Weisen als den Menschen der Unveränderlichkeit, Unpersönlichkeit, Universalität der Anschauung, als Eins und Alles zugleich, mit einem eigenen Vermögen für jene umgekehrte Erkenntniss; sie waren des Glaubens, dass ihre Erkenntniss zugleich das Princip des Lebens sei. Um diess Alles aber behaupten zu können, mussten sie sich über ihren eigenen Zustand täuschen: sie mussten sich Unpersönlichkeit und Dauer ohne Wechsel andichten, das Wesen des Erkennenden verkennen, die Gewalt der Triebe im Erkennen leugnen und überhaupt die Vernunft als völlig freie, sich selbst entsprungene Activität fassen; sie hielten sich die Augen dafür zu, dass auch sie im Widersprechen gegen das Gültige, oder im Verlangen nach Ruhe oder Alleinbesitz oder Herrschaft zu ihren Sätzen gekommen waren. Die feinere Entwickelung der Redlichkeit und der Skepsis machte endlich auch diese Menschen unmöglich; auch ihr Leben und Urtheilen ergab sich als abhängig von den uralten Trieben und Grundirrthümern alles empfindenden Daseins. – Jene feinere Redlichkeit und Skepsis hatte überall dort ihre Entstehung, wo zwei entgegengesetzte Sätze auf das Leben anwendbar erschienen, weil sich beide mit den Grundirrthümern vertrugen, wo also über den höheren oder geringeren Grad des Nutzens für das Leben gestritten werden konnte; ebenfalls dort, wo neue Sätze sich dem Leben zwar nicht nützlich, aber wenigstens auch nicht schädlich zeigten, als Aeusserungen eines intellectuellen Spieltriebes, und unschuldig und glücklich gleich allem Spiele. Allmählich füllte sich das menschliche Gehirn mit solchen Urtheilen und Ueberzeugungen, so entstand in diesem Knäuel Gährung, Kampf und Machtgelüst. Nützlichkeit und Lust nicht nur, sondern jede Art von Trieben nahm Partei in dem Kampfe um die »Wahrheiten«; der intellectuelle Kampf wurde Beschäftigung, Reiz, Beruf, Pflicht, Würde –: das Erkennen und das Streben nach dem Wahren ordnete sich endlich als Bedürfniss in die anderen Bedürfnisse ein. Von da an war nicht nur der [471] Glaube und die Ueberzeugung, sondern auch die Prüfung, die Leugnung, das Misstrauen, der Widerspruch eine Macht, alle »bösen« Instincte waren der Erkenntniss untergeordnet und in ihren Dienst gestellt und bekamen den Glanz des Erlaubten, Geehrten, Nützlichen und zuletzt das Auge und die Unschuld des Guten. Die Erkenntniss wurde also zu einem Stück Leben selber und als Leben zu einer immerfort wachsenden Macht: bis endlich die Erkenntnisse und jene uralten Grundirrthümer auf einander stiessen, beide als Leben, beide als Macht, beide in dem selben Menschen. Der Denker: das ist jetzt das Wesen, in dem der Trieb zur Wahrheit und jene lebenerhaltenden Irrthümer ihren ersten Kampf kämpfen, nachdem auch der Trieb zur Wahrheit sich als eine lebenerhaltende Macht bewiesen hat. Im Verhältniss zu der Wichtigkeit dieses Kampfes ist alles Andere gleichgültig: die letzte Frage um die Bedingung des Lebens ist hier gestellt, und der erste Versuch wird hier gemacht, mit dem Experiment auf diese Frage zu antworten. Inwieweit verträgt die Wahrheit die Einverleibung? – das ist die Frage, das ist das Experiment.

111.

Herkunft des Logischen. – Woher ist die Logik im menschlichen Kopfe entstanden? Gewiss aus der Unlogik, deren Reich ursprünglich ungeheuer gewesen sein muss. Aber unzählig viele Wesen, welche anders schlossen, als wir jetzt schliessen, giengen zu Grunde: es könnte immer noch wahrer gewesen sein! Wer zum Beispiel das »Gleiche« nicht oft genug aufzufinden wusste, in Betreff der Nahrung oder in Betreff der ihm feindlichen Thiere, wer also zu langsam subsumirte, zu vorsichtig in der Subsumption war, hatte nur geringere Wahrscheinlichkeit des Fortlebens als Der, welcher bei allem Aehnlichen sofort auf Gleichheit rieth. Der überwiegende Hang aber, das Aehnliche als gleich zu behandeln, ein unlogischer Hang – denn es giebt an sich nichts Gleiches –, hat erst alle Grundlage der Logik ge-[472]schaffen. Ebenso musste, damit der Begriff der Substanz entstehe, der unentbehrlich für die Logik ist, ob ihm gleich im strengsten Sinne nichts Wirkliches entspricht, – lange Zeit das Wechselnde an den Dingen nicht gesehen, nicht empfunden worden sein; die nicht genau sehenden Wesen hatten einen Vorsprung vor denen, welche Alles »im Flusse« sahen. An und für sich ist schon jeder hohe Grad von Vorsicht im Schliessen, jeder skeptische Hang eine grosse Gefahr für das Leben. Es würden keine lebenden Wesen erhalten sein, wenn nicht der entgegengesetzte Hang, lieber zu bejahen als das Urtheil auszusetzen, lieber zu irren und zu dichten als abzuwarten, lieber zuzustimmen als zu verneinen, lieber zu urtheilen als gerecht zu sein – ausserordentlich stark angezüchtet worden wäre. – Der Verlauf logischer Gedanken und Schlüsse in unserem jetzigen Gehirne entspricht einem Processe und Kampfe von Trieben, die an sich einzeln alle sehr unlogisch und ungerecht sind; wir erfahren gewöhnlich nur das Resultat des Kampfes: so schnell und so versteckt spielt sich jetzt dieser uralte Mechanismus in uns ab.

112.

Ursache und Wirkung. – »Erklärung« nennen wir's: aber »Beschreibung« ist es, was uns vor älteren Stufen der Erkenntniss und Wissenschaft auszeichnet. Wir beschreiben besser, – wir erklären ebenso wenig wie alle Früheren. Wir haben da ein vielfaches Nacheinander aufgedeckt, wo der naive Mensch und Forscher älterer Culturen nur Zweierlei sah, »Ursache« und »Wirkung«, wie die Rede lautete; wir haben das Bild des Werdens vervollkommnet, aber sind über das Bild, hinter das Bild nicht hinaus gekommen. Die Reihe der »Ursachen« steht viel vollständiger in jedem Falle vor uns, wir schliessen: diess und das muss erst vorangehen, damit jenes folge, – aber begriffen haben wir damit

Nichts. Die Qualität, zum Beispiel bei jedem chemischen Werden, erscheint nach wie vor als ein »Wunder«, ebenso jede Fortbewegung; Niemand hat den Stoss [473] »erklärt«. Wie könnten wir auch erklären! Wir operiren mit lauter Dingen, die es nicht giebt, mit Linien, Flächen, Körpern, Atomen, theilbaren Zeiten, theilbaren Räumen –, wie soll Erklärung auch nur möglich sein, wenn wir Alles erst zum Bilde machen, zu unserem Bilde! Es ist genug, die Wissenschaft als möglichst getreue Anmenschlichung der Dinge zu betrachten, wir lernen immer genauer uns selber beschreiben, indem wir die Dinge und ihr Nacheinander beschreiben. Ursache und Wirkung: eine solche Zweiheit giebt es wahrscheinlich nie, – in Wahrheit steht ein continuum vor uns, von dem wir ein paar Stücke isoliren; so wie wir eine Bewegung immer nur als isolirte Puncte wahrnehmen, also eigentlich nicht sehen, sondern erschliessen. Die Plötzlichkeit, mit der sich viele Wirkungen abheben, führt uns irre; es ist aber nur eine Plötzlichkeit für uns. Es giebt eine unendliche Menge von Vorgängen in dieser Secunde der Plötzlichkeit, die uns entgehen. Ein Intellect, der Ursache und Wirkung als continuum, nicht nach unserer Art als willkürliches Zertheilt- und Zerstücktsein, sähe, der den Fluss des Geschehens sähe, – würde den Begriff Ursache und Wirkung verwerfen und alle Bedingtheit leugnen.

113.

Zur Lehre von den Giften. – Es gehört so viel zusammen, damit ein wissenschaftliches Denken entstehe: und alle diese nöthigen Kräfte haben einzeln erfunden, geübt, gepflegt werden müssen! In ihrer Vereinzelung haben sie aber sehr häufig eine ganz andere Wirkung gehabt als jetzt, wo sie innerhalb des wissenschaftlichen Denkens sich gegenseitig beschränken und in Zucht halten: – sie haben als Gifte gewirkt, zum Beispiel der anzweifelnde Trieb, der verneinende Trieb, der abwartende Trieb, der sammelnde

Trieb, der auflösende Trieb. Viele Hekatomben von Menschen sind zum Opfer gebracht worden, ehe diese Triebe lernten, ihr Nebeneinander zu begreifen und sich mit einander als Functionen Einer organisirenden Gewalt in [474] Einem Menschen zu fühlen! Und wie ferne sind wir noch davon, dass zum wissenschaftlichen Denken sich auch noch die künstlerischen Kräfte und die practische Weisheit des Lebens hinzufinden, dass ein höheres organisches System sich bildet, in Bezug auf welches der Gelehrte, der Arzt, der Künstler und der Gesetzgeber, so wie wir jetzt diese kennen, als dürftige Alterthümer erscheinen müssten!

114.

Umfang des Moralischen. – Wir construiren ein neues Bild, das wir sehen, sofort mit Hülfe aller alten Erfahrungen, die wir gemacht haben, je nach dem Grade unserer Redlichkeit und Gerechtigkeit. Es giebt gar keine anderen als moralische Erlebnisse, selbst nicht im Bereiche der Sinneswahrnehmung.

115.

Die vier Irrthümer. – Der Mensch ist durch seine Irrthümer erzogen worden: er sah sich erstens immer nur unvollständig, zweitens legte er sich erdichtete Eigenschaften bei, drittens fühlte er sich in einer falschen Rangordnung zu Thier und Natur, viertens erfand er immer neue Gütertafeln und nahm sie eine Zeit lang als ewig und unbedingt, sodass bald dieser, bald jener menschliche Trieb und Zustand an der ersten Stelle stand und in Folge dieser Schätzung veredelt wurde. Rechnet man die Wirkung dieser vier Irrthümer weg, so hat man auch Humanität, Menschlichkeit und »Menschenwürde« hinweggerechnet.

116.

Heerden-Instinct. – Wo wir eine Moral antreffen, da finden wir eine Abschätzung und Rangordnung der menschlichen Triebe und Handlungen. Diese Schätzungen und Rangordnungen sind immer der Ausdruck der Bedürfnisse einer Gemeinde und Heerde: Das, was ihr am ersten frommt – [475] und am zweiten und dritten –, das ist auch der oberste Maassstab für den Werth aller Einzelnen. Mit der Moral wird der Einzelne angeleitet, Function der Heerde zu sein und nur als Function sich Werth zuzuschreiben. Da die Bedingungen der Erhaltung einer Gemeinde sehr verschieden von denen einer anderen Gemeinde gewesen sind, so gab es sehr verschiedene Moralen; und in Hinsicht auf noch bevorstehende wesentliche Umgestaltungen der Heerden und Gemeinden, Staaten und Gesellschaften kann man prophezeien, dass es noch sehr abweichende Moralen geben wird. Moralität ist Heerden-Instinct im Einzelnen.

117.

Heerden-Gewissensbiss. – In den längsten und fernsten Zeiten der Menschheit gab es einen ganz anderen Gewissensbiss als heut zu Tage. Heute fühlt man sich nur verantwortlich für Das, was man will und thut, und hat in sich selber seinen Stolz: alle unsere Rechtslehrer gehen von diesem Selbst- und Lustgefühle des Einzelnen aus, wie als ob hier von jeher die Quelle des Rechts entsprungen sei. Aber die längste Zeit der Menschheit hindurch gab es nichts Fürchterlicheres, als sich einzeln zu fühlen. Allein sein, einzeln empfinden, weder gehorchen noch herrschen, ein Individuum bedeuten – das war damals keine Lust, sondern eine Strafe; man wurde verurtheilt »zum Individuum«. Gedankenfreiheit galt als das Unbehagen selber. Während wir Gesetz und Einordnung als Zwang und Einbusse empfinden, empfand man ehedem den Egoismus als eine peinliche Sache, als eine eigentliche Noth. Selbst sein, sich selber nach eigenem Maass und Gewicht schätzen – das gieng damals wider den Geschmack. Die Neigung dazu würde als Wahnsinn empfunden worden sein: denn mit dem Alleinsein war jedes Elend und jede Furcht verknüpft. Damals hatte der »freie Wille« das böse Gewissen in seiner nächsten Nachbarschaft: und je unfreier man handelte, je mehr der Heerden-Instinct und nicht der persönliche Sinn aus der Handlung sprach, um so mora-[476]lischer schätzte man sich. Alles, was der Heerde Schaden that, sei es, dass der Einzelne es gewollt oder nicht gewollt hatte, machte damals dem Einzelnen Gewissensbisse – und seinem Nachbar noch dazu, ja der ganzen Heerde! – Darin haben wir am allermeisten umgelernt.

118.

Wohlwollen. – Ist es tugendhaft, wenn eine Zelle sich in die Function einer stärkeren Zelle verwandelt? Sie muss es. Und ist es böse, wenn die stärkere jene sich assimilirt? Sie muss es ebenfalls; so ist es für sie nothwendig, denn sie strebt nach überreichlichem Ersatz und will sich regeneriren. Demnach hat man im Wohlwollen zu unterscheiden: den Aneignungstrieb und den Unterwerfungstrieb, je nachdem der Stärkere oder der Schwächere Wohlwollen empfindet. Freude und Begehren sind bei dem Stärkeren, der Etwas zu seiner Function umbilden will, beisammen: Freude und Begehrtwerdenwollen bei dem Schwächeren, der Function werden möchte. – Mitleid ist wesentlich das Erstere, eine angenehme Regung des Aneignungstriebes, beim Anblick des Schwächeren: wobei noch zu bedenken ist, dass »stark« und »schwach« relative Begriffe sind.

119.

Kein Altruismus! – Ich sehe an vielen Menschen eine überschüssige Kraft und Lust, Function sein zu wollen; sie drängen sich dorthin und haben die feinste Witterung für alle jene Stellen, wo gerade sie Function sein können. Dahin gehören jene Frauen, die sich in die Function eines Mannes verwandeln, welche an ihm gerade schwach entwikkelt ist, und dergestalt zu seinem Geldbeutel oder zu seiner Politik oder zu seiner Geselligkeit werden. Solche Wesen erhalten sich selber am besten, wenn sie sich in einen fremden Organismus einfügen; gelingt es ihnen nicht, so werden sie ärgerlich, gereizt und fressen sich selber auf.

[477] 120.

Gesundheit der Seele. – Die beliebte medicinische Moralformel (deren Urheber Ariston von Chios ist): »Tugend ist die Gesundheit der Seele« – müsste wenigstens, um brauchbar zu sein, dahin abgeändert werden: »deine Tugend ist die Gesundheit deiner Seele«. Denn eine Gesundheit an sich giebt es nicht, und alle Versuche, ein Ding derart zu definiren, sind kläglich missrathen. Es kommt auf dein Ziel, deinen Horizont, deine Kräfte, deine Antriebe, deine Irrthümer und namentlich auf die Ideale und Phantasmen deiner Seele an, um zu bestimmen, was selbst für deinen Leib Gesundheit zu bedeuten habe. Somit giebt es unzählige Gesundheiten des Leibes; und je mehr man dem Einzelnen und Unvergleichlichen wieder erlaubt, sein Haupt zu erheben, je mehr man das Dogma von der »Gleichheit der Menschen« verlernt, um so mehr muss auch der Begriff einer Normal-Gesundheit, nebst Normal-Diät, Normal-Verlauf der Erkrankung unsern Medicinern abhanden kommen. Und dann erst dürfte es an der Zeit sein, über Gesundheit und Krankheit der Seele nachzudenken und die eigenthümliche Tugend eines Jeden in deren Gesundheit zu setzen: welche freilich bei dem Einen so aussehen könnte wie der Gegensatz der Gesundheit bei einem Anderen. Zuletzt bliebe noch die grosse Frage offen, ob wir der Erkrankung entbehren könnten, selbst zur Entwickelung unserer Tugend, und ob nicht namentlich unser Durst nach Erkenntniss und Selbsterkenntniss der kranken Seele so gut bedürfe als der gesunden: kurz, ob nicht der alleinige Wille zur Gesundheit ein Vorurtheil, eine Feigheit und vielleicht ein Stück feinster Barbarei und Rückständigkeit sei.

121.

Das Leben kein Argument. – Wir haben uns eine Welt zurecht gemacht, in der wir leben können – mit der Annahme von Körpern, Linien, Flächen, Ursachen und Wirkun- [478] gen, Bewegung und Ruhe, Gestalt und Inhalt: ohne diese Glaubensartikel hielte es jetzt Keiner aus zu leben! Aber damit sind sie noch nichts Bewiesenes. Das Leben ist kein Argument; unter den Bedingungen des Lebens könnte der Irrthum sein.

122.

Die moralische Skepsis im Christenthum. – Auch das Christenthum hat einen grossen Beitrag zur Aufklärung gegeben: es lehrte die moralische Skepsis auf eine sehr eindringliche und wirksame Weise: anklagend, verbitternd, aber mit unermüdlicher Geduld und Feinheit: es vernichtete in jedem einzelnen Menschen den Glauben an seine »Tugenden«: es liess für immer jene grossen Tugendhaften von der Erde verschwinden, an denen das Alterthum nicht arm war, jene populären Menschen, die im Glauben an ihre Vollendung mit der Würde eines Stiergefechtshelden umherzogen. Wenn wir jetzt, erzogen in dieser christlichen Schule der Skepsis, die moralischen Bücher der Alten, zum Beispiel Seneca's und Epiktet's, lesen, so fühlen wir eine kurzweilige Ueberlegenheit und sind voller geheimer Einblicke und Ueberblicke, es ist uns dabei zu Muthe, als ob ein Kind vor einem alten Manne oder eine junge schöne Begeisterte vor La Rochefoucauld redete: wir kennen Das, was Tugend ist, besser! Zuletzt haben wir aber diese selbe Skepsis auch auf alle religiösen Zustände und Vorgänge, wie Sünde, Reue, Gnade, Heiligung, angewendet und den Wurm so gut graben lassen, dass wir nun auch beim Lesen aller christlichen Bücher das selbe Gefühl der feinen Ueberlegenheit und Einsicht haben: – wir kennen auch die religiösen Gefühle besser! Und es ist Zeit, sie gut zu kennen und gut zu beschreiben, denn auch die Frommen des alten Glaubens sterben aus: – retten wir ihr Abbild und ihren Typus wenigstens für die Erkenntniss!

[479] 123.

Die Erkenntniss mehr, als ein Mittel. – Auch ohne diese neue Leidenschaft – ich meine die Leidenschaft der Erkenntniss – würde die Wissenschaft gefördert werden: die Wissenschaft ist ohne sie bisher gewachsen und gross geworden. Der gute Glaube an die Wissenschaft, das ihr günstige Vorurtheil, von dem unsere Staaten jetzt beherrscht sind (ehedem war es sogar die Kirche), ruht im Grunde darauf, dass jener unbedingte Hang und Drang sich so selten in ihr offenbart hat, und dass Wissenschaft eben nicht als Leidenschaft, sondern als Zustand und »Ethos« gilt. Ja, es genügt oft schon amour-plaisir der Erkenntniss (Neugierde), es genügt amour-vanité, Gewöhnung an sie, mit der Hinterabsicht auf Ehre und Brod, es genügt selbst für Viele, dass sie mit einem Ueberschuss von Musse Nichts anzufangen wissen als lesen, sammeln, ordnen, beobachten, weiter erzählen: ihr »wissenschaftlicher Trieb« ist ihre Langeweile. Der Papst Leo der Zehnte hat einmal (im Breve an Beroaldus) das Lob der Wissenschaft gesungen: er bezeichnet sie als den schönsten Schmuck und den grössten Stolz unseres

Lebens, als eine edle Beschäftigung in Glück und Unglück; »ohne sie, sagt er endlich, wäre alles menschliche Unternehmen ohne festen Halt, – auch mit ihr ist es ja noch veränderlich und unsicher genug!« Aber dieser leidlich skeptische Papst verschweigt, wie alle anderen kirchlichen Lobredner der Wissenschaft, sein letztes Urtheil über sie. Mag man nun aus seinen Worten heraushören, was für einen solchen Freund der Kunst merkwürdig genug ist, dass er die Wissenschaft über die Kunst stellt; zuletzt ist es doch nur eine Artigkeit, wenn er hier nicht von dem redet, was auch er hoch über alle Wissenschaft stellt: von der »geoffenbarten Wahrheit« und von dem »ewigen Heil der Seele«, – was sind ihm dagegen Schmuck, Stolz, Unterhaltung, Sicherung des Lebens! »Die Wissenschaft ist Etwas von zweitem Range, nichts Letztes, Unbedingtes, kein Gegenstand der Passion«, – diess Urtheil blieb in der Seele Leo's zurück: das eigentlich [480] christliche Urtheil über die Wissenschaft! Im Alterthum war ihre Würde und Anerkennung dadurch verringert, dass selbst unter ihren eifrigsten Jüngern das Streben nach der Tugend voranstand, und dass man der Erkenntniss schon ihr höchstes Lob gegeben zu haben glaubte, wenn man sie als das beste Mittel der Tugend feierte. Es ist etwas Neues in der Geschichte, dass die Erkenntniss mehr sein will, als ein Mittel.

124.

Im Horizont des Unendlichen. – Wir haben das Land verlassen und sind zu Schiff gegangen! Wir haben die Brücke hinter uns, – mehr noch, wir haben das Land hinter uns abgebrochen! Nun, Schifflein! sieh' dich vor! Neben dir liegt der Ocean, es ist wahr, er brüllt nicht immer, und mitunter liegt er da, wie Seide und Gold und Träumerei der Güte. Aber es kommen Stunden, wo du erkennen wirst, dass er unendlich ist und dass es nichts Furchtbareres giebt, als Unendlichkeit. Oh des armen Vogels, der sich frei gefühlt hat und nun an die Wände dieses Käfigs stösst! Wehe, wenn das Land-Heimweh dich befällt, als ob dort mehr Freiheit gewesen wäre, – und es giebt kein »Land« mehr!

125.

Der tolle Mensch. – Habt ihr nicht von jenem tollen Menschen gehört, der am hellen Vormittage eine Laterne anzündete, auf den Markt lief und unaufhörlich schrie: »Ich suche Gott! Ich suche Gott!« – Da dort gerade Viele von Denen zusammen standen, welche nicht an Gott glaubten, so erregte er ein grosses Gelächter. Ist er denn verloren gegangen? sagte der Eine. Hat er sich verlaufen wie ein Kind? sagte der Andere. Oder hält er sich versteckt? Fürchtet er sich vor uns? Ist er zu Schiff gegangen? ausgewandert? – so schrieen und lachten sie durcheinander. Der tolle Mensch sprang mitten unter sie und durchbohrte sie mit seinen Blicken. »Wohin ist Gott? rief er, ich [481] will es euch sagen! Wir haben ihn getödtet, – ihr und ich! Wir Alle sind seine Mörder! Aber wie haben wir diess gemacht? Wie vermochten wir das Meer auszutrinken? Wer gab uns den Schwamm, um den ganzen Horizont wegzuwischen? Was thaten wir, als wir diese Erde von ihrer Sonne losketteten? Wohin bewegt sie sich nun? Wohin bewegen wir uns? Fort von allen Sonnen? Stürzen wir nicht fortwährend? Und rückwärts, seitwärts, vorwärts, nach allen Seiten? Giebt es noch ein Oben und ein Unten? Irren wir nicht wie durch ein unendliches Nichts? Haucht uns nicht der leere Raum an? Ist es nicht kälter geworden? Kommt nicht immerfort die Nacht und mehr Nacht? Müssen nicht Laternen am Vormittage angezündet werden? Hören wir noch Nichts von dem Lärm der Todtengräber, welche Gott begraben? Riechen wir noch Nichts von der göttlichen Verwesung? – auch Götter verwesen! Gott ist todt! Gott bleibt todt! Und wir haben ihn getödtet! Wie trösten wir uns, die Mörder aller Mörder? Das Heiligste und Mächtigste, was die Welt bisher besass, es ist unter unseren Messern verblutet, – wer wischt diess Blut von uns ab? Mit welchem Wasser könnten wir uns reinigen? Welche Sühnfeiern, welche heiligen Spiele werden wir erfinden müssen? Ist nicht die Grösse dieser That zu gross für uns? Müssen wir nicht selber zu Göttern werden, um nur ihrer würdig zu erscheinen? Es gab nie eine grössere That, – und wer nur immer nach uns geboren wird, gehört um dieser That willen in eine höhere Geschichte, als alle Geschichte bisher war!« – Hier schwieg der tolle Mensch und sah wieder seine Zuhörer an: auch sie schwiegen und blickten befremdet auf ihn. Endlich warf er seine Laterne auf den Boden, dass sie in Stücke sprang und erlosch. »Ich komme zu früh, sagte er dann, ich bin noch nicht an der Zeit. Diess ungeheure Ereigniss ist noch unterwegs und wandert, – es ist noch nicht bis zu den Ohren der Menschen gedrungen. Blitz und Donner brauchen Zeit, das Licht der Gestirne braucht Zeit, Thaten brauchen Zeit, auch nachdem sie gethan sind, um gesehen und gehört zu werden. Diese That ist [482] ihnen immer noch ferner, als die fernsten Gestirne, – und doch haben sie dieselbe gethan!« – Man erzählt noch, dass der tolle Mensch des selbigen Tages in verschiedene Kirchen eingedrungen sei und darin sein Requiem aeternam deo angestimmt habe. Hinausgeführt und zur Rede gesetzt, habe er immer nur diess entgegnet: »Was sind denn diese Kirchen noch, wenn sie nicht die Grüfte und Grabmäler Gottes sind?« –

126.

Mystische Erklärungen. – Die mystischen Erklärungen gelten für tief; die Wahrheit ist, dass sie noch nicht einmal oberflächlich sind.

127.

Nachwirkung der ältesten Religiosität. – Jeder Gedankenlose meint, der Wille sei das allein Wirkende; Wollen sei etwas Einfaches, schlechthin Gegebenes, Unableitbares, An-sich-Verständliches. Er ist überzeugt, wenn er Etwas thut, zum Beispiel einen Schlag ausführt, er sei es, der da schlage, und er habe geschlagen, weil er schlagen wollte. Er merkt gar Nichts von einem Problem daran, sondern das Gefühl des Willens genügt ihm, nicht nur zur Annahme von Ursache und Wirkung, sondern auch zum Glauben, ihr Verhältniss zu verstehen. Von dem Mechanismus des Geschehens und der hundertfältigen feinen Arbeit, die abgethan werden muss, damit es zu dem Schlage komme, ebenso von der Unfähigkeit des Willens an sich, auch nur den geringsten Theil dieser Arbeit zu thun, weiss er Nichts. Der Wille ist ihm eine magisch wirkende Kraft: der Glaube an den Willen, als an die Ursache von Wirkungen, ist der Glaube an magisch wirkende Kräfte. Nun hat ursprünglich der Mensch überall, wo er ein Geschehen sah, einen Willen als Ursache und persönlich wollende Wesen im Hintergrunde wirkend geglaubt, – der Begriff der Mechanik lag ihm ganz ferne. Weil aber der Mensch ungeheure Zeiten lang nur an [483] Personen geglaubt hat (und nicht an Stoffe, Kräfte, Sachen und so weiter), ist ihm der Glaube an Ursache und Wirkung zum Grundglauben geworden, den er überall, wo Etwas geschieht, verwendet, – auch jetzt noch instinctiv und als ein Stück Atavismus ältester Abkunft. Die Sätze »keine Wirkung ohne Ursache«, »jede Wirkung wieder Ursache« erscheinen als Verallgemeinerungen viel engerer Sätze: »wo gewirkt wird, da ist gewollt worden«, »es kann nur auf wollende Wesen gewirkt werden«, »es giebt nie ein reines, folgenloses Erleiden einer Wirkung, sondern alles Erleiden ist eine Erregung des Willens« (zur That, Abwehr, Rache, Vergeltung), – aber in den Urzeiten der Menschheit waren diese und jene Sätze identisch, die ersten nicht Verallgemeinerungen der zweiten, sondern die zweiten Erläuterungen der ersten. – Schopenhauer, mit seiner Annahme, dass Alles, was da sei, nur etwas Wollendes sei, hat eine uralte Mythologie auf den Thron gehoben; er scheint nie eine Analyse des Willens versucht zu haben, weil er an die Einfachheit und Unmittelbarkeit alles Wollens glaubte, gleich Jedermann: – während Wollen nur ein so gut eingespielter Mechanismus ist, dass er dem beobachtenden Auge fast entläuft. Ihm gegenüber stelle ich diese Sätze auf: erstens, damit Wille entstehe, ist eine Vorstellung von Lust oder Unlust nöthig. Zweitens: dass ein heftiger Reiz als Lust oder Unlust empfunden werde, das ist die Sache des interpretirenden Intellects, der freilich zumeist dabei uns unbewusst arbeitet; und ein und derselbe Reiz kann als Lust oder Unlust interpretirt werden. Drittens: nur bei den intellectuellen Wesen giebt es Lust, Unlust und Wille; die ungeheure Mehrzahl der Organismen hat Nichts davon.

128.

Der Werth des Gebetes. – Das Gebet ist für solche Menschen erfunden, welche eigentlich nie von sich aus Gedanken haben und denen eine Erhebung der Seele unbekannt ist oder unbemerkt verläuft: was sollen Diese an heiligen Stätten und in [484] allen wichtigen Lagen des Lebens, welche Ruhe und eine Art Würde erfordern? Damit sie wenigstens nicht stören, hat die Weisheit aller Religionsstifter, der kleinen wie der grossen, ihnen die Formel des Gebetes anbefohlen, als eine lange mechanische Arbeit der Lippen, verbunden mit Anstrengung des Gedächtnisses und mit einer gleichen festgesetzten Haltung von Händen und Füssen und Augen! Da mögen sie nun gleich den Tibetanern ihr »om mane padme hum« unzählige Male wiederkäuen, oder, wie in Benares, den Namen des Gottes Ram-Ram-Ram (und so weiter mit oder ohne Grazie) an den Fingern abzählen: oder den Wischnu mit seinen tausend, den Allah mit seinen neunundneunzig Anrufnamen ehren: oder sie mögen sich der Gebetmühlen und der Rosenkränze bedienen, – die Hauptsache ist, dass sie mit dieser Arbeit für eine Zeit festgemacht sind und einen erträglichen Anblick gewähren: ihre Art Gebet ist zum Vortheil der Frommen erfunden, welche Gedanken und Erhebungen von sich aus kennen. Und selbst Diese haben ihre müden Stunden, wo ihnen eine Reihe ehrwürdiger Worte und Klänge und eine fromme Mechanik wohlthut. Aber angenommen, dass diese seltenen Menschen – in jeder Religion ist der religiöse Mensch eine Ausnahme – sich zu helfen wissen: jene Armen im Geiste wissen sich nicht zu helfen, und ihnen das Gebets-Geklapper verbieten heisst ihnen ihre Religion nehmen: wie es der Protestantismus mehr und mehr an den Tag bringt. Die Religion will von Solchen eben nicht mehr, als dass sie Ruhe halten, mit Augen, Händen, Beinen und Organen aller Art: dadurch werden sie zeitweilig verschönert und – menschenähnlicher!

129.

Die Bedingungen Gottes. – »Gott selber kann nicht ohne weise Menschen bestehen« – hat Luther gesagt und mit gutem Rechte; aber »Gott kann noch weniger ohne unweise Menschen bestehen« – das hat der gute Luther nicht gesagt!

[485] 130.

Ein gefährlicher Entschluss. – Der christliche Entschluss, die Welt hässlich und schlecht zu finden, hat die Welt hässlich und schlecht gemacht.

131.

Christenthum und Selbstmord. – Das Christenthum hat das zur Zeit seiner Entstehung ungeheure Verlangen nach dem Selbstmorde zu einem Hebel seiner Macht gemacht: es liess nur zwei Formen des Selbstmordes übrig, umkleidete sie mit der höchsten Würde und den höchsten Hoffnungen und verbot alle anderen auf eine furchtbare Weise. Aber das Martyrium und die langsame Selbstentleibung des Asketen waren erlaubt.

132.

Gegen das Christenthum. – Jetzt entscheidet unser Geschmack gegen das Christenthum, nicht mehr unsere Gründe.

133.

Grundsatz. – Eine unvermeidliche Hypothese, auf welche die Menschheit immer wieder verfallen muss, ist auf die Dauer doch mächtiger, als der bestgeglaubte Glaube an etwas Unwahres (gleich dem christlichen Glauben). Auf die Dauer: das heisst hier auf hunderttausend Jahre hin.

134.

Die Pessimisten als Opfer. – Wo eine tiefe Unlust am Dasein überhand nimmt, kommen die Nachwirkungen eines grossen Diätfehlers, dessen sich ein Volk lange schuldig gemacht hat, an's Licht. So ist die Verbreitung des Buddhismus (nicht seine Entstehung) zu einem guten Theile abhängig von der übermässigen und fast ausschliesslichen Reiskost der Inder und der dadurch bedingten allgemeinen Erschlaffung. Vielleicht ist die europäische Unzufriedenheit der neuen Zeit daraufhin [486] anzusehen, dass unsere Vorwelt, das ganze Mittelalter, Dank den Einwirkungen der germanischen Neigungen auf Europa, dem Trunk ergeben war: Mittelalter, das heisst die Alkoholvergiftung Europa's. – Die deutsche Unlust am Leben ist wesentlich Wintersiechthum, eingerechnet die Wirkungen der Kellerluft und des Ofengiftes in deutschen Wohnräumen.

135.

Herkunft der Sünde. – Sünde, so wie sie jetzt überall empfunden wird, wo das Christenthum herrscht oder einmal geherrscht hat: Sünde ist ein jüdisches Gefühl und eine jüdische Erfindung, und in Hinsicht auf diesen Hintergrund aller christlichen Moralität war in der That das Christenthum darauf aus, die ganze Welt zu »verjüdeln«. Bis zu welchem Grade ihm diess in Europa gelungen ist, das spürt man am feinsten an dem Grade von Fremdheit, den das griechische Alterthum – eine Welt ohne Sündengefühle – immer noch für unsere Empfindung hat, trotz allem guten Willen zur Annäherung und Einverleibung, an dem es ganze Geschlechter und viele ausgezeichnete Einzelne nicht haben fehlen lassen. »Nur wenn du bereuest, ist Gott dir gnädig« – das ist einem Griechen ein Gelächter und ein Aergerniss: er würde sagen »so mögen Sclaven empfinden«. Hier ist ein Mächtiger, Uebermächtiger und doch Rachelustiger vorausgesetzt: seine Macht ist so gross, dass ihm ein Schaden überhaupt nicht zugefügt werden kann, ausser in dem Puncte der Ehre. Jede Sünde ist eine Respects-Verletzung, ein crimen laesae majestatis divinae – und Nichts weiter! Zerknirschung, Entwürdigung, Sich-im-Staube-wälzen – das ist die erste und letzte Bedingung, an die seine Gnade sich knüpft: Wiederherstellung also seiner göttlichen Ehre! Ob mit der Sünde sonst Schaden gestiftet wird, ob ein tiefes wachsendes Unheil mit ihr gepflanzt ist, das einen Menschen nach dem andern wie eine Krankheit fasst und würgt – das lässt diesen ehrsüchtigen Orientalen im Himmel unbekümmert: Sünde ist [487] ein Vergehen an ihm, nicht an der Menschheit! – wem er seine Gnade geschenkt hat, dem schenkt er auch diese Unbekümmertheit um die natürlichen Folgen der Sünde. Gott und Menschheit sind hier so getrennt, so entgegengesetzt gedacht, dass im Grunde an letzterer überhaupt nicht gesündigt werden kann, – jede That soll nur auf ihre übernatürlichen Folgen hin angesehen werden: nicht auf ihre natürlichen: so will es das jüdische Gefühl, dem alles Natürliche das Unwürdige an sich ist. Den Griechen dagegen lag der Gedanke näher, dass auch der Frevel Würde haben könne – selbst der Diebstahl, wie bei Prometheus, selbst die Abschlachtung von Vieh als Aeusserung eines wahnsinnigen Neides, wie bai Ajax: sie haben in ihrem Bedürfniss, dem Frevel Würde anzudichten und einzuverleiben, die Tragödie erfunden, – eine Kunst und eine Lust, die dem Juden, trotz aller seiner dichterischen Begabung und Neigung zum Erhabenen, im tiefsten Wesen fremd geblieben ist.

136.

Das auserwählte Volk. – Die Juden, die sich als das auserwählte Volk unter den Völkern fühlen, und zwar weil sie das moralische Genie unter den Völkern sind (vermöge der Fähigkeit, dass sie den Menschen in sich tiefer verachtet haben, als irgend ein Volk) – die Juden haben an ihrem göttlichen Monarchen und Heiligen einen ähnlichen Genuss wie der war, welchen der französische Adel an Ludwig dem Vierzehnten hatte. Dieser Adel hatte sich alle seine Macht und Selbstherrlichkeit nehmen lassen und war verächtlich geworden: um diess nicht zu fühlen, um diess vergessen zu können, bedurfte es eines königlichen Glanzes, einer königlichen Autorität und Machtfülle ohne Gleichen, zu der nur dem Adel der Zugang offen stand. Indem man gemäss diesem Vorrecht sich zur Höhe des Hofes erhob und von da aus blickend Alles unter sich, Alles verächtlich sah, kam man über alle Reizbarkeit des [488] Gewissens hinaus. So thürmte man absichtlich den Thurm der königlichen Macht immer mehr in die Wolken hinein und setzte die letzten Bausteine der eigenen Macht daran.

137.

Im Gleichniss gesprochen. – Ein Jesus Christus war nur in einer jüdischen Landschaft möglich – ich meine in einer solchen, über der fortwährend die düstere und erhabene Gewitterwolke des zürnenden Jehovah hieng. Hier allein wurde das seltene plötzliche Hindurchleuchten eines einzelnen Sonnenstrahls durch die grauenhafte allgemeine und andauernde Tag-Nacht wie ein Wunder der »Liebe« empfunden, als der Strahl der unverdientesten »Gnade«. Hier allein konnte Christus seinen Regenbogen und seine Himmelsleiter träumen, auf der Gott zu den Menschen hinabstieg; überall sonst galt das helle Wetter und die Sonne zu sehr als Regel und Alltäglichkeit.

138.

Der Irrthum Christi. – Der Stifter des Christenthums meinte, an Nichts litten die Menschen so sehr, als an ihren Sünden: – es war sein Irrthum, der Irrthum Dessen, der sich ohne Sünde fühlte, dem es hierin an Erfahrung gebrach! So füllte sich seine Seele mit jenem wundervollen phantastischen Erbarmen, das einer Noth galt, welche selbst bei seinem Volke, dem Erfinder der Sünde, selten eine grosse Noth war! – Aber die Christen haben es verstanden, ihrem Meister nachträglich Recht zu schaffen und seinen Irrthum zur »Wahrheit« zu heiligen.

139.

Farbe der Leidenschaften. – Solche Naturen, wie die des Apostel Paulus, haben für die Leidenschaften einen bösen Blick; sie lernen von ihnen nur das Schmutzige, Entstel-[489]lende und Herzbrechende kennen, – ihr idealer Drang geht daher auf Vernichtung der Leidenschaften aus: im Göttlichen sehen sie die völlige Reinheit davon. Ganz anders, als Paulus und die Juden, haben die Griechen ihren idealen Drang gerade auf die Leidenschaften gewendet und diese geliebt, gehoben, vergoldet und vergöttlicht; offenbar fühlten sie sich in der Leidenschaft nicht nur glücklicher, sondern auch reiner und göttlicher, als sonst. – Und nun die Christen? Wollten sie hierin zu Juden werden? Sind sie es vielleicht geworden?

140.

Zu jüdisch. – Wenn Gott ein Gegenstand der Liebe werden wollte, so hätte er sich zuerst des Richtens und der Gerechtigkeit begeben müssen: – ein Richter, und selbst ein gnädiger Richter, ist kein Gegenstand der Liebe. Der Stifter des Christenthums empfand hierin nicht fein genug, – als Jude.

141.

Zu orientalisch. – Wie? Ein Gott, der die Menschen liebt, vorausgesetzt, dass sie an ihn glauben, und der fürchterliche Blicke und Drohungen gegen Den schleudert, der nicht an diese Liebe glaubt! Wie? eine verclausulirte Liebe als die Empfindung eines allmächtigen Gottes! Eine Liebe, die nicht einmal über das Gefühl der Ehre und der gereizten Rachsucht Herr geworden ist! Wie orientalisch ist das Alles! »Wenn ich dich liebe, was geht's dich an?« ist schon eine ausreichende Kritik des ganzen Christenthums.

142.

Räucherwerk. – Buddha sagt: »schmeichle deinem Wohlthäter nicht!« Man spreche diesen Spruch nach in einer christlichen Kirche: – er reinigt sofort die Luft von allem Christlichen.

[490] 143.

Grösster Nutzen des Polytheismus. – Dass der Einzelne sich sein eigenes Ideal aufstelle und aus ihm sein Gesetz, seine Freuden und seine Rechte ableite – das galt wohl bisher als die ungeheuerlichste aller menschlichen Verirrungen und als die Abgötterei an sich; in der That haben die Wenigen, die diess wagten, immer vor sich selber eine Apologie nöthig gehabt, und diese lautete gewöhnlich: »nicht ich! nicht ich! sondern ein Gott durch mich!« Die wundervolle Kunst und Kraft, Götter zu schaffen – der Polytheismus – war es, in der dieser Trieb sich entladen durfte, in der er sich reinigte, vervollkommnete, veredelte: denn ursprünglich war es ein gemeiner und unansehnlicher Trieb, verwandt dem Eigensinn, dem Ungehorsame und dem Neide. Diesem Triebe zum eigenen Ideale feind sein: das war ehemals das Gesetz jeder Sittlichkeit. Da gab es nur Eine Norm: »der Mensch« – und jedes Volk glaubte diese Eine und letzte Norm zu haben. Aber über sich und ausser sich, in einer fernen Ueberwelt, durfte man eine Mehrzahl von Normen sehen: der eine Gott war nicht die Leugnung oder Lästerung des anderen Gottes! Hier erlaubte man sich zuerst Individuen, hier ehrte man zuerst das Recht von Individuen. Die Erfindung von Göttern, Heroen und Uebermenschen aller Art, sowie von Neben- und Untermenschen, von Zwergen, Feen, Centauren, Satyrn, Dämonen und Teufeln, war die unschätzbare Vorübung zur Rechtfertigung der Selbstsucht und Selbstherrlichkeit des Einzelnen: die Freiheit, welche man dem Gotte gegen die anderen Götter gewährte, gab man zuletzt sich selber gegen Gesetze und Sitten und Nachbarn. Der Monotheismus dagegen, diese starre Consequenz der Lehre von Einem Normalmenschen – also der Glaube an einen Normalgott, neben dem es nur noch falsche Lügengötter giebt – war vielleicht die grösste Gefahr der bisherigen Menschheit: da drohte ihr jener vorzeitige Stillstand, welchen, soweit wir sehen können, die meisten anderen Thiergattungen schon [491] längst erreicht haben; als welche alle an Ein Normalthier und Ideal in ihrer Gattung glauben und die Sittlichkeit der Sitte sich endgültig in Fleisch und Blut übersetzt haben. Im Polytheismus lag die Freigeisterei und Vielgeisterei des Menschen vorgebildet: die Kraft, sich neue und eigene Augen zu schaffen und immer wieder neue und noch eigenere: sodass es für den Menschen allein unter allen Thieren keine ewigen Horizonte und Perspectiven giebt.

144.

Religionskriege. – Der grösste Fortschritt der Massen war bis jetzt der Religionskrieg: denn er beweist, dass die Masse angefangen hat, Begriffe mit Ehrfurcht zu behandeln. Religionskriege entstehen erst, wenn durch die feineren Streitigkeiten der Secten die allgemeine Vernunft verfeinert ist: sodass selbst der Pöbel spitzfindig wird und Kleinigkeiten wichtig nimmt, ja es für möglich hält, dass das »ewige Heil der Seele« an den kleinen Unterschieden der Begriffe hängt.

145.

Gefahr der Vegetarianer. – Der vorwiegende ungeheure Reisgenuss treibt zur Anwendung von Opium und narkotischen Dingen, in gleicher Weise wie der vorwiegende ungeheure Kartoffelgenuss zu Branntwein treibt –: er treibt aber, in feinerer Nachwirkung, auch zu Denk- und Gefühlsweisen, die narkotisch wirken. Damit stimmt zusammen, dass die Förderer narkotischer Denk- und Gefühlsweisen, wie jene indischen Lehrer, gerade eine Diät preisen und zum Gesetz der Masse machen möchten, welche rein vegetabilisch ist: sie wollen so das Bedürfniss hervorrufen und mehren, welches sie zu befriedigen im Stande sind.

[492] 146.

Deutsche Hoffnungen. – Vergessen wir doch nicht, dass die Völkernamen gewöhnlich Schimpfnamen sind. Die Tartaren sind zum Beispiel ihrem Namen nach »die Hunde«: so wurden sie von den Chinesen getauft. Die »Deutschen«: das bedeutet ursprünglich »die Heiden«: so nannten die Gothen nach ihrer Bekehrung die grosse Masse ihrer ungetauften Stammverwandten, nach Anleitung ihrer Uebersetzung der Septuaginta, in der die Heiden mit dem Worte bezeichnet werden, welches im Griechischen »die Völker« bedeutet: man sehe Ulfilas. – Es wäre immer noch möglich, dass die Deutschen aus ihrem alten Schimpfnamen sich nachträglich einen Ehrennamen machten, indem sie das erste unchristliche Volk Europa's würden: wozu in hohem Maasse angelegt zu sein Schopenhauer ihnen zur Ehre anrechnete. So käme das Werk Luther's zur Vollendung, der sie gelehrt hat, unrömisch zu sein und zu sprechen: »hier stehe ich! Ich kann nicht anders!« –

147.

Frage und Antwort. – Was nehmen jetzt wilde Völkerschaften zuerst von den Europäern an? Branntwein und Christenthum, die europäischen Narcotica. – Und woran gehen sie am schnellsten zu Grunde? – An den europäischen Narcoticis.

148.

Wo die Reformationen entstehen. – Zur Zeit der grossen Kirchen-Verderbniss war in Deutschland die Kirche am wenigsten verdorben: desshalb entstand hier die Reformation, als das Zeichen, dass schon die Anfänge der Verderbniss unerträglich empfunden wurden. Verhältnissmässig war nämlich kein Volk jemals christlicher, als die Deutschen zur Zeit Luther's: ihre christliche Cultur war eben bereit, zu einer hun-[493]dertfältigen Pracht der Blüthe auszuschlagen, – es fehlte nur noch Eine Nacht; aber diese brachte den Sturm, der Allem ein Ende machte.

149.

Misslingen der Reformationen. – Es spricht für die höhere Cultur der Griechen selbst in ziemlich frühen Zeiten, dass mehrere Male die Versuche, neue griechische Religionen zu gründen, gescheitert sind; es spricht dafür, dass es schon früh eine Menge verschiedenartiger Individuen in Griechenland gegeben haben muss, deren verschiedenartige Noth nicht mit einem einzigen Recepte des Glaubens und Hoffens abzuthun war. Pythagoras und Plato, vielleicht auch Empedokles, und bereits viel früher die orphischen Schwarmgeister, waren darauf aus, neue Religionen zu gründen; und die beiden Erstgenannten hatten so ächte Religionsstifter-Seelen und -Talente, dass man sich über ihr Misslingen nicht genug verwundern kann: sie brachten es aber nur zu Secten. Jedes Mal, wo die Reformation eines ganzen Volkes misslingt und nur Secten ihr Haupt emporheben, darf man schliessen, dass das Volk schon sehr vielartig in sich ist und sich von den groben Heerdeninstincten und der Sittlichkeit der Sitte loszulösen beginnt: ein bedeutungsvoller Schwebezustand, den man als Sittenverfall und Corruption zu verunglimpfen gewohnt ist: während er das Reifwerden des Eies und das nahe Zerbrechen der Eierschaale ankündigt. Dass Luther's Reformation im Norden gelang, ist ein Zeichen dafür, dass der Norden gegen den Süden Europa's zurückgeblieben war und noch ziemlich einartige und einfarbige Bedürfnisse kannte; und es hätte überhaupt keine Verchristlichung Europa's gegeben, wenn nicht die Cultur der alten Welt des Südens allmählich durch eine übermässige Hinzumischung von germanischem Barbarenblut barbarisirt und ihres Cultur-Uebergewichtes verlustig gegangen wäre. Je allgemeiner und unbedingter ein

Einzelner oder der Gedanke eines Einzelnen wir-[494]ken kann, um so gleichartiger und um so niedriger muss die Masse sein, auf die da gewirkt wird; während Gegenbestrebungen innere Gegenbedürfnisse verrathen, welche auch sich befriedigen und durchsetzen wollen. Umgekehrt darf man immer auf eine wirkliche Höhe der Cultur schliessen, wenn mächtige und herrschsüchtige Naturen es nur zu einer geringen und sectirerischen Wirkung bringen: diess gilt auch für die einzelnen Künste und die Gebiete der Erkenntniss. Wo geherrscht wird, da giebt es Massen: wo Massen sind, da giebt es ein Bedürfniss nach Sclaverei. Wo es Sclaverei giebt, da sind der Individuen nur wenige, und diese haben die Heerdeninstincte und das Gewissen gegen sich.

150.

Zur Kritik der Heiligen. – Muss man denn, um eine Tugend zu haben, sie gerade in ihrer brutalsten Gestalt haben wollen? – wie es die christlichen Heiligen wollten und nöthig hatten; als welche das Leben nur mit dem Gedanken ertrugen, dass beim Anblick ihrer Tugend einen Jeden die Verachtung seiner selber anwandelte. Eine Tugend aber mit solcher Wirkung nenne ich brutal.

151.

Vom Ursprunge der Religion. – Das metaphysische Bedürfniss ist nicht der Ursprung der Religionen, wie Schopenhauer will, sondern nur ein Nachschössling derselben. Man hat sich unter der Herrschaft religiöser Gedanken an die Vorstellung einer »anderen« (hinteren, unteren, oberen) Welt« gewöhnt und fühlt bei der Vernichtung des religiösen Wahns eine unbehagliche Leere und Entbehrung, – und nun wächst aus diesem Gefühle wieder eine »andere Welt« heraus, aber jetzt nur eine metaphysische und nicht mehr religiöse. [495] Das aber, was in Urzeiten zur Annahme einer »anderen Welt« überhaupt führte, war nicht ein Trieb und Bedürfniss, sondern ein Irrthum in der Auslegung bestimmter Naturvorgänge, eine Verlegenheit des Intellects.

152.

Die grösste Veränderung. – Die Beleuchtung und die Farben aller Dinge haben sich verändert! Wir verstehen nicht mehr ganz, wie die alten Menschen das Nächste und Häufigste empfanden, – zum Beispiel den Tag und das Wachen: dadurch, dass die Alten an Träume glaubten, hatte das wache Leben andere Lichter. Und ebenso das ganze Leben, mit der Zurückstrahlung des Todes und seiner Bedeutung: unser »Tod« ist ein ganz anderer Tod. Alle Erlebnisse leuchteten anders, denn ein Gott glänzte aus ihnen; alle Entschlüsse und Aussichten auf die ferne Zukunft ebenfalls: denn man hatte Orakel und geheime Winke und glaubte an die Vorhersagung. »Wahrheit« wurde anders empfunden, denn der Wahnsinnige konnte ehemals als ihr Mundstück gelten, – was uns schaudern oder lachen macht. Jedes Unrecht wirkte anders auf das Gefühl: denn man fürchtete eine göttliche Vergeltung und nicht nur eine bürgerliche Strafe und Entehrung. Was war die Freude in der Zeit, als man an die Teufel und die Versucher glaubte! Was die Leidenschaft, wenn man die Dämonen in der Nähe lauern sah! Was die Philosophie, wenn der Zweifel als Versündigung der gefährlichsten Art gefühlt wurde, und zwar als ein Frevel an der ewigen Liebe, als Misstrauen gegen Alles, was gut, hoch, rein und erbarmend war! – Wir haben die Dinge neu gefärbt, wir malen immerfort an ihnen, – aber was vermögen wir einstweilen gegen die Farbenpracht jener alten Meisterin! – ich meine die alte Menschheit.

[496] 153.

Homo poeta. – »Ich selber, der ich höchst eigenhändig diese Tragödie der Tragödien gemacht habe, soweit sie fertig ist; ich, der ich den Knoten der Moral erst in's Dasein hineinknüpfte und so fest zog, dass nur ein Gott ihn lösen kann, – so verlangt es ja Horaz! – ich selber habe jetzt im vierten Act alle Götter umgebracht, – aus Moralität! Was soll nun aus dem fünften werden! Woher noch die tragische Lösung nehmen! – Muss ich anfangen, über eine komische Lösung nachzudenken?«

154.

Verschiedene Gefährlichkeit des Lebens. – Ihr wisst gar nicht, was ihr erlebt, ihr lauft wie betrunken durch's Leben und fallt ab und zu eine Treppe hinab. Aber, Dank eurer Trunkenheit, brecht ihr doch nicht dabei die Glieder: eure Muskeln sind zu matt und euer Kopf zu dunkel, als dass ihr die Steine dieser Treppe so hart fändet, wie wir Anderen! Für uns ist das Leben eine grössere Gefahr: wir sind von Glas – wehe, wenn wir uns stossen! Und Alles ist verloren, wenn wir fallen!

155.

Was uns fehlt. – Wir lieben die grosse Natur und haben sie entdeckt: das kommt daher, dass in unserem Kopfe die grossen Menschen fehlen. Umgekehrt die Griechen: ihr Naturgefühl ist ein anderes, als das unsrige.

156.

Der Einflussreichste. – Dass ein Mensch seiner ganzen Zeit Widerstand leistet, sie am Thore aufhält und zur Rechenschaft zieht, das muss Einfluss üben! Ob er es will, ist gleichgültig; dass er es kann, ist die Sache.

[497] 157.

Mentiri. – Gieb Acht! – er sinnt nach: sofort wird er eine Lüge bereit haben. Diess ist eine Stufe der Cultur, auf der ganze Völker gestanden haben. Man erwäge doch, was die Römer mit mentiri ausdrückten!

158.

Unbequeme Eigenschaft. – Alle Dinge tief finden – das ist eine unbequeme Eigenschaft: sie macht, dass man beständig seine Augen anstrengt und am Ende immer mehr findet, als man gewünscht hat.

159.

Jede Tugend hat ihre Zeit. – Wer jetzt unbeugsam ist, dem macht seine Redlichkeit oft Gewissensbisse: denn die Unbeugsamkeit ist die Tugend eines anderen Zeitalters, als die Redlichkeit.

160.

Im Verkehre mit Tugenden. – Man kann auch gegen eine Tugend würdelos und schmeichlerisch sein.

161.

An die Liebhaber der Zeit. – Der entlaufene Priester und der entlassene Sträfling machen fortwährend Gesichter: was sie wollen, ist ein Gesicht ohne Vergangenheit. – Habt ihr aber schon Menschen gesehen, welche wissen, dass die Zukunft in ihrem Gesichte sich spiegelt, und welche so höflich gegen euch, ihr Liebhaber der »Zeit«, sind, dass sie ein Gesicht ohne Zukunft machen? –

[498] 162.

Egoismus. – Egoismus ist das perspectivische Gesetz der Empfindung, nach dem das Nächste gross und schwer erscheint: während nach der Ferne zu alle Dinge an Grösse und Gewicht abnehmen.

163.

Nach einem grossen Siege. – Das Beste an einem grossen Siege ist, dass er dem Sieger die Furcht vor einer Niederlage nimmt. »Warum nicht auch einmal unterliegen? – sagt er sich: ich bin jetzt reich genug dazu«.

164.

Die Ruhesuchenden. – Ich erkenne die Geister, welche Ruhe suchen, an den vielen dunklen Gegenständen, welche sie um sich aufstellen: wer schlafen will, macht sein Zimmer dunkel oder kriecht in eine Höhle. – Ein Wink für Die, welche nicht wissen, was sie eigentlich am meisten suchen, und es wissen möchten!

165.

Vom Glücke der Entsagenden. – Wer sich Etwas gründlich und auf lange Zeit hin versagt, wird, bei einem zufälligen Wiederantreffen desselben, fast vermeinen, es entdeckt zu haben, – und welches Glück hat jeder Entdekker! Seien wir klüger, als die Schlangen, welche zu lange in der selben Sonne liegen.

166.

Immer in unserer Gesellschaft. – Alles, was meiner Art ist, in Natur und Geschichte, redet zu mir, lobt mich, treibt mich vorwärts, tröstet mich –: das Andere höre ich nicht oder vergesse es gleich. Wir sind stets nur in unserer Gesellschaft.

[499] 167.

Misanthropie und Liebe. – Man spricht nur dann davon, dass man der Menschen satt sei, wenn man sie nicht mehr verdauen kann und doch noch den Magen voll davon hat. Misanthropie ist die Folge einer allzubegehrlichen Menschenliebe und »Menschenfresserei«, – aber, wer hiess dich auch Menschen zu verschlucken wie Austern, mein Prinz Hamlet?

168.

Von einem Kranken. – »Es steht schlecht um ihn!« – Woran fehlt es? – »Er leidet an der Begierde, gelobt zu werden, und findet keine Nahrung für sie.« – Unbegreiflich! Alle Welt feiert ihn, und man trägt ihn nicht nur auf den Händen, sondern auch auf den Lippen! – »Ja, aber er hat ein schlechtes Gehör für das Lob. Lobt ihn ein Freund, so klingt es ihm, als ob dieser sich selber lobe; lobt ihn ein Feind, so klingt es ihm, als ob dieser dafür gelobt werden wolle; lobt ihn endlich einer der Uebrigen – es sind gar nicht so Viele übrig, so berühmt ist er! – so beleidigt es ihn, dass man ihn nicht zum Freund oder Feind haben wolle; er pflegt zu sagen: Was liegt mir an Einem, der gar noch gegen mich den Gerechten zu spielen vermag!«

169.

Offene Feinde. – Die Tapferkeit vor dem Feinde ist ein Ding für sich: damit kann man immer noch ein Feigling und ein unentschlossener Wirrkopf sein. So urtheilte Napoleon in Hinsicht auf den »tapfersten Menschen«, der ihm bekannt sei, Murat: – woraus sich ergiebt, dass offene Feinde für manche Menschen unentbehrlich sind, falls sie sich zu *ihrer* Tugend, ihrer Männlichkeit und Heiterkeit erheben sollen.

[500] 170.

Mit der Menge. – Er läuft bisher mit der Menge und ist ihr Lobredner: aber eines Tages wird er ihr Gegner sein! Denn er folgt ihr im Glauben, dass seine Faulheit dabei ihre Rechnung fände: er hat noch nicht erfahren, dass die Menge nicht faul genug für ihn ist! dass sie immer vorwärts drängt! dass sie Niemandem erlaubt, stehen zu bleiben! – Und er bleibt so gern stehen!

171.

Ruhm. – Wenn die Dankbarkeit Vieler gegen Einen alle Scham wegwirft, so entsteht der Ruhm.

172.

Der Geschmacks-Verderber. – A.: »Du bist ein Geschmacks-Verderber, – so sagt man überall!«

B.: »Sicherlich! Ich verderbe Jedermann den Geschmack an seiner Partei: – das verzeiht mir keine Partei.«

173.

Tief sein und tief scheinen. – Wer sich tief weiss, bemüht sich um Klarheit; wer der Menge tief scheinen möchte, bemüht sich um Dunkelheit. Denn die Menge hält Alles für tief, dessen Grund sie nicht sehen kann: sie ist so furchtsam und geht so ungern in's Wasser.

174.

Abseits. – Der Parlamentarismus, das heisst die öffentliche Erlaubniss, zwischen fünf politischen Grundmeinungen wählen zu dürfen, schmeichelt sich bei jenen Vielen ein, welche gerne selbständig und individuell scheinen und für ihre [501] Meinungen kämpfen möchten. Zuletzt aber ist es gleichgültig, ob der Heerde Eine Meinung befohlen oder fünf Meinungen gestattet sind. – Wer von den fünf öffentlichen Meinungen abweicht und bei Seite tritt, hat immer die ganze Heerde gegen sich.

175.

Von der Beredtsamkeit. – Wer besass bis jetzt die überzeugendste Beredtsamkeit? Der Trommelwirbel: und so lange die Könige diesen in der Gewalt haben, sind sie immer noch die besten Redner und Volksaufwiegler.

176.

Mitleiden. – Die armen regierenden Fürsten! Alle ihre Rechte verwandeln sich jetzt unversehens in Ansprüche, und all diese Ansprüche klingen bald wie Anmaassungen! Und wenn sie nur »Wir« sagen oder »mein Volk«, so lächelt schon das alte boshafte Europa. Wahrhaftig, ein Oberceremonienmeister der modernen Welt würde wenig Ceremonien mit ihnen machen; vielleicht würde er decretiren: »les souverains rangent aux parvenus«.

177.

Zum »Erziehungswesen«. – In Deutschland fehlt dem höheren Menschen ein grosses Erziehungsmittel: das Gelächter höherer Menschen; diese lachen nicht in Deutschland.

178.

Zur moralischen Aufklärung. – Man muss den Deutschen ihren Mephistopheles ausreden: und ihren Faust dazu. Es sind zwei moralische Vorurtheile gegen den Werth der Erkenntniss.

[502] 179.

Gedanken. – Gedanken sind die Schatten unserer Empfindungen, – immer dunkler, leerer, einfacher, als diese.

180.

Die gute Zeit der freien Geister. – Die freien Geister nehmen sich auch vor der Wissenschaft noch ihre Freiheiten – und einstweilen giebt man sie ihnen auch, – so lange die Kirche noch steht! – In so fern haben sie jetzt ihre gute Zeit.

181.

Folgen und Vorangehen. – A.: »Von den Beiden wird der Eine immer folgen, der Andere immer vorangehen, wohin sie auch das Schicksal führt. Und doch steht der Erstere über dem Anderen, nach seiner Tugend und seinem Geiste!« B.: »Und doch? Und doch? Das ist für die Anderen geredet; nicht für mich, nicht für uns! – Fit secundum regulam.«

182.

In der Einsamkeit. – Wenn man allein lebt, so spricht man nicht zu laut, man schreibt auch nicht zu laut: denn man fürchtet den hohlen Widerhall – die Kritik der Nymphe Echo. – Und alle Stimmen klingen anders in der Einsamkeit!

183.

Die Musik der besten Zukunft. – Der erste Musiker würde mir der sein, welcher nur die Traurigkeit des tiefsten Glückes kennte, und sonst keine Traurigkeit: einen solchen gab es bisher nicht.

[503] 184.

Justiz. – Lieber sich bestehlen lassen, als Vogelscheuchen um sich haben – das ist mein Geschmack. Und es ist unter allen Umständen eine Sache des Geschmackes – und nicht mehr!

185.

Arm. – Er ist heute arm: aber nicht weil man ihm Alles genommen, sondern weil er Alles weggeworfen hat: – was macht es ihm? Er ist daran gewöhnt, zu finden. – Die Armen sind es, welche seine freiwillige Armuth missverstehen.

186.

Schlechtes Gewissen. – Alles, was er jetzt thut, ist brav und ordentlich – und doch hat er ein schlechtes Gewissen dabei. Denn das Ausserordentliche ist seine Aufgabe.

187.

Das Beleidigende im Vortrage. – Dieser Künstler beleidigt mich durch die Art, wie er seine Einfälle, seine sehr guten Einfälle vorträgt: so breit und nachdrücklich, und mit so groben Kunstgriffen der Ueberredung, als ob er zum Pöbel spräche. Wir sind immer nach einiger Zeit, die wir seiner Kunst schenkten, wie »in schlechter Gesellschaft«.

188.

Arbeit. – Wie nah steht jetzt auch dem Müssigsten von uns die Arbeit und der Arbeiter! Die königliche Höflichkeit in dem Worte »wir Alle sind Arbeiter!« wäre noch unter Ludwig dem Vierzehnten ein Cynismus und eine Indecenz gewesen.

[504] 189.

Der Denker. – Er ist ein Denker: das heisst, er versteht sich darauf, die Dinge einfacher zu nehmen, als sie sind.

190.

Gegen die Lobenden. – A.: »Man wird nur von Seinesgleichen gelobt!« B.: »Ja! Und wer dich lobt, sagt zu dir: du bist Meinesgleichen!«

191.

Gegen manche Vertheidigung. – Die perfideste Art, einer Sache zu schaden, ist, sie absichtlich mit fehlerhaften Gründen vertheidigen.

192.

Die Gutmüthigen. – Was unterscheidet jene Gutmüthigen, denen Wohlwollen aus dem Gesichte strahlt, von den anderen Menschen? Sie fühlen sich in Gegenwart einer neuen Person wohl und sind schnell in sie verliebt; sie wollen ihr dafür wohl, ihr erstes Urtheil ist »sie gefällt mir«. Bei ihnen folgt auf einander: Wunsch der Aneignung (sie machen sich wenig Scrupel über den Werth des Anderen), rasche Aneignung, Freude am Besitz und Handeln zu Gunsten des Besessenen.

193.

Kant's Witz. – Kant wollte auf eine »alle Welt« vor den Kopf stossende Art beweisen, dass »alle Welt« Recht habe: – das war der heimliche Witz dieser Seele. Er schrieb gegen die Gelehrten zu Gunsten des Volks-Vorurtheils, aber für Gelehrte und nicht für das Volk.

[505] 194.

Der »Offenherzige«. – Jener Mensch handelt wahrscheinlich immer nach verschwiegenen Gründen: denn er trägt immer mittheilbare Gründe auf der Zunge und beinahe in der offnen Hand.

195.

Zum Lachen! – Seht hin! Seht hin! Er läuft von den Menschen weg –: diese aber folgen ihm nach, weil er vor ihnen herläuft, – so sehr sind sie Heerde!

196.

Grenze unseres Hörsinns. – Man hört nur die Fragen, auf welche man im Stande ist, eine Antwort zu finden.

197.

Darum Vorsicht! – Nichts theilen wir so gern an Andere mit, als das Siegel der Verschwiegenheit – sammt dem, was darunter ist.

198.

Verdruss des Stolzen. – Der Stolze hat selbst an Denen, welche ihn vorwärts bringen, seinen Verdruss: er blickt böse auf die Pferde seines Wagens.

199.

Freigebigkeit. – Freigebigkeit ist bei Reichen oft nur eine Art Schüchternheit.

[506] 200.

Lachen. – Lachen heisst: schadenfroh sein, aber mit gutem Gewissen.

201.

Im Beifall. – Im Beifall ist immer eine Art Lärm: selbst in dem Beifall, den wir uns selber zollen.

202.

Ein Verschwender. – Er hat noch nicht jene Armuth des Reichen, der seinen ganzen Schatz schon einmal überzählt hat, – er verschwendet seinen Geist mit der Unvernunft der Verschwenderin Natur.

203.

Hic niger est. – Er hat für gewöhnlich keinen Gedanken, – aber für die Ausnahme kommen ihm schlechte Gedanken.

204.

Die Bettler und die Höflichkeit. – »Man ist nicht unhöflich, wenn man mit einem Steine an die Thüre klopft, welcher der Klingelzug fehlt« – so denken Bettler und Nothleidende aller Art; aber Niemand giebt ihnen Recht.

205.

Bedürfniss. – Das Bedürfniss gilt als die Ursache der Entstehung: in Wahrheit ist es oft nur eine Wirkung des Entstandenen.

[507] 206.

Beim Regen. – Es regnet, und ich gedenke der armen Leute, die sich jetzt zusammen drängen, mit ihrer vielen Sorge und ohne Uebung, diese zu verbergen, also Jeder bereit und guten Willens, dem Andern wehe zu thun und sich auch bei schlechtem Wetter eine erbärmliche Art von Wohlgefühl zu machen. – Das, nur das ist die Armuth der Armen!

207.

Der Neidbold. – Das ist ein Neidbold, – dem muss man keine Kinder wünschen; er würde auf sie neidisch sein, weil er nicht mehr Kind sein kann.

208.

Grosser Mann! – Daraus, dass einer »ein grosser Mann« ist, darf man noch nicht schliessen, dass er ein Mann ist; vielleicht ist es nur ein Knabe, oder ein Chamäleon aller Lebensalter, oder ein verhextes Weiblein.

209.

Eine Art, nach Gründen zu fragen. – Es giebt eine Art, uns nach unseren Gründen zu fragen, bei der wir nicht nur unsre besten Gründe vergessen, sondern auch einen Trotz und Widerwillen gegen Gründe überhaupt in uns erwachen fühlen: – eine sehr verdummende Art zu fragen und recht ein Kunstgriff tyrannischer Menschen!

210.

Maass im Fleisse. – Man muss den Fleiss seines Vaters nicht überbieten wollen – das macht krank.

[508] 211.

Geheime Feinde. – Einen geheimen Feind sich halten können – das ist ein Luxus, für den die Moralität selbst hochgesinnter Geister nicht reich genug zu sein pflegt.

212.

Sich nicht täuschen lassen. – Sein Geist hat schlechte Manieren, er ist hastig und stottert immer vor Ungeduld: so ahnt man kaum, in welcher langathmigen und breitbrüstigen Seele er zu Hause ist.

213.

Der Weg zum Glücke. – Ein Weiser fragte einen Narren, welches der Weg zum Glücke sei. Dieser antwortete ohne Verzug, wie Einer, der nach dem Wege zur nächsten Stadt gefragt wird: »Bewundere dich selbst und lebe auf der Gasse!« »Halt, rief der Weise, du verlangst zu viel, es genügt schon sich selber zu bewundern!« Der Narr entgegnete: »Aber wie kann man beständig bewundern, ohne beständig zu verachten?«

214.

Der Glaube macht selig. – Die Tugend giebt nur Denen Glück und eine Art Seligkeit, welche den guten Glauben an ihre Tugend haben: – nicht aber jenen feineren Seelen, deren Tugend im tiefen Misstrauen gegen sich und alle Tugend besteht. Zuletzt macht also auch hier »der Glaube selig!« – und wohlgemerkt, nicht die Tugend!

215.

Ideal und Stoff. – Du hast da ein vornehmes Ideal vor Augen: aber bist du auch ein so vornehmer Stein, dass aus [509] dir solch ein Götterbild gebildet werden dürfte? Und ohne diess – ist all deine Arbeit nicht eine barbarische Bildhauerei? Eine Lästerung deines Ideals?

216.

Gefahr in der Stimme. – Mit einer sehr lauten Stimme im Halse, ist man fast ausser Stande, feine Sachen zu denken.

217.

Ursache und Wirkung. – Vor der Wirkung glaubt man an andere Ursachen, als nach der Wirkung.

218.

Meine Antipathie. – Ich liebe die Menschen nicht, welche, um überhaupt Wirkung zu thun, zerplatzen müssen, gleich Bomben, und in deren Nähe man immer in Gefahr ist, plötzlich das Gehör – oder noch mehr zu verlieren.

219.

Zweck der Strafe. – Die Strafe hat den Zweck, Den zu bessern, welcher straft, – das ist die letzte Zuflucht für die Vertheidiger der Strafe.

220.

Opfer. – Ueber Opfer und Aufopferung denken die Opferthiere anders, als die Zuschauer: aber man hat sie von jeher nicht zu Worte kommen lassen.

[510] 221.

Schonung. – Väter und Söhne schonen sich viel mehr unter einander, als Mütter und Töchter.

222.

Dichter und Lügner. – Der Dichter sieht in dem Lügner seinen Milchbruder, dem er die Milch weggetrunken hat; so ist Jener elend geblieben und hat es nicht einmal bis zum guten Gewissen gebracht.

223.

Vicariat der Sinne. – »Man hat auch die Augen um zu hören – sagte ein alter Beichtvater, der taub wurde; und unter den Blinden ist Der König, wer die längsten Ohren hat.«

224.

Kritik der Thiere. – Ich fürchte, die Thiere betrachten den Menschen als ein Wesen Ihresgleichen, das in höchst gefährlicher Weise den gesunden Thierverstand verloren hat, – als das wahnwitzige Thier, als das lachende Thier, als das weinende Thier, als das unglückselige Thier.

225.

Die Natürlichen. – »Das Böse hat immer den grossen Effect für sich gehabt! Und die Natur ist böse! Seien wir also natürlich!« – so schliessen im Geheimen die grossen Effecthascher der Menschheit, welche man gar zu oft unter die grossen Menschen gerechnet hat.

[511] 226.

Die Misstrauischen und der Stil. – Wir sagen die stärksten Dinge schlicht, vorausgesetzt, dass Menschen um uns sind, die an unsere Stärke glauben: – eine solche Umgebung erzieht zur »Einfachheit des Stils«. Die Misstrauischen reden emphatisch; die Misstrauischen machen emphatisch.

227.

Fehlschluss, Fehlschluss. – Er kann sich nicht beherrschen: und daraus schliesst jene Frau, es werde leicht sein, ihn zu beherrschen und wirft ihre Fangseile nach ihm aus; – die Arme, die in Kürze seine Sclavin sein wird.

228.

Gegen die Vermittelnden. – Wer zwischen zwei entschlossenen Denkern vermitteln will, ist gezeichnet als mittelmässig: er hat das Auge nicht dafür, das Einmalige zu sehen; die Aehnlichseherei und Gleichmacherei ist das Merkmal schwacher Augen.

229.

Trotz und Treue. – Er hält aus Trotz an einer Sache fest, die ihm durchsichtig geworden ist, – er nennt es aber »Treue«.

230.

Mangel an Schweigsamkeit. – Sein ganzes Wesen überredet nicht – das kommt daher, dass er nie eine gute Handlung, die er that, verschwiegen hat.

[512] 231.

Die »Gründlichen«. – Die Langsamen der Erkenntniss meinen, die Langsamkeit gehöre zur Erkenntniss.

232.

Träumen. – Man träumt gar nicht, oder interessant. – Man muss lernen, ebenso zu wachen: – gar nicht, oder interessant.

233.

Gefährlichster Gesichtspunct. – Was ich jetzt thue oder lasse, ist für alles Kommende so wichtig, als das grösste Ereigniss der Vergangenheit: in dieser ungeheuren Perspective der Wirkung sind alle Handlungen gleich gross und klein.

234.

Trostrede eines Musicanten. – »Dein Leben klingt den Menschen nicht in die Ohren: für sie lebst du ein stummes Leben, und alle Feinheit der Melodie, alle zarte Entschliessung im Folgen oder Vorangehen, bleibt ihnen verborgen. Es ist wahr: du kommst nicht auf breiter Strasse mit Regimentsmusik daher, – aber desshalb haben diese Guten doch kein Recht, zu sagen, es fehle deinem Lebenswandel an Musik. Wer Ohren hat, der höre.«

235.

Geist und Charakter. – Mancher erreicht seinen Gipfel als Charakter, aber sein Geist ist gerade dieser Höhe nicht angemessen – und Mancher umgekehrt.

[513] 236.

Um die Menge zu bewegen. – Muss nicht Der, welcher die Menge bewegen will, der Schauspieler seiner selber sein? Muss er nicht sich selber erst in's Grotesk-Deutliche übersetzen und seine ganze Person und Sache in dieser Vergröberung und Vereinfachung vortragen?

237.

Der Höfliche. – »Er ist so höflich!« – Ja, er hat immer einen Kuchen für den Cerberus bei sich und ist so furchtsam, dass er Jedermann für den Cerberus hält, auch dich und mich, – das ist seine »Höflichkeit«.

238.

Neidlos. – Er ist ganz ohne Neid, aber es ist kein Verdienst dabei: denn er will ein Land erobern, das Niemand noch besessen und kaum Einer auch nur gesehen hat.

239.

Der Freudlose. – Ein einziger freudloser Mensch genügt schon, um einem ganzen Hausstande dauernden Missmuth und trüben Himmel zu machen; und nur durch ein Wunder geschieht es, dass dieser Eine fehlt! – Das Glück ist lange nicht eine so ansteckende Krankheit, – woher kommt das?

240.

Am Meere. – Ich würde mir kein Haus bauen (und es gehört selbst zu meinem Glücke, kein Hausbesitzer zu sein!). Müsste ich aber, so würde ich, gleich manchem Römer, es bis in's Meer hineinbauen, – ich möchte schon mit diesem schönen Ungeheuer einige Heimlichkeiten gemeinsam haben.

[514] 241.

Werk und Künstler. – Dieser Künstler ist ehrgeizig und Nichts weiter: zuletzt ist sein Werk nur ein Vergrösserungsglas, welches er Jedermann anbietet, der nach ihm hinblickt.

242.

Suum cuique. – Wie gross auch die Habsucht meiner Erkenntniss ist: ich kann aus den Dingen nichts Anderes herausnehmen, als was mir schon gehört, – das Besitzthum Anderer bleibt in den Dingen zurück. Wie ist es möglich, dass ein Mensch Dieb oder Räuber sei!

243.

Ursprung von »Gut« und »Schlecht«. – Eine Verbesserung erfindet nur Der, welcher zu fühlen weiss: »Diess ist nicht gut«.

244.

Gedanken und Worte. – Man kann auch seine Gedanken nicht ganz in Worten wiedergeben.

245.

Lob in der Wahl. – Der Künstler wählt seine Stoffe aus: das ist seine Art zu loben.

246.

Mathematik. – Wir wollen die Feinheit und Strenge der Mathematik in alle Wissenschaften hineintreiben, so weit diess nur irgend möglich ist, nicht im Glauben, dass wir auf diesem Wege die Dinge erkennen werden, sondern um damit unsere menschliche Relation zu den Dingen festzustellen. Die [515] Mathematik ist nur das Mittel der allgemeinen und letzten Menschenkenntniss.

247.

Gewohnheit. – Alle Gewohnheit macht unsere Hand witziger und unseren Witz unbehender.

248.

Bücher. – Was ist an einem Buche gelegen, das uns nicht einmal über alle Bücher hinweg trägt?

249.

Der Seufzer des Erkennenden. – »Oh über meine Habsucht! In dieser Seele wohnt keine Selbstlosigkeit, – vielmehr ein Alles begehrendes Selbst, welches durch viele Individuen wie durch seine Augen sehen und wie mit seinen Händen greifen möchte, – ein auch die ganze Vergangenheit noch zurückholendes Selbst, welches Nichts verlieren will, was ihm überhaupt gehören könnte! Oh über diese Flamme meiner Habsucht! Oh, dass ich in hundert Wesen wiedergeboren würde!« – Wer diesen Seufzer nicht aus Erfahrung kennt, kennt auch die Leidenschaft des Erkennenden nicht.

250.

Schuld. – Obschon die scharfsinnigsten Richter der Hexen und sogar die Hexen selber von der Schuld der Hexerei überzeugt waren, war die Schuld trotzdem nicht vorhanden. So steht es mit aller Schuld.

251.

Verkannte Leidende. – Die grossartigen Naturen leiden anders, als ihre Verehrer sich einbilden: sie leiden am [516] härtesten durch die unedlen, kleinlichen Wallungen mancher bösen Augenblicke, kurz, durch ihren Zweifel an der eigenen Grossartigkeit, – nicht aber durch die Opfer und Martyrien, welche ihre Aufgabe von ihnen verlangt. So lange Prometheus Mitleid mit den Menschen hat und sich ihnen opfert, ist er glücklich und gross in sich; aber wenn er neidisch auf Zeus und die Huldigungen wird, welche Jenem die Sterblichen bringen, – da leidet er!

252.

Lieber schuldig. – »Lieber schuldig bleiben, als mit einer Münze zahlen, die nicht unser Bild trägt!« – so will es unsere Souveränität.

253.

Immer zu Hause. – Eines Tages erreichen wir unser Ziel – und weisen nunmehr mit Stolz darauf hin, was für lange Reisen wir dazu gemacht haben. In Wahrheit merkten wir nicht, dass wir reisten. Wir kamen aber dadurch so weit, dass wir an jeder Stelle wähnten, zu Hause zu sein.

254.

Gegen die Verlegenheit. – Wer immer tief beschäftigt ist, ist über alle Verlegenheit hinaus.

255.

Nachahmer. – A.: »Wie? Du willst keine Nachahmer?« B.: »Ich will nicht, dass man mir Etwas nachmache, ich will, dass Jeder sich Etwas vormache: das Selbe, was ich thue.« A.: »Also –?«

[517] 256.

Hautlichkeit. – Alle Menschen der Tiefe haben ihre Glückseligkeit darin, einmal den fliegenden Fischen zu gleichen und auf den äussersten Spitzen der Wellen zu spielen; sie schätzen als das Beste an den Dingen, – dass sie eine Oberfläche haben: ihre Hautlichkeit – sit venia verbo.

257.

Aus der Erfahrung. – Mancher weiss nicht, wie reich er ist, bis er erfährt, was für reiche Menschen an ihm noch zu Dieben werden.

258.

Die Leugner des Zufalls. – Kein Sieger glaubt an den Zufall.

259.

Aus dem Paradiese. – »Gut und böse sind die Vorurtheile Gottes« – sagte die Schlange.

260.

Ein Mal eins. – Einer hat immer Unrecht: aber mit Zweien beginnt die Wahrheit. – Einer kann sich nicht beweisen: aber Zweie kann man bereits nicht widerlegen.

261.

Originalität. – Was ist Originalität? Etwas sehen, das noch keinen Namen trägt, noch nicht genannt werden kann, ob es gleich vor Aller Augen liegt. Wie die Menschen gewöhnlich sind, macht ihnen erst der Name ein Ding überhaupt sichtbar. – Die Originalen sind zumeist auch die Namengeber gewesen.

[518] 262.

Sub specie aeterni. – A.: »Du entfernst dich immer schneller von den Lebenden: bald werden sie dich aus ihren Listen streichen!« – B.: »Es ist das einzige Mittel, um an dem Vorrecht der Todten theilzuhaben.« – A.: »An welchem Vorrecht?« – B.: »Nicht mehr zu sterben.«

263.

Ohne Eitelkeit. – Wenn wir lieben, so wollen wir, dass unsere Mängel verborgen bleiben, – nicht aus Eitelkeit, sondern, weil das geliebte Wesen nicht leiden soll. Ja, der Liebende möchte ein Gott scheinen, – und auch diess nicht aus Eitelkeit.

264.

Was wir thun. – Was wir thun, wird nie verstanden, sondern immer nur gelobt und getadelt.

265.

Letzte Skepsis. – Was sind denn zuletzt die Wahrheiten des Menschen? – Es sind die unwiderlegbaren Irrthümer des Menschen.

266.

Wo Grausamkeit noth thut. – Wer Grösse hat, ist grausam gegen seine Tugenden und Erwägungen zweiten Ranges.

267.

Mit einem grossen Ziele. – Mit einem grossen Ziele ist man sogar der Gerechtigkeit überlegen, nicht nur seinen Thaten und seinen Richtern.

[519] 268.

Was macht heroisch? – Zugleich seinem höchsten Leide und seiner höchsten Hoffnung entgegengehn.

269.

Woran glaubst du? – Daran: dass die Gewichte aller Dinge neu bestimmt werden müssen.

270.

Was sagt dein Gewissen? – »Du sollst der werden, der du bist.«

271.

Wo liegen deine grössten Gefahren? – Im Mitleiden.

272.

Was liebst du an Anderen? – Meine Hoffnungen.

273.

Wen nennst du schlecht? – Den, der immer beschämen will.

274.

Was ist dir das Menschlichste? – Jemandem Scham ersparen.

275.

Was ist das Siegel der erreichten Freiheit? – Sich nicht mehr vor sich selber schämen.

[521]

Viertes Buch.

Sanctus Januarius.

Der du mit dem Flammenspeere
Meiner Seele Eis zertheilt,
Dass sie brausend nun zum Meere
Ihrer höchsten Hoffnung eilt:
Heller stets und stets gesunder,
Frei im liebevollsten Muss: –
Also preist sie deine Wunder,
Schönster Januarius!

Genua im Januar 1882.

276.

Zum neuen Jahre. – Noch lebe ich, noch denke ich: ich muss noch leben, denn ich muss noch denken. Sum, ergo cogito: cogito, ergo sum. Heute erlaubt sich Jedermann seinen Wunsch und liebsten Gedanken auszusprechen: nun, so will auch ich sagen, was ich mir heute von mir selber wünschte und welcher Gedanke mir dieses Jahr zuerst über das Herz lief, – welcher Gedanke mir Grund, Bürgschaft und Süssigkeit alles weiteren Lebens sein soll! Ich will immer mehr lernen, das Nothwendige an den Dingen als das Schöne sehen: – so werde ich Einer von Denen sein, welche die Dinge schön machen. Amor fati: das sei von nun an meine Liebe! Ich will keinen Krieg gegen das Hässliche führen. Ich will nicht anklagen, ich will nicht einmal die Ankläger anklagen. Wegsehen sei meine einzige Verneinung! Und, Alles in Allem und Grossen: ich will irgendwann einmal nur noch ein Ja-sagender sein!

277.

Persönliche Providenz. – Es giebt einen gewissen hohen Punct des Lebens: haben wir den erreicht, so sind wir mit all unserer Freiheit, und so sehr wir dem schönen Chaos des Daseins alle fürsorgende Vernunft und Güte abgestritten haben, noch einmal in der grössten Gefahr der geistigen Unfrei-[522]heit und haben unsere schwerste Probe abzulegen. Jetzt nämlich stellt sich erst der Gedanke an eine persönliche Providenz mit der eindringlichsten Gewalt vor uns hin und hat den besten Fürsprecher, den Augenschein, für sich, jetzt wo wir mit Händen greifen, dass uns alle, alle Dinge, die uns treffen, fortwährend zum Besten gereichen. Das Leben jedes Tages und jeder Stunde scheint Nichts mehr zu wollen, als immer nur diesen Satz neu beweisen; sei es was es sei, böses wie gutes Wetter, der Verlust eines Freundes, eine Krankheit, eine Verleumdung, das Ausbleiben eines Briefes, die Verstauchung eines Fusses, ein Blick in einen Verkaufsladen, ein Gegenargument, das Aufschlagen eines Buches, ein Traum, ein Betrug: es erweist sich sofort oder sehr bald nachher als ein Ding, das »nicht fehlen durfte«, – es ist voll tiefen Sinnes und Nutzens gerade für uns! Giebt es eine gefährlichere Verführung, den Göttern Epikur's, jenen sorglosen Unbekannten, den Glauben zu kündigen und an irgend eine sorgenvolle und kleinliche Gottheit zu glauben, welche selbst jedes Härchen auf unserem Kopfe persönlich kennt und keinen Ekel in der erbärmlichsten Dienstleistung findet? Nun – ich meine trotzalledem! wir wollen die Götter in Ruhe lassen und die dienstfertigen Genien ebenfalls und uns mit der Annahme begnügen, dass unsere eigene practische und theoretische Geschicklichkeit im Auslegen und Zurechtlegen der Ereignisse jetzt auf ihren Höhepunct gelangt sei. Wir wollen auch nicht zu hoch von dieser Fingerfertigkeit unserer Weisheit denken, wenn uns mitunter die wunderbare Harmonie allzusehr überrascht, welche beim Spiel auf unserem

Instrumente entsteht: eine Harmonie, welche zu gut klingt, als dass wir es wagten, sie uns selber zuzurechnen. In der That, hier und da spielt Einer mit uns – der liebe Zufall: er führt uns gelegentlich die Hand, und die allerweiseste Providenz könnte keine schönere Musik erdenken, als dann dieser unserer thörichten Hand gelingt.

[523] 278.

Der Gedanke an den Tod. – Es macht mir ein melancholisches Glück, mitten in diesem Gewirr der Gässchen, der Bedürfnisse, der Stimmen zu leben: wieviel Geniessen, Ungeduld, Begehren, wieviel durstiges Leben und Trunkenheit des Lebens kommt da jeden Augenblick an den Tag! Und doch wird es für alle diese Lärmenden, Lebenden, Lebensdurstigen bald so stille sein! Wie steht hinter Jedem sein Schatten, sein dunkler Weggefährte! Es ist immer wie im letzten Augenblicke vor der Abfahrt eines Auswandererschiffes: man hat einander mehr zu sagen als je, die Stunde drängt, der Ozean und sein ödes Schweigen wartet ungeduldig hinter alle dem Lärme – so begierig, so sicher seiner Beute. Und Alle, Alle meinen, das Bisher sei Nichts oder Wenig, die nahe Zukunft sei Alles: und daher diese Hast, diess Geschrei, dieses Sich-Uebertäuben und Sich-Uebervortheilen! Jeder will der Erste in dieser Zukunft sein, – und doch ist Tod und Todtenstille das einzig Sichere und das Allen Gemeinsame dieser Zukunft! Wie seltsam, dass diese einzige Sicherheit und Gemeinsamkeit fast gar Nichts über die Menschen vermag und dass sie am Weitesten davon entfernt sind, sich als die Brüderschaft des Todes zu fühlen! Es macht mich glücklich, zu sehen, dass die Menschen den Gedanken an den Tod durchaus nicht denken wollen! Ich möchte gern Etwas dazu thun, ihnen den Gedanken an das Leben noch hundertmal denkenswerther zu machen.

279.

Sternen-Freundschaft. – Wir waren Freunde und sind uns fremd geworden. Aber das ist recht so und wir wollen's uns nicht verhehlen und verdunkeln, als ob wir uns dessen zu schämen hätten. Wir sind zwei Schiffe, deren jedes sein Ziel und seine Bahn hat; wir können uns wohl kreuzen und ein Fest miteinander feiern, wie wir es gethan haben, – und dann lagen [524] die braven Schiffe so ruhig in Einem Hafen und in Einer Sonne, dass es scheinen mochte, sie seien schon am Ziele und hätten Ein Ziel gehabt. Aber dann trieb uns die allmächtige Gewalt unserer Aufgabe wieder auseinander, in verschiedene Meere und Sonnenstriche und vielleicht sehen wir uns nie wieder, – vielleicht auch sehen wir uns wohl, aber erkennen uns nicht wieder: die verschiedenen Meere und Sonnen haben uns verändert! Dass wir uns fremd werden müssen, ist das Gesetz über uns: ebendadurch sollen wir uns auch ehrwürdiger werden! Ebendadurch soll der Gedanke an unsere ehemalige Freundschaft heiliger werden! Es giebt wahrscheinlich eine ungeheure unsichtbare Curve und Sternenbahn, in der unsere so verschiedenen Strassen und Ziele als kleine Wegstrecken einbegriffen sein mögen, – erheben wir uns zu diesem Gedanken! Aber unser Leben ist zu kurz und unsere Sehkraft zu gering, als dass wir mehr als Freunde im Sinne jener erhabenen Möglichkeit sein könnten. – Und so wollen wir an unsere Sternen-Freundschaft glauben, selbst wenn wir einander Erden-Feinde sein müssten.

280.

Architektur der Erkennenden. – Es bedarf einmal und wahrscheinlich bald einmal der Einsicht, was vor Allem unseren grossen Städten fehlt: stille und weite, weitgedehnte Orte zum Nachdenken, Orte mit hochräumigen langen Hallengängen für schlechtes oder allzu sonniges

Wetter, wohin kein Geräusch der Wagen und der Ausrufer dringt und wo ein feinerer Anstand selbst dem Priester das laute Beten untersagen würde: Bauwerke und Anlagen, welche als Ganzes die Erhabenheit des Sich-Besinnens und Bei-Seitegehens ausdrücken. Die Zeit ist vorbei, wo die Kirche das Monopol des Nachdenkens besass, wo die vita contemplativa immer zuerst vita religiosa sein musste: und Alles, was die Kirche gebaut hat, drückt diesen Gedanken aus. Ich wüsste nicht, wie wir uns mit [525] ihren Bauwerken, selbst wenn sie ihrer kirchlichen Bestimmung entkleidet würden, genügen lassen könnten; diese Bauwerke reden eine viel zu pathetische und befangene Sprache, als Häuser Gottes und Prunkstätten eines überweltlichen Verkehrs, als dass wir Gottlosen hier unsere Gedanken denken könnten. Wir wollen uns in Stein und Pflanze übersetzt haben, wir wollen in uns spazieren gehen, wenn wir in diesen Hallen und Gärten wandeln.

281.

Das Ende zu finden wissen. – Die Meister des ersten Ranges geben sich dadurch zu erkennen, dass sie im Grossen wie im Kleinen auf eine vollkommene Weise das Ende zu finden wissen, sei es das Ende einer Melodie oder eines Gedankens, sei es der fünfte Act einer Tragödie oder Staats-Action. Die ersten der zweiten Stufe werden immer gegen das Ende hin unruhig, und fallen nicht in so stolzem ruhigem Gleichmaasse in's Meer ab, wie zum Beispiel das Gebirge bei Porto fino – dort, wo die Bucht von Genua ihre Melodie zu Ende singt.

282.

Der Gang. – Es giebt Manieren des Geistes, an denen auch grosse Geister verrathen, dass sie vom Pöbel oder Halbpöbel herkommen: – Der Gang und Schritt ihrer Gedanken ist es namentlich, der den Verräther macht; sie können nicht gehen. So konnte auch Napoleon zu seinem tiefen Verdrusse nicht fürstenmässig und »legitim« gehen, bei Gelegenheiten, wo man es eigentlich verstehen muss, wie bei grossen Krönungs-Processionen und Aehnlichem; auch da war er immer nur der Anführer einer Colonne – stolz und hastig zugleich und sich dessen sehr bewusst. – Man hat Etwas zum Lachen, diese Schriftsteller zu sehen, welche die faltigen Gewänder der [526] Periode um sich rauschen machen: sie wollen so ihre Füsse verdecken.

283.

Vorbereitende Menschen. – Ich begrüsse alle Anzeichen dafür, dass ein männlicheres, ein kriegerisches Zeitalter anhebt, das vor allem die Tapferkeit wieder zu Ehren bringen wird! Denn es soll einem noch höheren Zeitalter den Weg bahnen und die Kraft einsammeln, welche jenes einmal nöthig haben wird, – jenes Zeitalter, das den Heroismus in die Erkenntniss trägt und Kriege führt um der Gedanken und ihrer Folgen willen. Dazu bedarf es für jetzt vieler vorbereitender tapferer Menschen, welche doch nicht aus dem Nichts entspringen können – und ebensowenig aus dem Sand und Schleim der jetzigen Civilisation und Grossstadt-Bildung: Menschen, welche es verstehen, schweigend, einsam, entschlossen, in unsichtbarer Thätigkeit zufrieden und beständig zu sein: Menschen, die mit innerlichem Hange an allen Dingen nach dem suchen, was an ihnen zu überwinden ist: Menschen, denen Heiterkeit, Geduld, Schlichtheit und Verachtung der grossen Eitelkeiten ebenso zu eigen ist, als Grossmuth im Siege und Nachsicht gegen die kleinen Eitelkeiten aller Besiegten: Menschen mit einem scharfen und freien Urtheile über alle Sieger und über den Antheil des Zufalls an jedem Siege und Ruhme: Menschem mit eigenen Festen, eigenen Werktagen, eigenen Trauerzeiten, gewohnt und sicher im Befehlen und gleich bereit, wo es gilt, zu gehorchen, im Einen wie im Anderen gleich stolz, gleich ihrer eigenen Sache dienend: gefährdetere Menschen, fruchtbarere Menschen, glücklichere Menschen! Denn, glaubt es mir! – das Geheimniss, um die grösste Fruchtbarkeit und den grössten Genuss vom Dasein einzuernten, heisst: gefährlich leben! Baut eure Städte an den Vesuv! Schickt eure Schiffe in unerforschte Meere! Lebt im Kriege mit Euresgleichen und mit euch selber! Seid Räuber [527] und Eroberer, so lange ihr nicht Herrscher und Besitzer sein könnt, ihr Erkennenden! Die Zeit geht bald vorbei, wo es euch genug sein durfte, gleich scheuen Hirschen in Wäldern versteckt zu leben! Endlich wird die Erkenntniss die Hand nach dem ausstrecken, was ihr gebührt: – sie wird herrschen und besitzen wollen, und ihr mit ihr!

284.

Der Glaube an sich. – Wenige Menschen überhaupt haben den Glauben an sich: – und von diesen Wenigen bekommen ihn die Einen mit, als eine nützliche Blindheit oder theilweise Verfinsterung ihres Geistes – (was würden sie erblicken, wenn sie sich selber auf den Grund sehen könnten!), die Anderen müssen ihn sich erst erwerben: Alles, was sie Gutes, Tüchtiges, Grosses thun, ist zunächst ein Argument gegen den Skeptiker, der in ihnen haust: es gilt diesen zu überzeugen oder zu überreden, und dazu bedarf es beinahe des Genie's. Es sind die grossen Selbst-Ungenügsamen.

285.

Excelsior! – »Du wirst niemals mehr beten, niemals mehr anbeten, niemals mehr im endlosen Vertrauen ausruhen – du versagst es dir, vor einer letzten Weisheit, letzten Güte, letzten Macht stehen zu bleiben und deine Gedanken abzuschirren – du hast keinen fortwährenden Wächter und Freund für deine sieben Einsamkeiten – du lebst ohne den

Ausblick auf ein Gebirge, das Schnee auf dem Haupte und Gluthen in seinem Herzen trägt – es giebt für dich keinen Vergelter, keinen Verbesserer letzter Hand mehr – es giebt keine Vernunft in dem mehr, was geschieht, keine Liebe in dem, was dir geschehen wird – deinem Herzen steht keine Ruhestatt mehr offen, wo es nur zu finden und nicht mehr zu suchen hat, du [528] wehrst dich gegen irgend einen letzten Frieden, du willst die ewige Wiederkunft von Krieg und Frieden: – Mensch der Entsagung, in Alledem willst du entsagen? Wer wird dir die Kraft dazu geben? Noch hatte Niemand diese Kraft!« – Es giebt einen See, der es sich eines Tages versagte, abzufliessen, und einen Damm dort aufwarf, wo er bisher abfloss: seitdem steigt dieser See immer höher. Vielleicht wird gerade jene Entsagung uns auch die Kraft verleihen, mit der die Entsagung selber ertragen werden kann; vielleicht wird der Mensch von da an immer höher steigen, wo er nicht mehr in einen Gott ausfliesst.

286.

Zwischenrede. – Hier sind Hoffnungen; was werdet ihr aber von ihnen sehen und hören, wenn ihr nicht in euren eigenen Seelen Glanz und Gluth und Morgenröthen erlebt habt? Ich kann nur erinnern – mehr kann ich nicht! Steine bewegen, Thiere zu Menschen machen – wollt ihr das von mir? Ach, wenn ihr noch Steine und Thiere seid, so sucht euch erst euren Orpheus!

287.

Lust an der Blindheit. – »Meine Gedanken, sagte der Wanderer zu seinem Schatten, sollen mir anzeigen, wo ich stehe: aber sie sollen mir nicht verrathen, wohin ich gehe. Ich liebe die Unwissenheit um die Zukunft und will nicht an der Ungeduld und dem Vorwegkosten verheissener Dinge zu Grunde gehen.«

288.

Hohe Stimmungen. – Mir scheint es, dass die meisten Menschen an hohe Stimmungen überhaupt nicht glauben, es sei denn für Augenblicke, höchstens Viertelstunden, – jene Wenigen ausgenommen, welche eine längere Dauer des hohen [529] Gefühls aus Erfahrung kennen. Aber gar der Mensch Eines hohen Gefühls, die Verkörperung einer einzigen grossen Stimmung sein – das ist bisher nur ein Traum und eine entzückende Möglichkeit gewesen: die Geschichte giebt uns noch kein sicheres Beispiel davon. Trotzdem könnte sie einmal auch solche Menschen gebären – dann, wenn eine Menge günstige Vorbedingungen geschaffen und festgestellt worden sind, die jetzt auch der glücklichste Zufall nicht zusammenzuwürfeln vermag. Vielleicht wäre diesen zukünftigen Seelen eben Das der gewöhnliche Zustand, was bisher als die mit Schauder empfundene Ausnahme hier und da einmal in unseren Seelen eintrat: eine fortwährende Bewegung zwischen hoch und tief und das Gefühl von hoch und tief, ein beständiges Wie-auf-Treppen-steigen und zugleich Wie-auf-Wolken-ruhen.

289.

Auf die Schiffe! – Erwägt man, wie auf jeden Einzelnen eine philosophische Gesammt-Rechtfertigung seiner Art, zu leben und zu denken, wirkt – nämlich gleich einer wärmenden, segnenden, befruchtenden, eigens ihm leuchtenden Sonne, wie sie unabhängig von Lob und Tadel, selbstgenugsam, reich, freigebig an Glück und Wohlwollen macht, wie sie unaufhörlich das Böse zum Guten umschafft, alle Kräfte zum Blühen und Reifwerden bringt und das kleine und grosse Unkraut des Grams und der Verdriesslichkeit gar nicht aufkommen lässt: – so ruft man zuletzt verlangend aus: oh dass doch viele solche neue Sonnen noch geschaffen würden! Auch der Böse, auch der Unglückliche, auch der Ausnahme-Mensch soll seine Philosophie, sein gutes Recht, seinen Sonnenschein haben! Nicht Mitleiden mit ihnen thut noth! – diesen Einfall des Hochmuths müssen wir verlernen, so lange auch bisher die Menschheit gerade an ihm gelernt und geübt hat – keine Beichtiger, Seelenbeschwörer und Sündenvergeber haben wir [530] für sie aufzustellen! Sondern eine neue Gerechtigkeit thut noth! Und eine neue Losung! Und neue Philosophen! Auch die moralische Erde ist rund! Auch die moralische Erde hat ihre Antipoden! Auch die Antipoden haben ihr Recht des Daseins! Es giebt noch eine andere Welt zu entdecken – und mehr als eine! Auf die Schiffe, ihr Philosophen!

290.

Eins ist Noth. – Seinem Charakter »Stil geben« – eine grosse und seltene Kunst! Sie übt Der, welcher Alles übersieht, was seine Natur an Kräften und Schwächen bietet, und es dann einem künstlerischen Plane einfügt, bis ein Jedes als Kunst und Vernunft erscheint und auch die Schwäche noch das Auge entzückt. Hier ist eine grosse Masse zweiter Natur hinzugetragen worden, dort ein Stück erster Natur abgetragen: – beidemal mit langer Uebung und täglicher Arbeit daran. Hier ist das Hässliche, welches sich nicht abtragen liess, versteckt, dort ist es in's Erhabene umgedeutet. Vieles Vage, der Formung Widerstrebende ist für Fernsichten aufgespart und ausgenutzt worden: – es soll in das Weite und Unermessliche hinaus winken. Zuletzt, wenn das Werk vollendet ist, offenbart sich, wie es der Zwang des selben Geschmacks war, der im Grossen und Kleinen herrschte und bildete: ob der Geschmack ein guter oder ein schlechter war, bedeutet weniger, als man denkt, – genug, dass es Ein Geschmack ist! – Es werden die starken, herrschsüchtigen Naturen sein, welche in einem solchen Zwange, in einer solchen Gebundenheit und Vollendung unter dem eigenen Gesetz ihre feinste Freude geniessen; die

Leidenschaft ihres gewaltigen Wollens erleichtert sich beim Anblick aller stilisirten Natur, aller besiegten und dienenden Natur; auch wenn sie Paläste zu bauen und Gärten anzulegen haben, widerstrebt es ihnen, die Natur frei zu geben. – Umgekehrt sind es die schwachen, ihrer selber nicht mächtigen [531] Charaktere, welche die Gebundenheit des Stils hassen: sie fühlen, dass, wenn ihnen dieser bitterböse Zwang auferlegt würde, sie unter ihm gemein werden müssten: – sie werden Sclaven, sobald sie dienen, sie hassen das Dienen. Solche Geister – es können Geister ersten Ranges sein – sind immer darauf aus, sich selber und ihre Umgebungen als freie Natur – wild, willkürlich, phantastisch, unordentlich, überraschend – zu gestalten oder auszudeuten: und sie thun wohl daran, weil sie nur so sich selber wohlthun! Denn Eins ist Noth: dass der Mensch seine Zufriedenheit mit sich erreiche – sei es nun durch diese oder jene Dichtung und Kunst: nur dann erst ist der Mensch überhaupt erträglich anzusehen! Wer mit sich unzufrieden ist, ist fortwährend bereit, sich dafür zu rächen: wir Anderen werden seine Opfer sein, und sei es auch nur darin, dass wir immer seinen hässlichen Anblick zu ertragen haben. Denn der Anblick des Hässlichen macht schlecht und düster.

291.

Genua. – Ich habe mir diese Stadt, ihre Landhäuser und Lustgärten und den weiten Umkreis ihrer bewohnten Höhen und Hänge eine gute Weile angesehen; endlich muss ich sagen: ich sehe Gesichter aus vergangenen Geschlechtern, – diese Gegend ist mit den Abbildern kühner und selbstherrlicher Menschen übersäet. Sie haben gelebt und haben fortleben wollen – das sagen sie mir mit ihren Häusern, gebaut und geschmückt für Jahrhunderte und nicht für die flüchtige Stunde: sie waren dem Leben gut, so böse sie oft gegen sich gewesen sein mögen. Ich sehe immer den Bauenden, wie er mit seinen Blicken auf allem fern und nah um ihn her Gebauten ruht und ebenso auf Stadt, Meer und Gebirgslinien, wie er mit diesem Blick Gewalt und Eroberung ausübt: Alles diess will er seinem Plane einfügen und zuletzt zu seinem Eigenthum machen, dadurch dass es ein Stück desselben wird. Diese ganze [532] Gegend ist mit dieser prachtvollen unersättlichen Selbstsucht der Besitz- und Beutelust überwachsen; und wie diese Menschen in der Ferne keine Grenze anerkannten und in ihrem Durste nach Neuem eine neue Welt neben die alte hinstellten, so empörte sich auch in der Heimat immer noch Jeder gegen Jeden und erfand eine Weise, seine Ueberlegenheit auszudrücken und zwischen sich und seinen Nachbar seine persönliche Unendlichkeit dazwischen zu legen. Jeder eroberte sich seine Heimat noch einmal für sich, indem er sie mit seinen architektonischen Gedanken überwältigte und gleichsam zur Augenweide seines Hauses umschuf. Im Norden imponirt das Gesetz und die allgemeine Lust an Gesetzlichkeit und Gehorsam, wenn man die Bauweise der Städte ansieht: man erräth dabei jenes innerliche Sich-Gleichsetzen, Sich-Einordnen, welches die Seele aller Bauenden beherrscht haben muss. Hier aber findest du, um jede Ecke biegend, einen Menschen für sich, der das Meer, das Abenteuer und den Orient kennt, einen Menschen, welcher dem Gesetze und dem Nachbar wie eine Art von Langerweile abhold ist und der alles schon Begründete, Alte mit neidischen Blicken misst: er möchte, mit einer wundervollen Verschmitztheit der Phantasie, diess Alles mindestens im Gedanken noch einmal neu gründen, seine Hand darauf-, seinen Sinn hineinlegen – sei es auch nur für den Augenblick eines sonnigen Nachmittags, wo seine unersättliche und melancholische Seele einmal Sattheit fühlt, und seinem Auge nur Eigenes und nichts Fremdes mehr sich zeigen darf.

292.

An die Moral-Prediger. – Ich will keine Moral machen, aber Denen, welche es thun, gebe ich diesen Rath: wollt ihr die besten Dinge und Zustände zuletzt um alle Ehre und Werth bringen, so fahrt fort, sie in den Mund zu nehmen, wie bisher! Stellt sie an die Spitze eurer Moral und redet von [533] früh bis Abend von dem Glück der Tugend, von der Ruhe der Seele, von der Gerechtigkeit und der immanenten Vergeltung: so wie ihr es treibt, bekommen alle diese guten Dinge dadurch endlich eine Popularität und ein Geschrei der Gasse für sich: aber dann wird auch alles Gold daran abgegriffen sein und mehr noch: alles Gold darin wird sich in Blei verwandelt haben. Wahrlich, ihr versteht euch auf die umgekehrte Kunst der Alchymie, auf die Entwerthung des Werthvollsten! Greift einmal zum Versuche nach einem andern Recepte, um nicht wie bisher das Gegentheil von dem, was ihr sucht, zu erreichen: leugnet jene guten Dinge, entzieht ihnen den Pöbel-Beifall und den leichten Umlauf, macht sie wieder zu verborgenen Schamhaftigkeiten einsamer Seelen, sagt, Moral sei etwas Verbotenes! Vielleicht gewinnt ihr so die Art von Menschen für diese Dinge, auf welche einzig Etwas ankommt, ich meine die Heroischen. Aber dann muss Etwas zum Fürchten daran sein und nicht, wie bisher, zum Ekeln! Möchte man nicht heute in Hinsicht der Moral sagen, wie Meister Eckardt: »ich bitte Gott, dass er mich quitt mache Gottes!«

293.

Unsere Luft. – Wir wissen es wohl: wer nur wie im Spazierengehen einmal einen Blick nach der Wissenschaft hin thut, nach Art der Frauen und leider auch vieler Künstler: für den hat die Strenge ihres Dienstes, diese Unerbittlichkeit im Kleinen wie im Grossen, diese Schnelligkeit im Wägen, Urtheilen, Verurtheilen etwas Schwindel- und

Furchteinflössendes. Namentlich erschreckt ihn, wie hier das Schwerste gefordert, das Beste gethan wird, ohne dass dafür Lob und Auszeichnungen da sind, vielmehr, wie unter Soldaten, fast nur Tadel und scharfe Verweise laut werden, – denn das Gutmachen gilt als die Regel, das Verfehlte als die Ausnahme; die Regel aber hat hier wie überall einen schweigsamen Mund. Mit die-[534]ser »Strenge der Wissenschaft« steht es nun wie mit der Form und Höflichkeit der allerbesten Gesellschaft: – sie erschreckt den Uneingeweihten. Wer aber an sie gewöhnt ist, mag gar nicht anderswo leben, als in dieser hellen, durchsichtigen, kräftigen, stark elektrischen Luft, in dieser männlichen Luft. Ueberall sonst ist es ihm nicht reinlich und luftig genug: er argwöhnt, dass dort seine beste Kunst Niemandem recht von Nutzen und ihm selber nicht zur Freude sein werde, dass unter Missverständnissen ihm sein halbes Leben durch die Finger schlüpfe, dass fortwährend viel Vorsicht, viel Verbergen und Ansichhalten noth thue, – lauter grosse und unnütze Einbussen an Kraft! In diesem strengen und klaren Elemente aber hat er seine Kraft ganz: hier kann er fliegen! Wozu sollte er wieder hinab in jene trüben Gewässer, wo man schwimmen und waten muss und seine Flügel missfarbig macht! – Nein! Da ist es zu schwer für uns, zu leben: was können wir dafür, dass wir für die Luft, die reine Luft geboren sind, wir Nebenbuhler des Lichtstrahls, und dass wir am liebsten auf Aetherstäubchen, gleich ihm, reiten würden und nicht von der Sonne weg, sondern zu der Sonne hin! Das aber können wir nicht: – so wollen wir denn thun, was wir einzig können: der Erde Licht bringen, »das Licht der Erde« sein! Und dazu haben wir unsere Flügel und unsere Schnelligkeit und Strenge, um dessenthalben sind wir männlich und selbst schrecklich, gleich dem Feuer. Mögen Die uns fürchten, welche sich nicht an uns zu wärmen und zu erhellen verstehen!

294.

Gegen die Verleumder der Natur. – Das sind mir unangenehme Menschen, bei denen jeder natürliche Hang sofort zur Krankheit wird, zu etwas Entstellendem oder gar Schmählichem, – diese haben uns zu der Meinung verführt, die Hänge und Triebe des Menschen seien böse; sie [535] sind die Ursache unserer grossen Ungerechtigkeit gegen unsere Natur, gegen alle Natur! Es giebt genug Menschen, die sich ihren Trieben mit Anmuth und Sorglosigkeit überlassen dürfen: aber sie thun es nicht, aus Angst vor jenem eingebildeten »bösen Wesen« der Natur! Daher ist es gekommen, dass so wenig Vornehmheit unter den Menschen zu finden ist: deren Kennzeichen es immer sein wird, vor sich keine Furcht zu haben, von sich nichts Schmähliches zu erwarten, ohne Bedenken zu fliegen, wohin es uns treibt – uns freigeborene Vögel! Wohin wir auch nur kommen, immer wird es frei und sonnenlicht um uns sein.

295.

Kurze Gewohnheiten. – Ich liebe die kurzen Gewohnheiten und halte sie für das unschätzbare Mittel, viele Sachen und Zustände kennen zu lernen und hinab bis auf den Grund ihrer Süssen und Bitterkeiten; meine Natur ist ganz für kurze Gewohnheiten eingerichtet, selbst in den Bedürfnissen ihrer leiblichen Gesundheit und überhaupt soweit ich nur sehen kann: vom Niedrigen bis zum Höchsten. Immer glaube ich, diess werde mich nun dauernd befriedigen – auch die kurze Gewohnheit hat jenen Glauben der Leidenschaft, den Glauben an die Ewigkeit – und ich sei zu beneiden, es gefunden und erkannt zu haben: – und nun nährt es mich am Mittage und am Abende und verbreitet eine tiefe Genügsamkeit um sich und in mich hinein, sodass mich nach Anderem nicht verlangt, ohne dass ich zu vergleichen oder zu verachten oder zu hassen hätte. Und eines

Tages hat es seine Zeit gehabt: die gute Sache scheidet von mir, nicht als Etwas, das mir nun Ekel einflösst – sondern friedlich und an mir gesättigt, wie ich an ihm, und wie als ob wir einander dankbar sein müssten und uns so die Hände zum Abschied reichten. Und schon wartet das Neue an der Thüre und ebenso mein Glaube – der unverwüstliche Thor und Weise! – diess Neue werde das Rechte, das letzte Rechte sein. So [536] geht es mir mit Speisen, Gedanken, Menschen, Städten, Gedichten, Musiken, Lehren, Tagesordnungen, Lebensweisen. – Dagegen hasse ich die dauernden Gewohnheiten und meine, dass ein Tyrann in meine Nähe kommt und dass meine Lebensluft sich verdickt, wo die Ereignisse sich so gestalten, dass dauernde Gewohnheiten daraus mit Nothwendigkeit zu wachsen scheinen: zum Beispiel durch ein Amt, durch ein beständiges Zusammensein mit den selben Menschen, durch einen festen Wohnsitz, durch eine einmalige Art Gesundheit. Ja, ich bin allem meinem Elend und Kranksein, und was nur immer unvollkommen an mir ist, – im untersten Grunde meiner Seele erkenntlich gesinnt, weil dergleichen mir hundert Hinterthüren lässt, durch die ich den dauernden Gewohnheiten entrinnen kann. – Das Unerträglichste freilich, das eigentlich Fürchterliche, wäre mir ein Leben ganz ohne Gewohnheiten, ein Leben, das fortwährend die Improvisation verlangt: – diess wäre meine Verbannung und mein Sibirien.

296.

Der feste Ruf. – Der feste Ruf war ehedem eine Sache der äussersten Nützlichkeit; und wo nur immer die Gesellschaft noch vom Heerden-Instinct beherrscht wird, ist es auch jetzt noch für jeden Einzelnen am zweckmässigsten, seinen Charakter und seine Beschäftigung als unveränderlich zu geben, – selbst wenn sie es im Grunde nicht sind. »Man kann sich auf ihn verlassen, er bleibt sich gleich«: – das ist in allen gefährlichen Lagen der Gesellschaft das Lob, welches am meisten zu bedeuten hat. Die Gesellschaft fühlt mit Genugthuung, ein zuverlässiges, jederzeit bereites Werkzeug in der Tugend Dieses, in dem Ehrgeize Jenes, in dem Nachdenken und der Leidenschaft des Dritten zu haben, – sie ehrt diese Werkzeug-Natur, diess Sich-Treubleiben, diese Unwandelbarkeit in Ansichten, Bestrebungen, und selbst in Untugen-[537]den, mit ihren höchsten Ehren. Eine solche Schätzung, welche überall zugleich mit der Sittlichkeit der Sitte blüht und geblüht hat, erzieht »Charaktere« und bringt alles Wechseln, Umlernen, Sich-Verwandeln in Verruf. Diess ist nun jedenfalls, mag sonst der Vortheil dieser Denkweise noch so gross sein, für die Erkenntniss die allerschädlichste Art des allgemeinen Urtheils: denn gerade der gute Wille des Erkennenden, unverzagt sich jederzeit gegen seine bisherige Meinung zu erklären und überhaupt in Bezug auf Alles, was in uns fest werden will, misstrauisch zu sein, – ist hier verurtheilt und in Verruf gebracht. Die Gesinnung des Erkennenden als im Widerspruch mit dem »festen Rufe« gilt als unehrenhaft, während die Versteinerung der Ansichten alle Ehre für sich hat: – unter dem Banne solcher Geltung müssen wir heute noch leben! Wie schwer lebt es sich, wenn man das Urtheil vieler Jahrtausende gegen sich und um sich fühlt! Es ist wahrscheinlich, dass viele Jahrtausende die Erkenntniss mit dem schlechten Gewissen behaftet war, und dass viel Selbstverachtung und geheimes Elend in der Geschichte der grössten Geister gewesen sein muss.

297.

Widersprechen können. – Jeder weiss jetzt, dass Widerspruch-Vertragen-können ein hohes Zeichen von Cultur ist. Einige wissen sogar, dass der höhere Mensch den Widerspruch gegen sich wünscht und hervorruft, um einen Fingerzeig über seine ihm bisher unbekannte Ungerechtigkeit zu bekommen. Aber das Widersprechen-Können, das erlangte *gute* Gewissen bei der Feindseligkeit gegen das Gewohnte, Ueberlieferte, Geheiligte, – das ist mehr als jenes Beides und das eigentlich Grosse, Neue, Erstaunliche unserer Cultur, der Schritt aller Schritte des befreiten Geistes: wer weiss das? –

[538] 298.

Seufzer. – Ich erhaschte diese Einsicht unterwegs und nahm rasch die nächsten schlechten Worte, sie festzumachen, damit sie mir nicht wieder davonfliege. Und nun ist sie mir an diesen dürren Worten gestorben und hängt und schlottert in ihnen – und ich weiss kaum mehr, wenn ich sie ansehe, wie ich ein solches Glück haben konnte, als ich diesen Vogel fieng.

299.

Was man den Künstlern ablernen soll. – Welche Mittel haben wir, uns die Dinge schön, anziehend, begehrenswerth zu machen, wenn sie es nicht sind? – und ich meine, sie sind es an sich niemals! Hier haben wir von den Aerzten Etwas zu lernen, wenn sie zum Beispiel das Bittere verdünnen oder Wein und Zucker in den Mischkrug thun; aber noch mehr von den Künstlern, welche eigentlich fortwährend darauf aus sind, solche Erfindungen und Kunststücke zu machen. Sich von den Dingen entfernen, bis man Vieles von ihnen nicht mehr sieht und Vieles hinzusehen muss, um sie *noch zu sehen* – oder die Dinge um die Ecke und wie in einem Ausschnitte sehen – oder sie so stellen, dass sie sich theilweise verstellen und nur perspectivische Durchblicke gestatten – oder sie durch gefärbtes Glas oder im Lichte der Abendröthe anschauen – oder ihnen eine Oberfläche und Haut geben, welche keine volle Transparenz hat: das Alles sollen wir den Künstlern ablernen und im Uebrigen weiser sein, als sie. Denn bei ihnen hört gewöhnlich diese ihre feine Kraft auf, wo die Kunst aufhört und das Leben beginnt; wir aber wollen die Dichter unseres Lebens sein, und im Kleinsten und Alltäglichsten zuerst.

300.

Vorspiele der Wissenschaft. – Glaubt ihr denn, dass die Wissenschaften entstanden und gross geworden wären, [539] wenn ihnen nicht die Zauberer, Alchymisten, Astrologen und Hexen vorangelaufen wären als Die, welche mit ihren Verheissungen und Vorspiegelungen erst Durst, Hunger und Wohlgeschmack an verborgenen und verbotenen Mächten schaffen mussten? Ja, dass unendlich mehr hat verheissen werden müssen, als je erfüllt werden kann, damit überhaupt Etwas im Reiche der Erkenntniss sich erfülle? – Vielleicht erscheint in gleicher Weise, wie uns sich hier Vorspiele und Vorübungen der Wissenschaft darstellen, die durchaus nicht als solche geübt und empfunden wurden, auch irgend einem fernen Zeitalter die gesammte Religion als Uebung und Vorspiel: vielleicht könnte sie das seltsame Mittel dazu gewesen sein, dass einmal einzelne Menschen die ganze Selbstgenügsamkeit eines Gottes und alle seine Kraft der Selbsterlösung geniessen können: Ja! – darf man fragen – würde denn der Mensch überhaupt ohne jene religiöse Schule und Vorgeschichte es gelernt haben, nach sich Hunger und Durst zu spüren und aus sich Sattheit und Fülle zu nehmen? Musste Prometheus erst wähnen, das Licht gestohlen zu haben und dafür büssen, – um endlich zu entdecken, dass er das Licht geschaffen habe, indem er nach dem Lichte begehrte, und dass nicht nur der Mensch, sondern auch der Gott das Werk seiner Hände und Thon in seinen Händen gewesen sei? Alles nur Bilder des Bildners? – ebenso wie der Wahn, der Diebstahl, der Kaukasus, der Geier und die ganze tragische Prometheia aller Erkennenden?

301.

Wahn der Contemplativen. – Die hohen Menschen unterscheiden sich von den niederen dadurch, dass sie unsäglich mehr sehen und hören und denkend sehen und hören – und eben diess unterscheidet den Menschen vom Thiere und die oberen Thiere von den unteren. Die Welt wird für Den immer voller, welcher in die Höhe der Menschlichkeit hinauf wächst; [540] es werden immer mehr Angelhaken des Interesses nach ihm ausgeworfen; die Menge seiner Reize ist beständig im Wachsen und ebenso die Menge seiner Arten von Lust und Unlust, – der höhere Mensch wird immer zugleich glücklicher und unglücklicher. Dabei aber bleibt ein Wahn sein beständiger Begleiter: er meint, als Zuschauer und Zuhörer vor das grosse Schau- und Tonspiel gestellt zu sein, welches das Leben ist: er nennt seine Natur eine contemplative und übersieht dabei, dass er selber auch der eigentliche Dichter und Fortdichter des Lebens ist, – dass er sich freilich vom Schauspieler dieses Drama's, dem sogenannten handelnden Menschen, sehr unterscheidet, aber noch mehr von einem blossen Betrachter und Festgaste vor der Bühne. Ihm, als dem Dichter, ist gewiss vis contemplativa und der Rückblick auf sein Werk zu eigen, aber zugleich und vorerst die vis creativa, welche dem handelnden Menschen fehlt, was auch der Augenschein und der Allerweltsglaube sagen mag. Wir, die Denkend-Empfindenden, sind es, die wirklich und immerfort Etwas machen, das noch nicht da ist: die ganze ewig wachsende Welt von Schätzungen, Farben, Gewichten, Perspectiven, Stufenleitern, Bejahungen und Verneinungen. Diese von uns erfundene Dichtung wird fortwährend von den sogenannten practischen Menschen (unsern Schauspielern wie gesagt) eingelernt, eingeübt, in Fleisch und Wirklichkeit, ja Alltäglichkeit übersetzt. Was nur Werth hat in der jetzigen Welt, das hat ihn nicht an sich, seiner Natur nach, –

die Natur ist immer werthlos: – sondern dem hat man einen Werth einmal gegeben, geschenkt, und wir waren diese Gebenden und Schenkenden! Wir erst haben die Welt, die den Menschen Etwas angeht, geschaffen! – Gerade dieses Wissen aber fehlt uns, und wenn wir es einen Augenblick einmal erhaschen, so haben wir es im nächsten wieder vergessen: wir verkennen unsere beste Kraft und schätzen uns, die Contemplativen, um einen Grad zu gering, – wir sind weder so stolz, noch so glücklich, als wir sein könnten.

[541] 302.

Gefahr des Glücklichsten. – Feine Sinne und einen feinen Geschmack haben; an das Ausgesuchte und Allerbeste des Geistes wie an die rechte und nächste Kost gewöhnt sein; einer starken, kühnen, verwegenen Seele geniessen; mit ruhigem Auge und festem Schritt durch das Leben gehen, immer zum Aeussersten bereit, wie zu einem Feste und voll des Verlangens nach unentdeckten Welten und Meeren, Menschen und Göttern; auf jede heitere Musik hinhorchen, als ob dort wohl tapfere Männer, Soldaten, Seefahrer sich eine kurze Rast und Lust machen, und im tiefsten Genusse des Augenblicks überwältigt werden von Thränen und von der ganzen purpurnen Schwermuth des Glücklichen: wer möchte nicht, dass das Alles gerade sein Besitz, sein Zustand wäre! Es war das Glück Homer's! Der Zustand Dessen, der den Griechen ihre Götter, – nein, sich selber seine Götter erfunden hat! Aber man verberge es sich nicht: mit diesem Glücke Homer's in der Seele ist man auch das leidensfähigste Geschöpf unter der Sonne! Und nur um diesen Preis kauft man die kostbarste Muschel, welche die Wellen des Daseins bisher an's Ufer gespült haben! Man wird als ihr Besitzer immer feiner im Schmerz und zuletzt zu fein: ein kleiner Missmuth und Ekel genügte am Ende, um Homer das Leben zu verleiden. Er hatte ein thörichtes Räthselchen, das ihm junge Fischer aufgaben, nicht zu rathen vermocht! Ja, die kleinen Räthsel sind die Gefahr der Glücklichsten! –

303.

Zwei Glückliche. – Wahrlich, dieser Mensch, trotz seiner Jugend, versteht sich auf die Improvisation des Lebens und setzt auch den feinsten Beobachter in Erstaunen: – es scheint nämlich, dass er keinen Fehlgriff thut, ob er schon fortwährend das gewagteste Spiel spielt. Man wird an [542] jene improvisirenden Meister der Tonkunst erinnert, denen auch der Zuhörer eine göttliche Unfehlbarkeit der Hand zuschreiben möchte, trotzdem, dass sie sich hier und da vergreifen, wie jeder Sterbliche sich vergreift. Aber sie sind geübt und erfinderisch, und im Augenblicke immer bereit, den zufälligsten Ton, wohin ein Wurf des Fingers, eine Laune sie treibt, sofort in das thematische Gefüge einzuordnen und dem Zufalle einen schönen Sinn und eine Seele einzuhauchen. – Hier ist ein ganz anderer Mensch: dem missräth im Grunde Alles, was er will und plant. Das, woran er gelegentlich sein Herz gehängt hat, brachte ihn schon einige Male an den Abgrund und in die nächste Nähe des Unterganges; und wenn er dem noch entwischte, so doch gewiss nicht nur »mit einem blauen Auge«. Glaubt ihr, dass er darüber unglücklich ist? Er hat längst bei sich beschlossen, eigene Wünsche und Pläne nicht so wichtig zu nehmen. »Gelingt mir Diess nicht, so redet er sich zu, dann gelingt mir vielleicht Jenes; und im Ganzen weiss ich nicht, ob ich nicht meinem Misslingen mehr zu Danke verpflichtet bin, als irgend welchem Gelingen. Bin ich dazu gemacht, eigensinnig zu sein und die Hörner des Stieres zu tragen? Das, was mir Werth und Ergebniss des Lebens ausmacht, liegt wo anders; mein Stolz und ebenso mein Elend liegt wo anders. Ich weiss mehr vom Leben, weil ich so oft daran war, es zu verlieren: und eben darum habe ich mehr vom Leben, als ihr Alle!«

304.

Indem wir thun, lassen wir. – Im Grunde sind mir alle jene Moralen zuwider, welche sagen: »Thue diess nicht! Entsage! Ueberwinde dich!« – ich bin dagegen jenen Moralen gut, welche mich antreiben, Etwas zu thun und wieder zu thun und von früh bis Abend, und Nachts davon zu träumen, und an gar Nichts zu denken als: diess gut zu thun, so gut als es eben mir allein möglich ist! Wer so lebt, von dem fällt fortwährend [543] Eins um das Andere ab, was nicht zu einem solchen Leben gehört: ohne Hass und Widerwillen sieht er heute Diess und morgen Jenes von sich Abschied nehmen, den vergilbten Blättern gleich, welche jedes bewegtere Lüftchen dem Baume entführt: oder er sieht gar nicht, dass es Abschied nimmt, so streng blickt sein Auge nach seinem Ziele und überhaupt vorwärts, nicht seitwärts, rückwärts, abwärts. »Unser Thun soll bestimmen, was wir lassen: indem wir thun, lassen wir« – so gefällt es mir, so lautet mein placitum. Aber ich will nicht mit offenen Augen meine Verarmung anstreben, ich mag alle negativen Tugenden nicht, – Tugenden, deren Wesen das Verneinen und Sichversagen selber ist.

305.

Selbstbeherrschung. – Jene Morallehrer, welche zuerst und zuoberst dem Menschen anbefehlen, sich in seine Gewalt zu bekommen, bringen damit eine eigenthümliche Krankheit über ihn: nämlich eine beständige Reizbarkeit bei allen natürlichen Regungen und Neigungen und gleichsam eine Art Juckens. Was auch fürderhin ihn stossen, ziehen, anlocken, antreiben mag, von innen oder von aussen her – immer scheint es diesem Reizbaren, als ob jetzt seine Selbstbeherrschung in Gefahr gerathe: er darf sich keinem Instincte, keinem freien Flügelschlage mehr anvertrauen, sondern steht beständig mit abwehrender Gebärde da, bewaffnet gegen sich selber, scharfen und misstrauischen Auges, der ewige Wächter seiner Burg, zu der er sich gemacht hat. Ja, er kann gross damit sein! Aber wie unausstehlich ist er nun für Andere geworden, wie schwer für sich selber, wie verarmt und abgeschnitten von den schönsten Zufälligkeiten der Seele! Ja auch von aller weiteren Belehrung! Denn man muss sich auf Zeiten verlieren können, wenn man den Dingen, die wir nicht selber sind, Etwas ablernen will.

[544] 306.

Stoiker und Epikureer. – Der Epikureer sucht sich die Lage, die Personen und selbst die Ereignisse aus, welche zu seiner äusserst reizbaren intellectuellen Beschaffenheit passen, er verzichtet auf das Uebrige – das heisst das Allermeiste –, weil es eine zu starke und schwere Kost für ihn sein würde. Der Stoiker dagegen übt sich, Steine und Gewürm, Glassplitter und Skorpionen zu verschlucken und ohne Ekel zu sein; sein Magen soll endlich gleichgültig gegen Alles werden, was der Zufall des Daseins in ihn schüttet: – er erinnert an jene arabische Secte der Assaua, die man in Algier kennen lernt; und gleich diesen Unempfindlichen hat auch er gerne ein eingeladenes Publicum bei der Schaustellung seiner Unempfindlichkeit, dessen gerade der Epikureer gerne enträth: – der hat ja seinen »Garten«! Für Menschen, mit denen das Schicksal improvisirt, für solche, die in gewaltsamen Zeiten und abhängig von plötzlichen und veränderlichen Menschen leben, mag der Stoicismus sehr rathsam sein. Wer aber einigermaassen absieht, dass das Schicksal ihm einen langen Faden zu spinnen erlaubt, thut wohl, sich epikureisch einzurichten; alle Menschen der geistigen Arbeit haben es bisher gethan! Ihnen wäre es nämlich der Verlust der Verluste, die feine Reizbarkeit einzubüssen und die stoische harte Haut mit Igelstacheln dagegen geschenkt zu bekommen.

307.

Zu Gunsten der Kritik. – Jetzt erscheint dir Etwas als Irrthum, das du ehedem als eine Wahrheit oder Wahrscheinlichkeit geliebt hast: du stösst es von dir ab und wähnst, dass deine Vernunft darin einen Sieg erfochten habe. Aber vielleicht war jener Irrthum damals, als du noch ein Anderer warst – du bist immer ein Anderer –, dir ebenso nothwendig wie alle deine jetzigen »Wahrheiten«, gleichsam als eine Haut, die [545] dir Vieles verhehlte und verhüllte, was du noch nicht sehen durftest. Dein neues Leben hat jene Meinung für dich getödtet, nicht deine Vernunft: du brauchst sie nicht mehr, und nun bricht sie in sich selbst zusammen, und die Unvernunft kriecht wie ein Gewürm aus ihr an's Licht. Wenn wir Kritik üben, so ist es nichts Willkürliches und Unpersönliches, – es ist, wenigstens sehr oft, ein Beweis davon, dass lebendige treibende Kräfte in uns da sind, welche eine Rinde abstossen. Wir verneinen und müssen verneinen, weil Etwas in uns leben und sich bejahen will, Etwas, das wir vielleicht noch nicht kennen, noch nicht sehen! – Diess zu Gunsten der Kritik.

308.

Die Geschichte jedes Tages. – Was macht bei dir die Geschichte jedes Tages? Siehe deine Gewohnheiten an, aus denen sie besteht: sind sie das Erzeugniss zahlloser kleiner Feigheiten und Faulheiten oder das deiner Tapferkeit und erfinderischen Vernunft? So verschieden beide Fälle sind, es wäre möglich, dass die Menschen dir das gleiche Lob spendeten und dass du ihnen auch wirklich so wie so den gleichen Nutzen brächtest. Aber Lob und Nutzen und Respectabilität mögen genug für Den sein, der nur ein gutes Gewissen haben will, – nicht aber für dich Nierenprüfer, der du ein Wissen um das Gewissen hast!

309.

Aus der siebenten Einsamkeit. – Eines Tages warf der Wanderer eine Thür hinter sich zu, blieb stehen und weinte. Dann sagte er: »Dieser Hang und Drang zum Wahren, Wirklichen, Un-Scheinbaren, Gewissen! Wie bin ich ihm böse! Warum folgt mir gerade dieser düstere und leidenschaftliche Treiber! Ich möchte ausruhen, aber er lässt es nicht zu. Wie Vieles verführt mich nicht, zu verweilen! Es giebt überall Gär-[546]ten Armidens für mich: und daher immer neue Losreissungen und neue Bitternisse des Herzens! Ich muss den Fuss weiter heben, diesen müden, verwundeten Fuss: und weil ich muss, so habe ich oft für das Schönste, das mich nicht halten konnte, einen grimmigen Rückblick, – weil es mich nicht halten konnte!«

310.

Wille und Welle. – Wie gierig kommt diese Welle heran, als ob es Etwas zu erreichen gälte! Wie kriecht sie mit furchterregender Hast in die innersten Winkel des felsigen Geklüftes hinein! Es scheint, sie will Jemandem zuvorkommen; es scheint, dass dort Etwas versteckt ist, das Werth, hohen Werth hat. – Und nun kommt sie zurück, etwas langsamer, immer noch ganz weiss vor Erregung, – ist sie enttäuscht? Hat sie gefunden, was sie suchte? Stellt sie sich enttäuscht? – Aber schon naht eine andere Welle, gieriger und wilder noch als die erste, und auch ihre Seele scheint voll von Geheimnissen und dem Gelüste der Schatzgräberei zu sein. So leben die Wellen, – so leben wir, die Wollenden! – mehr sage ich nicht. – So? Ihr misstraut mir? Ihr zürnt auf mich, ihr schönen Unthiere? Fürchtet ihr, dass ich euer Geheimniss ganz verrathe? Nun! Zürnt mir nur, hebt eure grünen gefährlichen Leiber so hoch ihr könnt, macht eine Mauer zwischen mir und der Sonne – so wie jetzt! Wahrlich, schon ist Nichts mehr von der Welt übrig, als grüne

Dämmerung und grüne Blitze. Treibt es wie ihr wollt, ihr Uebermüthigen, brüllt vor Lust und Bosheit – oder taucht wieder hinunter, schüttet eure Smaragden hinab in die tiefste Tiefe, werft euer unendliches weisses Gezottel von Schaum und Gischt darüber weg – es ist mir Alles recht, denn Alles steht euch so gut, und ich bin euch für Alles so gut: wie werde ich euch verrathen! Denn – hört es wohl! – ich kenne euch und euer Geheimniss, ich kenne euer Geschlecht! Ihr und ich, wir sind ja aus Einem Geschlecht! – Ihr und ich, wir haben ja Ein Geheimniss!

[547] 311.

Gebrochenes Licht. – Man ist nicht immer tapfer, und wenn man müde wird, dann jammert unser Einer auch wohl einmal in dieser Weise. »Es ist so schwer, den Menschen wehe zu thun – oh, dass es nöthig ist! Was nützt es uns, verborgen zu leben, wenn wir nicht Das für uns behalten wollen, was Aergerniss giebt? Wäre es nicht räthlicher, im Gewühle zu leben und an den Einzelnen gutzumachen, was an Allen gesündigt werden soll und muss? Thöricht mit dem Thoren, eitel mit dem Eitelen, schwärmerisch mit dem Schwärmer zu sein? Wäre es nicht billig, bei einem solchen übermüthigen Grade der Abweichung im Ganzen? Wenn ich von den Bosheiten Anderer gegen mich höre, – ist nicht mein erstes Gefühl das einer Genugthuung? So ist es recht! – scheine ich mir zu ihnen zu sagen – ich stimme so wenig zu euch und habe so viel Wahrheit auf meiner Seite: macht euch immerhin einen guten Tag auf meine Kosten, so oft ihr könnt! Hier sind meine Mängel und Fehlgriffe, hier ist mein Wahn, mein Ungeschmack, meine Verwirrung, meine Thränen, meine Eitelkeit, meine Eulen-Verborgenheit, meine Widersprüche! Hier habt ihr zu lachen! So lacht denn auch und freut euch! Ich bin nicht böse auf Gesetz und Natur der Dinge, welche wollen, dass Mängel und Fehlgriffe Freude machen! – Freilich, es gab einmal »schönere« Zeiten, wo man sich noch mit jedem einigermaassen neuen Gedanken so unentbehrlich fühlen konnte, um mit ihm auf die Strasse zu treten und Jedermann zuzurufen: »Siehe! Das Himmelreich ist nahe herbeigekommen!« – Ich würde mich nicht vermissen, wenn ich fehlte. Entbehrlich sind wir Alle!« – Aber, wie gesagt, so denken wir nicht, wenn wir tapfer sind; wir denken nicht daran.

312.

Mein Hund. – Ich habe meinem Schmerze einen Namen gegeben und rufe ihn »Hund«, – er ist ebenso treu, ebenso zu-[548]dringlich und schamlos, ebenso unterhaltend, ebenso klug, wie jeder andere Hund – und ich kann ihn anherrschen und meine bösen Launen an ihm auslassen: wie es Andere mit ihren Hunden, Dienern und Frauen machen.

313.

Kein Marterbild. – Ich will es machen wie Raffael und kein Marterbild mehr malen. Es giebt der erhabenen Dinge genug, als dass man die Erhabenheit dort aufzusuchen hätte, wo sie mit der Grausamkeit in Schwesterschaft lebt; und mein Ehrgeiz würde zudem kein Genügen daran finden, wenn ich mich zum sublimen Folterknecht machen wollte.

314.

Neue Hausthiere. – Ich will meinen Löwen und meinen Adler um mich haben, damit ich allezeit Winke und Vorbedeutungen habe, zu wissen, wie gross oder wie gering meine Stärke ist. Muss ich heute zu ihnen hinabblicken und mich vor ihnen fürchten? Und wird die Stunde wiederkommen, wo sie zu mir hinaufblicken und in Furcht? –

315.

Vom letzten Stündlein. – Stürme sind meine Gefahr: werde ich meinen Sturm haben, an dem ich zu Grunde gehe, wie Oliver Cromwell an seinem Sturme zu Grunde gieng? Oder werde ich verlöschen wie ein Licht, das nicht erst der Wind ausbläst, sondern das seiner selber müde und satt wurde, – ein ausgebranntes Licht? Oder endlich: werde ich mich ausblasen, um nicht auszubrennen? –

[549] 316.

Prophetische Menschen. – Ihr habe kein Gefühl dafür, dass prophetische Menschen sehr leidende Menschen sind: ihr meint nur, es sei ihnen eine schöne »Gabe« gegeben, und möchtet diese wohl gern selber haben, – doch ich will mich durch ein Gleichniss ausdrücken. Wie viel mögen die Thiere durch die Luft- und Wolken-Electricität leiden! Wir sehen, dass einige Arten von ihnen ein prophetisches Vermögen hinsichtlich des Wetters haben, zum Beispiel die Affen (wie man selbst noch in Europa gut beobachten kann, und nicht nur in Menagerien, nämlich auf Gibraltar). Aber wir denken nicht daran, dass ihre Schmerzen – für sie die Propheten sind! Wenn eine starke positive Electricität plötzlich unter dem Einflusse einer heranziehenden, noch lange nicht sichtbaren Wolke in negative Electricität umschlägt und eine Veränderung des Wetters sich vorbereitet, da benehmen sich diese Thiere so, als ob ein Feind herannahe, und richten sich zur Abwehr oder zur Flucht ein; meistens verkriechen sie sich, – sie verstehen das schlechte Wetter nicht als Wetter, sondern als Feind, dessen Hand sie schon fühlen!

317.

Rückblick. – Wir werden uns des eigentlichen Pathos jeder Lebensperiode selten als eines solchen bewusst, so lange wir in ihr stehen, sondern meinen immer, es sei der einzig uns nunmehr mögliche und vernünftige Zustand und durchaus Ethos, nicht Pathos – mit den Griechen zu reden und zu trennen. Ein paar Töne von Musik riefen mir heute einen Winter und ein Haus und ein höchst einsiedlerisches Leben in's Gedächtniss zurück und zugleich das Gefühl, in dem ich damals lebte: – ich meinte ewig so fortleben zu können. Aber jetzt begreife ich, dass es ganz und gar Pathos und Leidenschaft war, ein Ding, vergleichbar dieser schmerzhaft-muthigen und trostsichern Musik, – dergleichen darf man nicht auf Jahre oder gar [550] auf Ewigkeiten haben: man würde für diesen Planeten damit zu »überirdisch«.

318.

Weisheit im Schmerz. – Im Schmerz ist soviel Weisheit wie in der Lust: er gehört gleich dieser zu den arterhaltenden Kräften ersten Ranges. Wäre er diess nicht, so würde er längst zu Grunde gegangen sein; dass er weh thut, ist kein Argument gegen ihn, es ist sein Wesen. Ich höre im Schmerze den Commandoruf des Schiffscapitains: »zieht die Segel ein!« Auf tausend Arten die Segel zu stellen, muss der kühne Schifffahrer »Mensch« sich eingeübt haben, sonst wäre es gar zu schnell mit ihm vorbei, und der Ozean schlürfte ihn zu bald hinunter. Wir müssen auch mit verminderter Energie zu leben wissen: sobald der Schmerz sein Sicherheitssignal giebt, ist es an der Zeit, sie zu vermindern, – irgend eine grosse Gefahr, ein Sturm ist im Anzuge, und wir thun gut, uns so wenig als möglich »aufzubauschen«. – Es ist wahr, dass es Menschen giebt, welche beim Herannahen des grossen Schmerzes gerade den entgegengesetzten Commandoruf hören, und welche nie stolzer, kriegerischer und glücklicher dreinschauen, als wenn der Sturm heraufzieht; ja, der Schmerz selber giebt ihnen ihre grössten Augenblicke! Das sind die heroischen Menschen, die grossen Schmerzbringer der Menschheit: jene Wenigen oder Seltenen, die eben die selbe Apologie nöthig haben, wie der Schmerz überhaupt, – und wahrlich! man soll sie ihnen nicht versagen! Es sind arterhaltende, artfördernde Kräfte ersten Ranges: und wäre es auch nur dadurch, dass sie der Behaglichkeit widerstreben und vor dieser Art Glück ihren Ekel nicht verbergen.

319.

Als Interpreten unserer Erlebnisse. – Eine Art von Redlichkeit ist allen Religionsstiftern und Ihresgleichen [551] fremd gewesen: – sie haben nie sich aus ihren Erlebnissen eine Gewissenssache der Erkenntnis gemacht. »Was habe ich eigentlich erlebt? Was gieng damals in mir und um mich vor? War meine Vernunft hell genug? War mein Wille gegen alle Betrügereien der Sinne gewendet und tapfer in seiner Abwehr des Phantastischen?« – so hat Keiner von ihnen gefragt, so fragen alle die lieben Religiösen auch jetzt noch nicht: sie haben vielmehr einen Durst nach Dingen, welche wider die Vernunft sind, und wollen es sich nicht zu schwer machen, ihn zu befriedigen, – so erleben sie denn »Wunder« und »Wiedergeburten« und hören die Stimmen der Englein! Aber wir, wir Anderen, Vernunft-Durstigen, wollen unseren Erlebnissen so streng in's Auge sehen, wie einem wissenschaftlichen Versuche, Stunde für Stunde, Tag um Tag! Wir selber wollen unsere Experimente und Versuchs-Thiere sein.

320.

Beim Wiedersehen. – A.: Verstehe ich dich noch ganz? Du suchst? Wo ist inmitten der jetzt wirklichen Welt dein Winkel und Stern? Wo kannst du dich in die Sonne legen, sodass auch dir ein Ueberschuss von Wohl kommt und dein Dasein sich rechtfertigt? Möge das Jeder für sich selber thun – scheinst du mir zu sagen – und das Reden in's Allgemeine, das Sorgen für den Anderen und die Gesellschaft sich aus dem Sinne schlagen! – B.: Ich will mehr, ich bin kein Suchender. Ich will für mich eine eigene Sonne schaffen.

321.

Neue Vorsicht. – Lasst uns nicht mehr so viel an Strafen, Tadeln und Bessern denken! Einen Einzelnen werden wir selten verändern; und wenn es uns gelingen sollte, so ist vielleicht unbesehens auch Etwas mitgelungen: wir sind durch ihn [552] verändert worden! Sehen wir vielmehr zu, dass unser eigener Einfluss auf alles Kommende seinen Einfluss aufwiegt und überwiegt! Ringen wir nicht im directen Kampfe! – und das ist auch alles Tadeln, Strafen und Bessernwollen. Sondern erheben wir uns selber um so höher! Geben wir unserm Vorbilde immer leuchtendere Farben! Verdunkeln wir den Andern durch unser Licht! Nein! Wir wollen nicht um seinetwillen selber dunkler werden, gleich allen Strafenden und Unzufriedenen! Gehen wir lieber bei Seite! Sehen wir weg!

322.

Gleichniss. – Jene Denker, in denen alle Sterne sich in kyklischen Bahnen bewegen, sind nicht die tiefsten; wer in sich wie in einen ungeheuren Weltraum hineinsieht und Milchstrassen in sich trägt, der weiss auch, wie unregelmässig alle Milchstrassen sind; sie führen bis in's Chaos und Labyrinth des Daseins hinein.

323.

Glück im Schicksal. – Die grösste Auszeichnung erweist uns das Schicksal, wenn es uns eine Zeit lang auf der Seite unserer Gegner hat kämpfen lassen. Damit sind wir vorherbestimmt zu einem grossen Siege.

324.

In media vita. – Nein! Das Leben hat mich nicht enttäuscht! Von Jahr zu Jahr finde ich es vielmehr wahrer, begehrenswerther und geheimnissvoller, – von jenem Tage an, wo der grosse Befreier über mich kam, jener Gedanke, dass das Leben ein Experiment des Erkennenden sein dürfe – und nicht eine Pflicht, nicht ein Verhängniss, nicht eine Betrügerei! – Und die Erkenntniss selber: mag sie für Andere etwas Anderes sein, [553] zum Beispiel ein Ruhebett oder der Weg zu einem Ruhebett, oder eine Unterhaltung, oder ein Müssiggang, – für mich ist sie eine Welt der Gefahren und Siege, in der auch die heroischen Gefühle ihre Tanz- und Tummelplätze haben. »Das Leben ein Mittel der Erkenntniss« – mit diesem Grundsatze im Herzen kann man nicht nur tapfer, sondern sogar fröhlich leben und fröhlich lachen! Und wer verstünde überhaupt gut zu lachen und zu leben, der sich nicht vorerst auf Krieg und Sieg gut verstünde?

325.

Was zur Grösse gehört. – Wer wird etwas Grosses erreichen, wenn er nicht die Kraft und den Willen in sich fühlt, grosse Schmerzen zuzufügen? Das Leidenkönnen ist das Wenigste: darin bringen es schwache Frauen und selbst Sclaven oft zur Meisterschaft. Aber nicht an innerer Noth und Unsicherheit zu Grunde gehn, wenn man grosses Leid zufügt und den Schrei dieses Leides hört – das ist gross, das gehört zur Grösse.

326.

Die Seelen-Aerzte und der Schmerz. – Alle Moralprediger, wie auch alle Theologen, haben eine gemeinsame Unart: alle suchen den Menschen aufzureden, sie befänden sich sehr schlecht und es thue eine harte letzte radicale Cur noth. Und weil die Menschen insgesammt jenen Lehren ihr Ohr zu eifrig und ganze Jahrhunderte lang hingehalten haben, ist zuletzt wirklich Etwas von jenem Aberglauben, dass es ihnen sehr schlecht gehe, auf sie übergegangen: sodass sie jetzt gar zu gerne einmal bereit sind, zu seufzen und Nichts mehr am Leben zu finden und miteinander betrübte Mienen zu machen, wie als ob es doch gar schwer auszuhalten sei. In Wahrheit sind sie unbändig ihres Lebens sicher und in dasselbe verliebt und vol-[554]ler unsäglicher Listen und Feinheiten, um das Unangenehme zu brechen und dem Schmerze und Unglücke seinen Dorn auszuziehen. Es will mir scheinen, dass vom Schmerze und Unglücke immer übertrieben geredet werde, wie als ob es eine Sache der guten Lebensart sei, hier zu übertreiben: man schweigt dagegen geflissentlich davon, dass es gegen den Schmerz eine Unzahl Linderungsmittel giebt, wie Betäubungen, oder die fieberhafte Hast der Gedanken, oder eine ruhige Lage, oder gute und schlimme Erinnerungen, Absichten, Hoffnungen, und viele Arten von Stolz und Mitgefühl, die beinahe die Wirkung von Anästheticis haben: während bei den höchsten Graden des Schmerzes schon von selber Ohnmachten eintreten. Wir verstehen uns ganz gut darauf, Süssigkeiten auf unsere Bitternisse zu träufeln, namentlich auf die Bitternisse der Seele; wir haben Hülfsmittel in unserer Tapferkeit und Erhabenheit, sowie in den edleren Delirien der Unterwerfung und der Resignation. Ein Verlust ist kaum eine Stunde ein Verlust: irgendwie ist uns damit auch ein Geschenk vom Himmel gefallen – eine neue Kraft zum Beispiel: und sei es auch nur eine neue Gelegenheit zur Kraft! Was haben die Moralprediger vom inneren »Elend« der bösen Menschen phantasirt! Was haben sie gar vom Unglücke der leidenschaftlichen Menschen uns vorgelogen! – ja, lügen ist hier das rechte Wort: sie haben um das überreiche Glück dieser Art von Menschen recht wohl gewusst, aber es todtgeschwiegen, weil es eine Widerlegung ihrer Theorie war, nach der alles Glück erst mit der Vernichtung der Leidenschaft und dem Schweigen des Willens entsteht! Und was zuletzt das Recept aller dieser Seelen-Aerzte betrifft und ihre Anpreisung einer harten radicalen Cur: so ist es erlaubt, zu fragen: ist dieses unser Leben wirklich schmerzhaft und lästig genug, um mit Vortheil eine stoische Lebensweise und Versteinerung dagegen einzutauschen? Wir befinden uns nicht schlecht genug, um uns auf stoische Art schlecht befinden zu müssen!

[555] 327.

Ernst nehmen. – Der Intellect ist bei den Allermeisten eine schwerfällige, finstere und knarrende Maschine, welche übel in Gang zu bringen ist: sie nennen es »die Sache ernst nehmen«, wenn sie mit dieser Maschine arbeiten und gut denken wollen – oh wie lästig muss ihnen das Gut-Denken sein! Die liebliche Bestie Mensch verliert jedesmal, wie es scheint, die gute Laune, wenn sie gut denkt; sie wird »ernst«! Und »wo Lachen und Fröhlichkeit ist, da taugt das Denken Nichts«: – so lautet das Vorurtheil dieser ernsten Bestie gegen alle »fröhliche Wissenschaft«. – Wohlan! Zeigen wir, dass es ein Vorurtheil ist!

328.

Der Dummheit Schaden thun. – Gewiss hat der so hartnäckig und überzeugt gepredigte Glaube von der Verwerflichkeit des Egoismus im Ganzen dem Egoismus Schaden gethan (zu Gunsten, wie ich hundertmal wiederholen werde, der Heerden-Instincte!), namentlich dadurch, dass er ihm das gute Gewissen nahm und in ihm die eigentliche Quelle alles Unglücks suchen hiess. »Deine Selbstsucht ist das Unheil deines Lebens« – so klang die Predigt Jahrtausende lang: es that, wie gesagt, der Selbstsucht Schaden und nahm ihr viel Geist, viel Heiterkeit, viel Erfindsamkeit, viel Schönheit, es verdummte und verhässlichte und vergiftete die Selbstsucht! – Das philosophische Alterthum lehrte dagegen eine andere Hauptquelle des Unheils: von Sokrates an wurden die Denker nicht müde, zu predigen: »eure Gedankenlosigkeit und Dummheit, euer Dahinleben nach der Regel, eure Unterordnung unter die Meinung des Nachbars ist der Grund, wesshalb ihr es so selten zum Glück bringt, – wir Denker sind als Denker die Glücklichsten.« Entscheiden wir hier nicht, ob diese Predigt gegen die Dummheit bessere Gründe für sich hatte, als jene Predigt gegen die Selbstsucht; gewiss aber ist das, dass sie der [556] Dummheit das gute Gewissen nahm: – diese Philosophen haben der Dummheit Schaden gethan.

329.

Musse und Müssiggang. – Es ist eine indianerhafte, dem Indianer-Bluthe eigenthümliche Wildheit in der Art, wie die Amerikaner nach Gold trachten: und ihre athemlose Hast der Arbeit – das eigentliche Laster der neuen Welt – beginnt bereits durch Ansteckung das alte Europa wild zu machen und eine ganz wunderliche Geistlosigkeit darüber zu breiten. Man schämt sich jetzt schon der Ruhe; das lange Nachsinnen macht beinahe Gewissensbisse. Man denkt mit der Uhr in der Hand, wie man zu Mittag isst, das Auge auf das Börsenblatt gerichtet – man lebt, wie Einer, der fortwährend Etwas »versäumen könnte«. »Lieber irgend Etwas thun, als Nichts« – auch dieser Grundsatz ist eine Schnur, um aller Bildung und allem höheren Geschmack den Garaus zu machen. Und so wie sichtlich alle Formen an dieser Hast der Arbeitenden zu Grunde gehen: so geht auch das Gefühl für die Form selber, das Ohr und Auge für die Melodie der Bewegungen zu Grunde. Der Beweis dafür liegt in der jetzt überall geforderten plumpen Deutlichkeit, in allen den Lagen, wo der Mensch einmal redlich mit Menschen sein will, im Verkehre mit Freunden, Frauen, Verwandten, Kindern, Lehrern, Schülern, Führern und Fürsten, – man hat keine Zeit und keine Kraft mehr für die Ceremonien, für die Verbindlichkeit mit Umwegen, für allen Esprit der Unterhaltung und überhaupt für alles Otium. Denn das Leben auf der Jagd nach Gewinn zwingt fortwährend dazu, seinen Geist bis zur Erschöpfung auszugeben, im beständigen Sich-Verstellen oder Ueberlisten oder Zuvorkommen: die eigentliche Tugend ist jetzt, Etwas in weniger Zeit zu thun, als ein Anderer. Und so giebt es nur selten Stunden der erlaubten Redlichkeit: in diesen aber ist man müde und möchte sich nicht nur »gehen [557] lassen«, sondern lang und breit und plump sich hinstrecken. Gemäss diesem Hange schreibt man jetzt seine Briefe; deren Stil und Geist immer das eigentliche »Zeichen der Zeit« sein werden. Giebt es noch ein Vergnügen an Gesellschaft und an Künsten, so ist es ein Vergnügen, wie es müde-gearbeitete Sclaven sich zurecht machen. Oh über diese Genügsamkeit der »Freude« bei unsern Gebildeten und Ungebildeten! Oh über diese zunehmende Verdächtigung aller Freude! Die Arbeit bekommt immer mehr alles gute Gewissen auf ihre Seite: der Hang zur Freude nennt sich bereits »Bedürfniss der Erholung« und fängt an, sich vor sich selber zu schämen. »Man ist es seiner Gesundheit schuldig« – so redet man, wenn man auf einer Landpartie ertappt wird. Ja, es könnte bald so weit kommen, dass man einem Hange zur vita contemplativa (das heisst zum Spazierengehen mit Gedanken und Freunden) nicht ohne Selbstverachtung und schlechtes Gewissen nachgäbe. – Nun! Ehedem war es umgekehrt: die Arbeit hatte das schlechte Gewissen auf sich. Ein Mensch von guter Abkunft verbarg seine Arbeit, wenn die Noth ihn zum Arbeiten zwang. Der Sclave arbeitete unter dem Druck des Gefühls, dass er etwas Verächtliches thue: – das »Thun« selber war etwas Verächtliches. »Die Vornehmheit und die Ehre sind allein bei otium und bellum«: so klang die Stimme des antiken Vorurtheils!

330.

Beifall. – Der Denker bedarf des Beifalls und des Händeklatschens nicht, vorausgesetzt, dass er seines eigenen Händeklatschens sicher ist: diess aber kann er nicht entbehren. Giebt es Menschen, welche auch dessen und überhaupt jeder Gattung von Beifall entrathen könnten? Ich zweifle: und selbst in Betreff der Weisesten sagt Tacitus, der kein Verleumder der Weisen ist, quando etiam sapientibus gloriae cupido novissima exuitur – das heisst bei ihm: niemals.

[558] 331.

Lieber taub, als betäubt. – Ehemals wollte man sich einen Ruf machen: das genügt jetzt nicht mehr, da der Markt zu gross geworden ist, – es muss ein Geschrei sein. Die Folge ist, dass auch gute Kehlen sich überschreien, und die besten Waaren von heiseren Stimmen ausgeboten werden; ohne Marktschreierei und Heiserkeit giebt es jetzt kein Genie mehr. – Das ist nun freilich ein böses Zeitalter für den Denker: er muss lernen, zwischen zwei Lärmen noch seine Stille zu finden, und sich so lange taub stellen, bis er es ist. So lange er diess noch nicht gelernt hat, ist er freilich in Gefahr, vor Ungeduld und Kopfschmerzen zu Grunde zu gehen.

332.

Die böse Stunde. – Es hat wohl für jeden Philosophen eine böse Stunde gegeben, wo er dachte: was liegt an mir, wenn man mir nicht auch meine schlechten Argumente glaubt! – Und dann flog irgend ein schadenfrohes Vögelchen an ihm vorüber und zwitscherte: »Was liegt an dir? Was liegt an dir?«

333.

Was heisst erkennen. – Non ridere, non lugere, neque detestari, sed intelligere! sagt Spinoza, so schlicht und erhaben, wie es seine Art ist. Indessen: was ist diess intelligere im letzten Grunde Anderes, als die Form, in der uns eben jene Drei auf Einmal fühlbar werden? Ein Resultat aus den verschiedenen und sich widerstrebenden Trieben des Verlachen-, Beklagen-, Verwünschen-wollens? Bevor ein Erkennen möglich ist, muss jeder dieser Triebe erst seine einseitige Ansicht über das Ding oder Vorkommniss vorgebracht haben; hinterher entstand der Kampf dieser Einseitigkeiten und aus ihm bisweilen eine Mitte, eine Beruhigung, ein Rechtgeben nach allen drei Seiten, eine [559] Art Gerechtigkeit und Vertrag: denn, vermöge der Gerechtigkeit und des Vertrags können alle diese Triebe sich im Dasein behaupten und mit einander Recht behalten. Wir, denen nur die letzten Versöhnungsscenen und Schluss-Abrechnungen dieses langen Processes zum Bewusstsein kommen, meinen demnach, intelligere sei etwas Versöhnliches, Gerechtes, Gutes, etwas wesentlich den Trieben Entgegengesetztes; während es nur ein gewisses Verhalten der Triebe zu einander ist. Die längsten Zeiten hindurch hat man bewusstes Denken als das Denken überhaupt betrachtet: jetzt erst dämmert uns die Wahrheit auf, dass der allergrösste Theil unseres geistigen Wirkens uns unbewusst, ungefühlt verläuft; ich meine aber, diese Triebe, die hier mit einander kämpfen, werden recht wohl verstehen, sich einander dabei fühlbar zu machen und wehe zu thun –: jene gewaltige plötzliche Erschöpfung, von der alle Denker heimgesucht werden, mag da ihren Ursprung haben (es ist die Erschöpfung auf dem Schlachtfelde). Ja, vielleicht giebt es in unserm kämpfenden Innern manches verborgene Heroenthum, aber gewiss nichts Göttliches,

Ewig-in-sich-Ruhendes, wie Spinoza meinte. Das bewusste Denken, und namentlich das des Philosophen, ist die unkräftigste und desshalb auch die verhältnissmässig mildeste und ruhigste Art des Denkens: und so kann gerade der Philosoph am leichtesten über die Natur des Erkennens irre geführt werden.

334.

Man muss lieben lernen. – So geht es uns in der Musik: erst muss man eine Figur und Weise überhaupt hören lernen, heraushören, unterscheiden, als ein Leben für sich isoliren und abgrenzen; dann braucht es Mühe und guten Willen, sie zu ertragen, trotz ihrer Fremdheit, Geduld gegen ihren Blick und Ausdruck, Mildherzigkeit gegen das Wunderliche an ihr zu üben: – endlich kommt ein Augenblick, wo wir ihrer [560] gewohnt sind, wo wir sie erwarten, wo wir ahnen, dass sie uns fehlen würde, wenn sie fehlte; und nun wirkt sie ihren Zwang und Zauber fort und fort und endet nicht eher, als bis wir ihre demüthigen und entzückten Liebhaber geworden sind, die nichts Besseres von der Welt mehr wollen, als sie und wieder sie. – So geht es uns aber nicht nur mit der Musik: gerade so haben wir alle Dinge, die wir jetzt lieben, lieben gelernt. Wir werden schließlich immer für unseren guten Willen, unsere Geduld, Billigkeit, Sanftmüthigkeit gegen das Fremde belohnt, indem das Fremde langsam seinen Schleier abwirft und sich als neue unsägliche Schönheit darstellt: – es ist sein Dank für unsere Gastfreundschaft. Auch wer sich selber liebt, wird es auf diesem Wege gelernt haben: es giebt keinen anderen Weg. Auch die Liebe muss man lernen.

335.

Hoch die Physik! – Wie viel Menschen verstehen denn zu beobachten! Und unter den wenigen, die es verstehen, – wie viele beobachten sich selber! »Jeder ist sich selber der

Fernste« – das wissen alle Nierenprüfer, zu ihrem Unbehagen; und der Spruch »erkenne dich selbst!« ist, im Munde eines Gottes und zu Menschen geredet, beinahe eine Bosheit. Dass es aber so verzweifelt mit der Selbstbeobachtung steht, dafür zeugt Nichts mehr, als die Art, wie über das Wesen einer moralischen Handlung fast von Jedermann gesprochen wird, diese schnelle, bereitwillige, überzeugte, redselige Art, mit ihrem Blick, ihrem Lächeln, ihrem gefälligen Eifer! Man scheint dir sagen zu wollen: »Aber, mein Lieber, das gerade ist meine Sache! Du wendest dich mit deiner Frage an Den, der antworten darf: ich bin zufällig in Nichts so weise, wie hierin. Also: wenn der Mensch urtheilt »so ist es recht«, wenn er darauf schliesst »darum muss es geschehen!« und nun thut, was er dergestalt als recht erkannt und als [561] nothwendig bezeichnet hat, – so ist das Wesen seiner Handlung moralisch!« Aber, mein Freund, du sprichst mir da von drei Handlungen statt von einer: auch dein Urtheilen zum Beispiel »so ist es recht« ist eine Handlung, – könnte nicht schon auf eine moralische und auf eine unmoralische Weise geurtheilt werden? Warum hältst du diess und gerade diess für recht? – »Weil mein Gewissen es mir sagt; das Gewissen redet nie unmoralisch, es bestimmt ja erst, was moralisch sein soll!« – Aber warum hörst du auf die Sprache deines Gewissens? Und inwiefern hast du ein Recht, ein solches Urtheil als wahr und untrüglich anzusehen? Für diesen Glauben – giebt es da kein Gewissen mehr? Weisst du Nichts von einem intellectuellen Gewissen? Einem Gewissen hinter deinem »Gewissen«? Dein Urtheil »so ist es recht« hat eine Vorgeschichte in deinen Trieben, Neigungen, Abneigungen, Erfahrungen und Nicht-Erfahrungen; »wie ist es da entstanden?« musst du fragen und hinterher noch: »was treibt mich eigentlich, ihm Gehör zu schenken?« Du kannst seinem Befehle Gehör schenken, wie ein braver Soldat, der den Befehl seines Offiziers vernimmt. Oder wie ein Weib, das Den liebt, der befiehlt. Oder wie ein Schmeichler und

Feigling, der sich vor dem Befehlenden fürchtet. Oder wie ein Dummkopf, welcher folgt, weil er Nichts dagegen zu sagen hat. Kurz, auf hundert Arten kannst du deinem Gewissen Gehör geben. *Dass* du aber diess und jenes Urtheil als Sprache des Gewissens hörst, also, *dass* du Etwas als recht empfindest, kann seine Ursache darin haben, dass du nie über dich nachgedacht hast und blindlings annahmst, was dir als *recht* von Kindheit an bezeichnet worden ist: oder darin, dass dir Brod und Ehren bisher mit dem zu Theil wurde, was du deine Pflicht nennst, – es gilt dir als »recht«, weil es dir *deine* »Existenz-Bedingung« scheint (dass du aber ein *Recht* auf Existenz habest, dünkt dich unwiderleglich!). Die *Festigkeit* deines moralischen Urtheils könnte immer noch ein Beweis gerade von persönlicher Erbärmlichkeit, von Unper-[562]sönlichkeit sein, deine »moralische Kraft« könnte ihre Quelle in deinem Eigensinn haben – oder in deiner Unfähigkeit, neue Ideale zu schauen! Und, kurz gesagt: wenn du feiner gedacht, besser beobachtet und mehr gelernt hättest, würdest du diese deine »Pflicht« und diess dein »Gewissen« unter allen Umständen nicht mehr Pflicht und Gewissen benennen: die Einsicht darüber, *wie überhaupt jemals moralische Urtheile entstanden sind*, würde dir diese pathetischen Worte verleiden, – so wie dir schon andere pathetische Worte, zum Beispiel »Sünde«, »Seelenheil«, »Erlösung« verleidet sind. – Und nun rede mir nicht vom kategorischen Imperativ, mein Freund! – diess Wort kitzelt mein Ohr, und ich muss lachen, trotz deiner so ernsthaften Gegenwart: ich gedenke dabei des alten Kant, der, zur Strafe dafür, dass er »das Ding an sich« – auch eine sehr lächerliche Sache! – sich *erschlichen* hatte, vom »kategorischen Imperativ« beschlichen wurde und mit ihm im Herzen sich wieder zu »Gott«, »Seele«, »Freiheit« und »Unsterblichkeit« *zurückverirrte*, einem Fuchse gleich, der sich in seinen Käfig zurückverirrt: – und *seine* Kraft und Klugheit war es gewesen, welche diesen Käfig *erbrochen* hatte! – Wie? Du bewunderst den kategorischen Imperativ in dir? Diese »Festigkeit« deines sogenannten moralischen Urtheils? Diese »Unbedingtheit« des Gefühls »so wie ich, müssen hierin Alle urtheilen«? Bewundere vielmehr deine Selbstsucht darin! Und die Blindheit, Kleinlichkeit und Anspruchslosigkeit deiner Selbstsucht! Selbstsucht nämlich ist es, sein Urtheil als Allgemeingesetz zu empfinden; und eine blinde, kleinliche und anspruchslose Selbstsucht hinwiederum, weil sie verräth, dass du dich selber noch nicht entdeckt, dir selber noch kein eigenes, eigenstes Ideal geschaffen hast: – diess nämlich könnte niemals das eines Anderen sein, geschweige denn Aller, Aller! –– Wer noch urtheilt »so müsste in diesem Falle Jeder handeln«, ist noch nicht fünf Schritt weit in der Selbsterkenntniss gegangen: sonst würde er wissen, dass es weder gleiche [563] Handlungen giebt, noch geben kann, – dass jede Handlung, die gethan worden ist, auf eine ganz einzige und unwiederbringliche Art gethan wurde, und dass es ebenso mit jeder zukünftigen Handlung stehen wird, – dass alle Vorschriften des Handelns sich nur auf die gröbliche Aussenseite beziehen (und selbst die innerlichsten und feinsten Vorschriften aller bisherigen Moralen), – dass mit ihnen wohl ein Schein der Gleichheit, aber eben nur ein Schein erreicht werden kann, – dass jede Handlung, beim Hinblick oder Rückblick auf sie, eine undurchdringliche Sache ist und bleibt, – dass unsere Meinungen von »gut«, »edel«, »gross« durch unsere Handlungen nie bewiesen werden können, weil jede Handlung unerkennbar ist, – dass sicherlich unsere Meinungen, Werthschätzungen und Gütertafeln zu den mächtigsten Hebeln im Räderwerk unserer Handlungen gehören, dass aber für jeden einzelnen Fall das Gesetz ihrer Mechanik unnachweisbar ist. Beschränken wir uns also auf die Reinigung unserer Meinungen und Werthschätzungen und auf die Schöpfung neuer eigener Gütertafeln: – über den »moralischen Werth unserer Handlungen« aber wollen wir nicht mehr grübeln! Ja, meine Freunde! In Hinsicht auf das ganze moralische Geschwätz der Einen über die Andern ist der Ekel an der Zeit. Moralisch zu Gericht sitzen soll uns wider den Geschmack gehen! Ueberlassen wir diess Geschwätz und diesen üblen Geschmack Denen, welche nicht mehr zu thun haben, als die Vergangenheit um ein kleines Stück weiter durch die Zeit zu schleppen und welche selber niemals Gegenwart sind, – den Vielen also, den Allermeisten! Wir aber wollen Die werden, die wir sind, – die Neuen, die Einmaligen, die Unvergleichbaren, die Sich-selber-Gesetzgebenden, die Sich-selber-Schaffenden! Und dazu müssen wir die besten Lerner und Entdecker alles Gesetzlichen und Nothwendigen in der Welt werden: wir müssen Physiker sein, um, in jenem Sinne, Schöpfer sein zu können, – während bisher alle Werth-[564]schätzungen und Ideale auf Unkenntniss der Physik oder im Widerspruch mit ihr aufgebaut waren. Und darum: Hoch die Physik! Und höher noch das, was uns zu ihr zwingt, – unsre Redlichkeit!

336.

Geiz der Natur. – Warum ist die Natur so kärglich gegen den Menschen gewesen, dass sie ihn nicht leuchten liess, Diesen mehr, Jenen weniger, je nach seiner innern Lichtfülle? Warum haben grosse Menschen nicht eine so schöne Sichtbarkeit in ihrem Aufgange und Niedergange, wie die Sonne? Wie viel unzweideutiger wäre alles Leben unter Menschen!

337.

Die zukünftige »Menschlichkeit«. – Wenn ich mit den Augen eines fernen Zeitalters nach diesem hinsehe, so weiss ich an dem gegenwärtigen Menschen nichts Merkwürdigeres zu finden, als seine eigenthümliche Tugend und Krankheit, genannt »der historische Sinn«. Es ist ein Ansatz zu etwas ganz Neuem und Fremdem in der Geschichte:

gebe man diesem Keime einige Jahrhunderte und mehr, so könnte daraus am Ende ein wundervolles Gewächs mit einem eben so wundervollen Geruche werden, um dessentwillen unsere alte Erde angenehmer zu bewohnen wäre, als bisher. Wir Gegenwärtigen fangen eben an, die Kette eines zukünftigen sehr mächtigen Gefühls zu bilden, Glied um Glied, – wir wissen kaum, was wir thun. Fast scheint es uns, als ob es sich nicht um ein neues Gefühl, sondern um die Abnahme aller alten Gefühle handele: – der historische Sinn ist noch etwas so Armes und Kaltes, und Viele werden von ihm wie von einem Froste befallen und durch ihn noch ärmer und kälter gemacht. Anderen erscheint er als das Anzeichen des heranschleichenden Alters, und unser Planet [565] gilt ihnen als ein schwermüthiger Kranker, der, um seine Gegenwart zu vergessen, sich seine Jugendgeschichte aufschreibt. In der That: diess ist Eine Farbe dieses neuen Gefühls: wer die Geschichte der Menschen insgesammt als eigene Geschichte zu fühlen weiss, der empfindet in einer ungeheuren Verallgemeinerung allen jenen Gram des Kranken, der an die Gesundheit, des Greises, der an den Jugendtraum denkt, des Liebenden, der der Geliebten beraubt wird, des Märtyrers, dem sein Ideal zu Grunde geht, des Helden am Abend der Schlacht, welche Nichts entschieden hat und doch ihm Wunden und den Verlust des Freundes brachte –; aber diese ungeheure Summe von Gram aller Art tragen, tragen können und nun doch noch der Held sein, der beim Anbruch eines zweiten Schlachttages die Morgenröthe und sein Glück begrüsst, als der Mensch eines Horizontes von Jahrtausenden vor sich und hinter sich, als der Erbe aller Vornehmheit alles vergangenen Geistes und der verpflichtete Erbe, als der Adeligste aller alten Edlen und zugleich der Erstling eines neuen Adels, dessen Gleichen noch keine Zeit sah und träumte: diess Alles auf seine Seele nehmen, Aeltestes, Neuestes, Verluste, Hoffnungen, Eroberungen, Siege der Menschheit: diess Alles endlich in Einer Seele haben und in Ein Gefühl zusammendrängen: – diess müsste doch ein Glück ergeben, das bisher der Mensch noch nicht kannte, – eines Gottes Glück voller Macht und Liebe, voller Thränen und voll Lachens, ein Glück, welches, wie die Sonne am Abend, fortwährend aus seinem unerschöpflichen Reichthume wegschenkt und in's Meer schüttet und, wie sie, sich erst dann am reichsten fühlt, wenn auch der ärmste Fischer noch mit goldenem Ruder rudert! Dieses göttliche Gefühl hiesse dann – Menschlichkeit!

338.

Der Wille zum Leiden und die Mitleidigen. – Ist es euch selber zuträglich, vor Allem mitleidige Menschen [566] zu sein? Und ist es den Leidenden zuträglich, wenn ihr es seid? Doch lassen wir die erste Frage für einen Augenblick ohne Antwort. – Das, woran wir am tiefsten und persönlichsten leiden, ist fast allen Anderen unverständlich und unzugänglich: darin sind wir dem Nächsten verborgen, und wenn er mit uns aus Einem Topfe isst. Ueberall aber, wo wir als Leidende bemerkt werden, wird unser Leiden flach ausgelegt; es gehört zum Wesen der mitleidigen Affection, dass sie das fremde Leid des eigentlich Persönlichen entkleidet: – unsre »Wohlthäter« sind mehr als unsre Feinde die Verkleinerer unsres Werthes und Willens. Bei den meisten Wohlthaten, die Unglücklichen erwiesen werden, liegt etwas Empörendes in der intellectuellen Leichtfertigkeit, mit der da der Mitleidige das Schicksal spielt: er weiss Nichts von der ganzen inneren Folge und Verflechtung, welche Unglück für mich oder für dich heisst! Die gesammte Oekonomie meiner Seele und deren Ausgleichung durch das »Unglück«, das Aufbrechen neuer Quellen und Bedürfnisse, das Zuwachsen alter Wunden, das Abstossen ganzer Vergangenheiten – das Alles, was mit dem Unglück verbunden sein kann, kümmert den lieben Mitleidigen nicht: er will helfen und denkt nicht daran, dass es eine persönliche Nothwendigkeit des Unglücks giebt, dass mir und dir Schrecken, Entbehrungen, Verarmungen, Mitternächte, Abenteuer, Wagnisse, Fehlgriffe so nöthig sind, wie ihr Gegentheil, ja dass, um mich mystisch auszudrükken, der Pfad zum eigenen Himmel immer durch die Wollust der eigenen Hölle geht. Nein, davon weiss er Nichts: die »Religion des Mitleidens« (oder »das Herz«) gebietet, zu helfen, und man glaubt am besten geholfen zu haben, wenn man am schnellsten geholfen hat! Wenn ihr Anhänger dieser Religion die selbe Gesinnung, die ihr gegen die Mitmenschen habt, auch wirklich gegen euch selber habt, wenn ihr euer eigenes Leiden nicht eine Stunde auf euch liegen lassen wollt und immerfort allem möglichen Unglücke von ferne her schon vorbeugt, wenn ihr Leid [567] und Unlust überhaupt als böse, hassenswerth, vernichtungswürdig, als Makel am Dasein empfindet: nun, dann habt ihr, ausser eurer Religion des Mitleidens, auch noch eine andere Religion im Herzen, und diese ist vielleicht die Mutter von jener: – die Religion der Behaglichkeit. Ach, wie wenig wisst ihr vom Glücke des Menschen, ihr Behaglichen und Gutmüthigen! – denn das Glück und das Unglück sind zwei Geschwister und Zwillinge, die mit einander gross wachsen oder, wie bei euch, mit einander – klein bleiben! Aber nun zur ersten Frage zurück. – Wie ist es nur möglich, auf seinem Wege zu bleiben! Fortwährend ruft uns irgend ein Geschrei seitwärts; unser Auge sieht da selten Etwas, wobei es nicht nöthig wird, augenblicklich unsre eigne Sache zu lassen und zuzuspringen. Ich weiss es: es giebt hundert anständige und rühmliche Arten, um mich von meinem Wege zu verlieren, und wahrlich höchst »moralische« Arten! Ja, die Ansicht der jetzigen Mitleid-Moralprediger geht sogar dahin, dass eben Diess und nur Diess allein moralisch sei: – sich dergestalt von seinem Wege zu verlieren und dem Nächsten beizuspringen. Ich weiss es ebenso gewiss: ich brauche mich nur dem Anblicke einer wirklichen Noth auszuliefern, so bin ich auch verloren! Und wenn ein leidender Freund zu mir sagte: »Siehe, ich werde bald sterben;

versprich mir doch, mit mir zu sterben« – ich verspräche es, ebenso wie mich der Anblick jenes für seine Freiheit kämpfenden Bergvölkchens dazu bringen würde, ihm meine Hand und mein Leben anzubieten: – um einmal aus guten Gründen schlechte Beispiele zu wählen. Ja, es giebt eine heimliche Verführung sogar in alle diesem Mitleid-Erwekkenden und Hülfe-Rufenden: eben unser »eigener Weg« ist eine zu harte und anspruchsvolle Sache und zu ferne von der Liebe und Dankbarkeit der Anderen, – wir entlaufen ihm gar nicht ungerne, ihm und unserm eigensten Gewissen, und flüchten uns unter das Gewissen der Anderen und hinein in den lieblichen Tempel der »Religion des Mitleidens«. Sobald jetzt irgend ein Krieg aus-[568]bricht, so bricht damit immer auch gerade in den Edelsten eines Volkes eine freilich geheim gehaltene Lust aus: sie werfen sich mit Entzücken der neuen Gefahr des Todes entgegen, weil sie in der Aufopferung für das Vaterland endlich jene lange gesuchte Erlaubniss zu haben glauben – die Erlaubniss, ihrem Ziele auszuweichen: – der Krieg ist für sie ein Umweg zum Selbstmord, aber ein Umweg mit gutem Gewissen. Und, um hier Einiges zu verschweigen: so will ich doch meine Moral nicht verschweigen, welche zu mir sagt: Lebe im Verborgenen, damit du dir leben kannst! Lebe unwissend über Das, was deinem Zeitalter das Wichtigste dünkt! Lege zwischen dich und heute wenigstens die Haut von drei Jahrhunderten! Und das Geschrei von heute, der Lärm der Kriege und Revolutionen, soll dir ein Gemurmel sein! Du wirst auch helfen wollen: aber nur Denen, deren Noth du ganz verstehst, weil sie mit dir Ein Leid und Eine Hoffnung haben – deinen Freunden: und nur auf die Weise, wie du dir selber hilfst: – ich will sie muthiger, aushaltender, einfacher, fröhlicher machen! Ich will sie Das lehren, was jetzt so Wenige verstehen und jene Prediger des Mitleidens am wenigsten: – die Mitfreude!

339.

Vita femina. – Die letzten Schönheiten eines Werkes zu sehen – dazu reicht alles Wissen und aller guter Wille nicht aus; es bedarf der seltensten glücklichen Zufälle, damit einmal der Wolkenschleier von diesen Gipfeln für uns weiche und die Sonne auf ihnen glühe. Nicht nur müssen wir gerade an der rechten Stelle stehen, diess zu sehen: es muss gerade unsere Seele selber den Schleier von ihren Höhen weggezogen haben und eines äusseren Ausdruckes und Gleichnisses bedürftig sein, wie um einen Halt zu haben und ihrer selber mächtig zu bleiben. Diess Alles aber kommt so selten gleichzeitig zusammen, dass ich glauben möchte, die höchsten Höhen alles Guten, sei es [569] Werk, That, Mensch, Natur, seien bisher für die Meisten und selbst für die Besten etwas Verborgenes und Verhülltes gewesen: – was sich aber uns enthüllt, das enthüllt sich uns Ein Mal! – Die Griechen beteten wohl: »Zwei und drei Mal alles Schöne!« Ach, sie hatten da einen guten Grund, Götter anzurufen, denn die ungöttliche Wirklichkeit giebt uns das Schöne gar nicht oder Ein Mal! Ich will sagen, dass die Welt übervoll von schönen Dingen ist, aber trotzdem arm, sehr arm an schönen Augenblicken und Enthüllungen dieser Dinge. Aber vielleicht ist diess der stärkste Zauber des Lebens: es liegt ein golddurchwirkter Schleier von schönen Möglichkeiten über ihm, verheissend, widerstrebend, schamhaft, spöttisch, mitleidig, verführerisch. Ja, das Leben ist ein Weib!

340.

Der sterbende Sokrates. – Ich bewundere die Tapferkeit und Weisheit des Sokrates in Allem, was er that, sagte – und nicht sagte. Dieser spöttische und verliebte Unhold und Rattenfänger Athens, der die übermüthigsten Jünglinge zittern und schluchzen machte, war nicht nur der weiseste Schwätzer, den es gegeben hat: er war ebenso gross im

Schweigen. Ich wollte, er wäre auch im letzten Augenblicke des Lebens schweigsam gewesen, – vielleicht gehörte er dann in eine noch höhere Ordnung der Geister. War es nun der Tod oder das Gift oder die Frömmigkeit oder die Bosheit – irgend Etwas löste ihm in jenem Augenblick die Zunge und er sagte: »Oh Kriton, ich bin dem Asklepios einen Hahn schuldig«. Dieses lächerliche und furchtbare »letzte Wort« heisst für Den, der Ohren hat: »Oh Kriton, das Leben ist eine Krankheit!« Ist es möglich! Ein Mann, wie er, der heiter und vor Aller Augen wie ein Soldat gelebt hat, – war Pessimist! Er hatte eben nur eine gute Miene zum Leben gemacht und zeitlebens sein letztes Urtheil, sein innerstes Gefühl versteckt! [570] Sokrates, Sokrates hat am Leben gelitten! Und er hat noch seine Rache dafür genommen – mit jenem verhüllten, schauerlichen, frommen und blasphemischen Worte! Musste ein Sokrates sich auch noch rächen? War ein Gran Grossmuth zu wenig in seiner überreichen Tugend? – Ach Freunde! Wir müssen auch die Griechen überwinden!

341.

Das grösste Schwergewicht. – Wie, wenn dir eines Tages oder Nachts, ein Dämon in deine einsamste Einsamkeit nachschliche und dir sagte: »Dieses Leben, wie du es jetzt lebst und gelebt hast, wirst du noch einmal und noch unzählige Male leben müssen; und es wird nichts Neues daran sein, sondern jeder Schmerz und jede Lust und jeder Gedanke und Seufzer und alles unsäglich Kleine und Grosse deines Lebens muss dir wiederkommen, und Alles in der selben Reihe und Folge – und ebenso diese Spinne und dieses Mondlicht zwischen den Bäumen, und ebenso dieser Augenblick und ich selber. Die ewige Sanduhr des Daseins wird immer wieder umgedreht – und du mit ihr, Stäubchen vom Staube!« – Würdest du dich nicht niederwerfen und mit den Zähnen knirschen und den Dämon verfluchen, der so redete? Oder hast du einmal einen ungeheuren Augenblick erlebt, wo du ihm antworten würdest: »du bist ein Gott und nie hörte ich Göttlicheres!« Wenn jener Gedanke über dich Gewalt bekäme, er würde dich, wie du bist, verwandeln und vielleicht zermalmen; die Frage bei Allem und Jedem »willst du diess noch einmal und noch unzählige Male?« würde als das grösste Schwergewicht auf deinem Handeln liegen! Oder wie müsstest du dir selber und dem Leben gut werden, um nach Nichts mehr zu verlangen, als nach dieser letzten ewigen Bestätigung und Besiegelung? –

[571] 342.

Incipit tragoedia. – Als Zarathustra dreissig Jahr alt war, verliess er seine Heimath und den See Urmi und gieng in das Gebirge. Hier genoss er seines Geistes und seiner Einsamkeit und wurde dessen zehn Jahre nicht müde. Endlich aber verwandelte sich sein Herz, – und eines Morgens stand er mit der Morgenröthe auf, trat vor die Sonne hin und sprach zu ihr also: »Du grosses Gestirn! Was wäre dein Glück, wenn du nicht Die hättest, welchen du leuchtest! Zehn Jahre kamst du hier herauf zu meiner Höhle: du würdest deines Lichtes und dieses Weges satt geworden sein, ohne mich, meinen Adler und meine Schlange; aber wir warteten deiner an jedem Morgen, nahmen dir deinen Ueberfluss ab und segneten dich dafür. Siehe! Ich bin meiner Weisheit überdrüssig, wie die Biene, die des Honigs zu viel gesammelt hat, ich bedarf der Hände, die sich ausstrecken, ich möchte verschenken und austheilen, bis die Weisen unter den Menschen wieder einmal ihrer Thorheit und die Armen wieder einmal ihres Reichthums froh geworden sind. Dazu muss ich in die Tiefe steigen: wie du des Abends thust, wenn du hinter das Meer gehst und noch der Unterwelt Licht bringst, du überreiches Gestirn! – ich muss, gleich dir, untergehen, wie die Menschen es nennen, zu denen ich hinab will. So segne mich denn, du ruhiges Auge, das ohne Neid auch ein allzugrosses Glück sehen kann! Segne den Becher, welcher überfliessen will, dass das Wasser golden aus ihm fliesse und überallhin den Abglanz deiner Wonne trage! Siehe! Dieser Becher will wieder leer werden, und Zarathustra will wieder Mensch werden.« – Also begann Zarathustra's Untergang.

[573]

Fünftes Buch.

Wir Furchtlosen.

Carcasse, tu trembles? Tu tremblerais bien davantage, si tu savais, où je te mène.

Turenne.

343.

Was es mit unserer Heiterkeit auf sich hat. – Das grösste neuere Ereigniss, – dass »Gott todt ist«, dass der Glaube an den christlichen Gott unglaubwürdig geworden ist – beginnt bereits seine ersten Schatten über Europa zu werfen. Für die Wenigen wenigstens, deren Augen, deren Argwohn in den Augen stark und fein genug für dies Schauspiel ist, scheint eben irgend eine Sonne untergegangen, irgend ein altes tiefes Vertrauen in Zweifel umgedreht: ihnen muss unsre alte Welt täglich abendlicher, misstrauischer, fremder, »älter« scheinen. In der Hauptsache aber darf man sagen: das Ereigniss selbst ist viel zu gross, zu fern, zu abseits vom Fassungsvermögen Vieler, als dass auch nur seine Kunde schon angelangt heissen dürfte; geschweige denn, dass Viele bereits wüssten, was eigentlich sich damit begeben hat – und was Alles, nachdem dieser Glaube untergraben ist, nunmehr einfallen muss, weil es auf ihm gebaut, an ihn gelehnt, in ihn hineingewachsen war: zum Beispiel unsre ganze europäische Moral. Diese lange Fülle und Folge von Abbruch, Zerstörung, Untergang, Umsturz, die nun bevorsteht: wer erriethe heute schon genug davon, um den Lehrer und Vorausverkünder dieser ungeheuren Logik von Schrecken abgeben zu müssen, den

Propheten einer Verdüsterung und Sonnenfinsterniss, deren Gleichen es wahrscheinlich noch nicht auf Erden gegeben hat? [574] ... Selbst wir geborenen Räthselrather, die wir gleichsam auf den Bergen warten, zwischen Heute und Morgen hingestellt und in den Widerspruch zwischen Heute und Morgen hineingespannt, wir Erstlinge und Frühgeburten des kommenden Jahrhunderts, denen eigentlich die Schatten, welche Europa alsbald einwickeln müssen, jetzt schon zu Gesicht gekommen sein sollten: woran liegt es doch, dass selbst wir ohne rechte Theilnahme für diese Verdüsterung, vor Allem ohne Sorge und Furcht für uns ihrem Heraufkommen entgegensehn? Stehen wir vielleicht zu sehr noch unter den nächsten Folgen dieses Ereignisses – und diese nächsten Folgen, seine Folgen für uns sind, umgekehrt als man vielleicht erwarten könnte, durchaus nicht traurig und verdüsternd, vielmehr wie eine neue schwer zu beschreibende Art von Licht, Glück, Erleichterung, Erheiterung, Ermuthigung, Morgenröthe ... In der That, wir Philosophen und »freien Geister« fühlen uns bei der Nachricht, dass der »alte Gott todt« ist, wie von einer neuen Morgenröthe angestrahlt; unser Herz strömt dabei über von Dankbarkeit, Erstaunen, Ahnung, Erwartung, – endlich erscheint uns der Horizont wieder frei, gesetzt selbst, dass er nicht hell ist, endlich dürfen unsre Schiffe wieder auslaufen, auf jede Gefahr hin auslaufen, jedes Wagniss des Erkennenden ist wieder erlaubt, das Meer, unser Meer liegt wieder offen da, vielleicht gab es noch niemals ein so »offnes Meer«. –

344.

Inwiefern auch wir noch fromm sind. – In der Wissenschaft haben die Ueberzeugungen kein Bürgerrecht, so sagt man mit gutem Grunde: erst wenn sie sich entschliessen, zur Bescheidenheit einer Hypothese, eines vorläufigen Versuchs-Standpunktes, einer regulativen Fiktion herabzusteigen, darf ihnen der Zutritt und sogar ein gewisser Werth innerhalb des Reichs der Erkenntniss zugestanden werden, – immerhin [575] mit der Beschränkung, unter polizeiliche Aufsicht gestellt zu bleiben, unter die Polizei des Misstrauens. – Heisst das aber nicht, genauer besehen: erst, wenn die Ueberzeugung aufhört, Ueberzeugung zu sein, darf sie Eintritt in die Wissenschaft erlangen? Fienge nicht die Zucht des wissenschaftlichen Geistes damit an, sich keine Ueberzeugungen mehr zu gestatten? ... So steht es wahrscheinlich: nur bleibt übrig zu fragen, ob nicht, damit diese Zucht anfangen könne, schon eine Ueberzeugung da sein müsse, und zwar eine so gebieterische und bedingungslose, dass sie alle andren Ueberzeugungen sich zum Opfer bringt. Man sieht, auch die Wissenschaft ruht auf einem Glauben, es giebt gar keine »voraussetzungslose« Wissenschaft. Die Frage, ob Wahrheit noth thue, muss nicht nur schon vorher bejaht, sondern in dem Grade bejaht sein, dass der Satz, der Glaube, die Ueberzeugung darin zum Ausdruck kommt »es thut nichts mehr noth als Wahrheit, und im Verhältniss zu ihr hat alles Uebrige nur einen Werth zweiten Rangs«. – Dieser unbedingte Wille zur Wahrheit: was ist er? Ist es der Wille, sich nicht täuschen zu lassen? Ist es der Wille, nicht zu täuschen? Nämlich auch auf diese letzte Weise könnte der Wille zur Wahrheit interpretirt werden: vorausgesetzt, dass man unter der Verallgemeinerung »ich will nicht täuschen« auch den einzelnen Fall »ich will mich nicht täuschen« einbegreift. Aber warum nicht täuschen? Aber warum nicht sich täuschen lassen? – Man bemerke, dass die Gründe für das Erstere auf einem ganz andern Bereiche liegen als die für das Zweite: man will sich nicht täuschen lassen, unter der Annahme, dass es schädlich, gefährlich, verhängnissvoll ist, getäuscht zu werden, – in diesem Sinne wäre Wissenschaft eine lange Klugheit, eine Vorsicht, eine Nützlichkeit, gegen die man aber billigerweise einwenden dürfte: wie? ist wirklich das Sich-nicht-täuschen-lassen-wollen weniger schädlich, weniger gefährlich, weniger verhängnissvoll: Was wisst ihr von vornherein vom Charakter des Daseins, um entscheiden zu können, ob der [576] grössere Vortheil auf Seiten des Unbedingt-Misstrauischen oder des Unbedingt-Zutraulichen ist? Falls aber Beides nöthig sein sollte, viel Zutrauen und viel Misstrauen: woher dürfte dann die Wissenschaft ihren unbedingten Glauben, ihre Ueberzeugung nehmen, auf dem sie ruht, dass Wahrheit wichtiger sei als irgend ein andres Ding, auch als jede andre Ueberzeugung? Eben diese Ueberzeugung könnte nicht entstanden sein, wenn Wahrheit und Unwahrheit sich beide fortwährend als nützlich bezeigten: wie es der Fall ist. Also – kann der Glaube an die Wissenschaft, der nun einmal unbestreitbar da ist, nicht aus einem solchen Nützlichkeits-Calcul seinen Ursprung genommen haben, sondern vielmehr trotzdem, dass ihm die Unnützlichkeit und Gefährlichkeit des »Willens zur Wahrheit«, der »Wahrheit um jeden Preis« fortwährend bewiesen wird. »Um jeden Preis«: oh wir verstehen das gut genug, wenn wir erst einen Glauben nach dem andern auf diesem Altare dargebracht und abgeschlachtet haben! – Folglich bedeutet »Wille zur Wahrheit« nicht »ich will mich nicht täuschen lassen«, sondern – es bleibt keine Wahl – »ich will nicht täuschen, auch mich selbst nicht«: – und hiermit sind wir auf dem Boden der Moral. Denn man frage sich nur gründlich: »warum willst du nicht täuschen?« namentlich wenn es den Anschein haben sollte, – und es hat den Anschein! – als wenn das Leben auf Anschein, ich meine auf Irrthum, Betrug, Verstellung, Blendung, Selbstverblendung angelegt wäre, und wenn andrerseits thatsächlich die grosse Form des Lebens sich immer auf der Seite der unbedenklichsten πολύτροποι gezeigt hat. Es könnte ein solcher Vorsatz vielleicht, mild ausgelegt, eine Don-Quixoterie, ein kleiner schwärmerischer Aberwitz sein; er könnte aber auch noch etwas Schlimmeres sein, nämlich ein lebensfeindliches zerstörerisches Princip ... »Wille zur Wahrheit« – das könnte ein versteckter Wille zum Tode sein. – Dergestalt führt die Frage: warum Wissenschaft? zurück auf das moralische Problem: wozu überhaupt Moral, wenn [577] Leben, Natur, Geschichte »unmoralisch« sind? Es ist kein Zweifel, der Wahrhaftige, in jenem verwegenen und letzten Sinne, wie ihn der Glaube an die Wissenschaft voraussetzt, bejaht damit eine andre Welt als die des Lebens, der Natur und der Geschichte; und insofern er diese »andre Welt« bejaht, wie? muss er nicht ebendamit ihr Gegenstück, diese Welt, unsre Welt – verneinen? ... Doch man wird es begriffen haben, worauf ich hinaus will, nämlich dass es immer noch ein metaphysischer Glaube ist, auf dem unser Glaube an die Wissenschaft ruht, – dass auch wir Erkennenden von heute, wir Gottlosen und Antimetaphysiker, auch unser Feuer noch von dem Brande nehmen, den ein Jahrtausende alter Glaube entzündet hat, jener Christen-Glaube, der auch der Glaube Plato's war, dass Gott die Wahrheit ist, dass die Wahrheit göttlich ist ... Aber wie, wenn dies gerade immer mehr unglaubwürdig wird, wenn Nichts sich mehr als göttlich erweist, es sei denn der Irrthum, die Blindheit, die Lüge, – wenn Gott selbst sich als unsre längste Lüge erweist? –

345.

Moral als Problem. – Der Mangel an Person rächt sich überall; eine geschwächte, dünne, ausgelöschte, sich selbst leugnende und verleugnende Persönlichkeit taugt zu keinem guten Dinge mehr, – sie taugt am wenigsten zur Philosophie. Die »Selbstlosigkeit« hat keinen Werth im Himmel und auf Erden; die grossen Probleme verlangen alle die grosse Liebe, und dieser sind nur die starken, runden, sicheren Geister fähig, die fest auf sich selber sitzen. Es macht den erheblichsten Unterschied, ob ein Denker zu seinen Problemen persönlich steht, so dass er in ihnen sein Schicksal, seine Noth und auch sein bestes Glück hat, oder aber »unpersönlich«: nämlich sie nur mit den Fühlhörnern des kalten neugierigen Gedankens anzutasten und zu fassen versteht. Im letzteren Falle [578] kommt Nichts dabei heraus, so viel lässt sich versprechen: denn die grossen Probleme, gesetzt selbst, dass sie sich fassen lassen, lassen sich von Fröschen und Schwächlingen nicht halten, das ist ihr Geschmack seit Ewigkeit, – ein Geschmack übrigens, den sie mit allen wackern Weiblein theilen. – Wie kommt es nun, dass ich noch Niemandem begegnet bin, auch in Büchern nicht, der zur Moral in dieser Stellung als Person stünde, der die Moral als Problem und dies Problem als seine persönliche Noth, Qual, Wollust, Leidenschaft kennte? Ersichtlich war bisher die Moral gar kein Problem; vielmehr Das gerade, worin man, nach allem Misstrauen, Zwiespalt, Widerspruch, mit einander überein kam, der geheiligte Ort des Friedens, wo die Denker auch von sich selbst ausruhten, aufathmeten, auflebten. Ich sehe Niemanden, der eine Kritik der moralischen Werthurtheile gewagt hätte; ich vermisse hierfür selbst die Versuche der wissenschaftlichen Neugierde, der verwöhnten versucherischen Psychologen- und Historiker-Einbildungskraft, welche leicht ein Problem vorwegnimmt und im Fluge erhascht, ohne recht zu wissen, was da erhascht ist. Kaum dass ich einige spärliche Ansätze ausfindig gemacht habe, es zu einer Entstehungsgeschichte dieser Gefühle und Werthschätzungen zu bringen (was etwas Anderes ist als eine Kritik derselben und noch einmal etwas Anderes als die Geschichte der ethischen Systeme): in einem einzelnen Falle habe ich Alles gethan, um eine Neigung und Begabung für diese Art Historie zu ermuthigen – umsonst, wie mir heute scheinen will. Mit diesen Moral-Historikern (namentlich Engländern) hat es wenig auf sich: sie stehen gewöhnlich selbst noch arglos unter dem Kommando einer bestimmten Moral und geben, ohne es zu wissen, deren Schildträger und Gefolge ab; etwa mit jenem noch immer so treuherzig nachgeredeten Volks-Aberglauben des christlichen Europa, dass das Charakteristicum der moralischen Handlung im Selbstlosen, Selbstverleugnenden, Sich-Selbst-

Opfernden, oder im Mitgefühle, im Mitleiden belegen sei. Ihr gewöhnlicher [579] Fehler in der Voraussetzung ist, dass sie irgend einen consensus der Völker, mindestens der zahmen Völker über gewisse Sätze der Moral behaupten und daraus deren unbedingte Verbindlichkeit, auch für dich und mich, schliessen; oder dass sie umgekehrt, nachdem ihnen die Wahrheit aufgegangen ist, dass bei verschiedenen Völkern die moralischen Schätzungen nothwendig verschieden sind, einen Schluss auf Unverbindlichkeit aller Moral machen: was Beides gleich grosse Kindereien sind. Der Fehler der Feineren unter ihnen ist, dass sie die vielleicht thörichten Meinungen eines Volkes über seine Moral oder der Menschen über alle menschliche Moral aufdecken und kritisiren, also über deren Herkunft, religiöse Sanktion, den Aberglauben des freien Willens und dergleichen, und ebendamit vermeinen, diese Moral selbst kritisirt zu haben. Aber der Werth einer Vorschrift »du sollst« ist noch gründlich verschieden und unabhängig von solcherlei Meinungen über dieselbe und von dem Unkraut des Irrthums, mit dem sie vielleicht überwachsen ist: so gewiss der Werth eines Medikaments für den Kranken noch vollkommen unabhängig davon ist, ob der Kranke wissenschaftlich oder wie ein altes Weib über Medizin denkt. Eine Moral könnte selbst aus einem Irrthum gewachsen sein: auch mit dieser Einsicht wäre das Problem ihres Werthes noch nicht einmal berührt. – Niemand also hat bisher den Werth jener berühmtesten aller Medizinen, genannt Moral, geprüft: wozu zuallererst gehört, dass man ihn einmal – in Frage stellt. Wohlan! Dies eben ist unser Werk. –

346.

Unser Fragezeichen. – Aber ihr versteht das nicht? In der That, man wird Mühe haben, uns zu verstehn. Wir suchen nach Worten, wir suchen vielleicht auch nach Ohren. Wer sind wir doch? Wollten wir uns einfach mit einem älteren Ausdruck Gottlose oder Ungläubige oder auch Immoralisten nen-[580]nen, wir würden uns damit noch lange nicht bezeichnet glauben: wir sind alles Dreies in einem zu späten Stadium, als dass man begriffe, als dass ihr begreifen könntet, meine Herren Neugierigen, wie es Einem dabei zu Muthe ist. Nein! nicht mehr mit der Bitterkeit und Leidenschaft des Losgerissenen, der sich aus seinem Unglauben noch einen Glauben, einen Zweck, ein Martyrium selbst zurecht machen muss! Wir sind abgesotten in der Einsicht und in ihr kalt und hart geworden, dass es in der Welt durchaus nicht göttlich zugeht, ja noch nicht einmal nach menschlichem Maasse vernünftig, barmherzig oder gerecht: wir wissen es, die Welt, in der wir leben, ist ungöttlich, unmoralisch, »unmenschlich«, – wir haben sie uns allzulange falsch und lügnerisch, aber nach Wunsch und Willen unsrer Verehrung, das heisst nach einem Bedürfnisse ausgelegt. Denn der Mensch ist ein verehrendes Thier! Aber er ist auch ein misstrauisches: und dass die Welt nicht das werth ist, was wir geglaubt haben, das ist ungefähr das Sicherste, dessen unser Misstrauen endlich habhaft geworden ist. So viel Misstrauen, so viel Philosophie. Wir hüten uns wohl zu sagen, dass sie weniger werth ist: es erscheint uns heute selbst zum Lachen, wenn der Mensch in Anspruch nehmen wollte, Werthe zu erfinden, welche den Werth der wirklichen Welt überragen sollten, – gerade davon sind wir zurückgekommen als von einer ausschweifenden Verirrung der menschlichen Eitelkeit und Unvernunft, die lange nicht als solche erkannt worden ist. Sie hat ihren letzten Ausdruck im modernen Pessimismus gehabt, einen älteren, stärkeren in der Lehre des Buddha; aber auch das Christenthum enthält sie, zweifelhafter freilich und zweideutiger, aber darum nicht weniger verführerisch. Die ganze Attitüde »Mensch gegen Welt«, der Mensch als »Welt-verneinendes« Princip, der Mensch als Werthmaass der Dinge, als Welten-Richter, der zuletzt das Dasein selbst auf seine Wagschalen legt und zu leicht befindet – die ungeheuerliche Abgeschmacktheit dieser Attitüde ist uns als solche zum

Bewusstsein gekommen und verleidet, – [581] wir lachen schon, wenn wir »Mensch und Welt« nebeneinander gestellt finden, getrennt durch die sublime Anmaassung des Wörtchens »und«! Wie aber? Haben wir nicht eben damit, als Lachende, nur einen Schritt weiter in der Verachtung des Menschen gemacht? Und also auch im Pessimismus, in der Verachtung des uns erkennbaren Daseins? Sind wir nicht eben damit dem Argwohne eines Gegensatzes verfallen, eines Gegensatzes der Welt, in der wir bisher mit unsren Verehrungen zu Hause waren – um deren willen wir vielleicht zu leben aushielten –, und einer andren Welt, die wir selber sind: einem unerbittlichen, gründlichen, untersten Argwohn über uns selbst, der uns Europäer immer mehr, immer schlimmer in Gewalt bekommt und leicht die kommenden Geschlechter vor das furchtbare Entweder-Oder stellen könnte: »entweder schafft eure Verehrungen ab oder – euch selbst!« Das Letztere wäre der Nihilismus; aber wäre nicht auch das Erstere – der Nihilismus? – Dies ist unser Fragezeichen.

347.

Die Gläubigen und ihr Bedürfniss nach Glauben. – Wie viel einer Glauben nöthig hat, um zu gedeihen, wie viel »Festes«, an dem er nicht gerüttelt haben will, weil er sich daran hält, – ist ein Gradmesser seiner Kraft (oder, deutlicher geredet, seiner Schwäche). Christenthum haben, wie mir scheint, im alten Europa auch heute noch die Meisten nöthig: desshalb findet es auch immer noch Glauben. Denn so ist der Mensch: ein Glaubenssatz könnte ihm tausendfach widerlegt sein, – gesetzt, er hätte ihn nöthig, so würde er ihn auch immer wieder für »wahr« halten, – gemäss jenem berühmten »Beweise der Kraft«, von dem die Bibel redet. Metaphysik haben Einige noch nöthig; aber auch jenes ungestüme Verlangen nach Gewissheit, welches sich heute in breiten Massen wissenschaftlich-positivistisch entladet, das Verlangen, durchaus [582] etwas fest haben zu wollen (während man es wegen der Hitze dieses Verlangens mit der Begründung der Sicherheit leichter und lässlicher nimmt): auch das ist noch das Verlangen nach Halt, Stütze, kurz, jener Instinkt der Schwäche, welcher Religionen, Metaphysiken, Ueberzeugungen aller Art zwar nicht schafft, aber – conservirt. In der That dampft um alle diese positivistischen Systeme der Qualm einer gewissen pessimistischen Verdüsterung, Etwas von Müdigkeit, Fatalismus, Enttäuschung, Furcht vor neuer Enttäuschung – oder aber zur Schau getragener Ingrimm, schlechte Laune, Entrüstungs-Anarchismus und was es alles für Symptome oder Maskeraden des Schwächegefühls giebt. Selbst die Heftigkeit, mit der sich unsre gescheidtesten Zeitgenossen in ärmliche Ecken und Engen verlieren, zum Beispiel in die Vaterländerei (so heisse ich das, was man in Frankreich chauvinisme, in Deutschland »deutsch« nennt) oder in ästhetische Winkel-Bekenntnisse nach Art des Pariser naturalisme (der von der Natur nur den Theil hervorzieht und entblösst, welcher Ekel zugleich und Erstaunen macht – man heisst diesen Theil heute gern la verité vraie –) oder in Nihilismus nach Petersburger Muster (das heisst in den Glauben an den Unglauben, bis zum Martyrium dafür) zeigt immer vorerst das Bedürfniss nach Glauben, Halt, Rückgrat, Rückhalt . . . Der Glaube ist immer dort am meisten begehrt, am dringlichsten nöthig, wo es an Willen fehlt: denn der Wille ist, als Affekt des Befehls, das entscheidende Abzeichen der Selbstherrlichkeit und Kraft. Das heisst, je weniger Einer zu befehlen weiss, um so dringlicher begehrt er nach Einem, der befiehlt, streng befiehlt, nach einem Gott, Fürsten, Stand, Arzt, Beichtvater, Dogma, Partei-Gewissen. Woraus vielleicht abzunehmen wäre, dass die beiden Weltreligionen, der Buddhismus und das Christenthum ihren Entstehungsgrund, ihr plötzliches Um-sich-greifen zumal, in einer ungeheuren Erkrankung des Willens gehabt haben möchten. Und so ist es in Wahrheit gewesen: beide Religionen fanden ein [583] durch Willens-

Erkrankung in's Unsinnige aufgethürmtes, bis zur Verzweiflung gehendes Verlangen nach einem »du sollst« vor, beide Religionen waren Lehrerinnen des Fanatismus in Zeiten der Willens-Erschlaffung und boten damit Unzähligen einen Halt, eine neue Möglichkeit zu wollen, einen Genuss am Wollen. Der Fanatismus ist nämlich die einzige »Willensstärke«, zu der auch die Schwachen und Unsicheren gebracht werden können, als eine Art Hypnotisirung des ganzen sinnlich-intellektuellen Systems zu Gunsten der überreichlichen Ernährung (Hypertrophie) eines einzelnen Gesichts- und Gefühlspunktes, der nunmehr dominirt – der Christ heisst ihn seinen Glauben. Wo ein Mensch zu der Grundüberzeugung kommt, dass ihm befohlen werden muss, wird er »gläubig«; umgekehrt wäre eine Lust und Kraft der Selbstbestimmung, eine Freiheit des Willens denkbar, bei der ein Geist jedem Glauben, jedem Wunsch nach Gewissheit den Abschied giebt, geübt, wie er ist, auf leichten Seilen und Möglichkeiten sich halten zu können und selbst an Abgründen noch zu tanzen. Ein solcher Geist wäre der freie Geist par excellence.

348.

Von der Herkunft der Gelehrten. – Der Gelehrte wächst in Europa aus aller Art Stand und gesellschaftlicher Bedingung heraus, als eine Pflanze, die keines spezifischen Erdreichs bedarf: darum gehört er, wesentlich und unfreiwillig, zu den Trägern des demokratischen Gedankens. Aber diese Herkunft verräth sich. Hat man seinen Blick etwas dafür eingeschult, an einem gelehrten Buche, einer wissenschaftlichen Abhandlung die intellektuelle Idiosynkrasie des Gelehrten – jeder Gelehrte hat eine solche – herauszuerkennen und auf der That zu ertappen, so wird man fast immer hinter ihr die »Vorgeschichte« des Gelehrten, seine Familie, in Sonderheit deren Berufsarten und Handwerke zu Gesicht bekommen. Wo das Gefühl zum Ausdruck kommt »das ist nunmehr bewiesen, hiermit [584] bin ich fertig«, da ist es gemeinhin der Vorfahre im Blute und Instinkte des Gelehrten, welcher von seinem Gesichtswinkel aus die »gemachte Arbeit« gutheisst, – der Glaube an den Beweis ist nur ein Symptom davon, was in einem arbeitsamen Geschlechte von Alters her als »gute Arbeit« angesehn worden ist. Ein Beispiel: die Söhne von Registratoren und Büreauschreibern jeder Art, deren Hauptaufgabe immer war, ein vielfältiges Material zu ordnen, in Schubfächer zu vertheilen, überhaupt zu schematisiren, zeigen, falls sie Gelehrte werden, eine Vorneigung dafür, ein Problem beinahe damit für gelöst zu halten, dass sie es schematisirt haben. Es giebt Philosophen, welche im Grunde nur schematische Köpfe sind – ihnen ist das Formale des väterlichen Handwerks zum Inhalte geworden. Das Talent zu Classificationen, zu Kategorientafeln verräth Etwas; man ist nicht ungestraft des Kind seiner Eltern. Der Sohn eines Advokaten wird auch als Forscher ein Advokat sein müssen: er will mit seiner Sache in erster Rücksicht Recht behalten, in zweiter, vielleicht, Recht haben. Die Söhne von protestantischen Geistlichen und Schullehrern erkennt man an der naiven Sicherheit, mit der sie als Gelehrte ihre Sache schon als bewiesen nehmen, wenn sie von ihnen eben erst nur herzhaft und mit Wärme vorgebracht worden ist: sie sind eben gründlich daran gewöhnt, dass man ihnen glaubt, – das gehörte bei ihren Vätern zum »Handwerk«! Ein Jude umgekehrt ist, gemäss dem Geschäftskreis und der Vergangenheit seines Volks, gerade daran – dass man ihm glaubt – am wenigsten gewöhnt: man sehe sich darauf die jüdischen Gelehrten an, – sie Alle halten grosse Stücke auf die Logik, das heisst auf das Erzwingen der Zustimmung durch Gründe; sie wissen, dass sie mit ihr siegen müssen, selbst wo Rassen- und Classen-Widerwille gegen sie vorhanden ist, wo man ihnen ungern glaubt. Nichts nämlich ist demokratischer als die Logik: sie kennt kein Ansehn der Person und nimmt auch die krummen Nasen für gerade. (Nebenbei bemerkt: Europa ist gerade in Hinsicht auf Logisirung, auf reinlichere Kopf-[585]Gewohnheiten den Juden nicht wenig Dank schuldig; voran die Deutschen, als eine beklagenswerth deraisonnable Rasse, der man auch heute immer noch zuerst »den Kopf zu waschen« hat. Ueberall, wo Juden zu Einfluss gekommen sind, haben sie ferner zu scheiden, schärfer zu folgern, heller und sauberer zu schreiben gelehrt: ihre Aufgabe war es immer, ein Volk »zur Raison« zu bringen.)

349.

Noch einmal die Herkunft der Gelehrten. – Sich selbst erhalten wollen ist der Ausdruck einer Nothlage, einer Einschränkung des eigentlichen Lebens-Grundtriebes, der auf Machterweiterung hinausgeht und in diesem Willen oft genug die Selbsterhaltung in Frage stellt und opfert. Man nehme es als symptomatisch, wenn einzelne Philosophen, wie zum Beispiel der schwindsüchtige Spinoza, gerade im sogenannten Selbsterhaltungs-Trieb das Entscheidende sahen, sehen mussten: – es waren eben Menschen in Nothlagen. Dass unsre modernen Naturwissenschaften sich dermaassen mit dem Spinozistischen Dogma verwickelt haben (zuletzt noch und am gröbsten im Darwinismus mit seiner unbegreiflich einseitigen Lehre vom »Kampf um's Dasein« –), das liegt wahrscheinlich an der Herkunft der meisten Naturforscher: sie gehören in dieser Hinsicht zum »Volk«, ihre Vorfahren waren arme und geringe Leute, welche die Schwierigkeit, sich durchzubringen, allzusehr aus der Nähe kannten. Um den ganzen englischen Darwinismus herum haucht Etwas wie englische Uebervölkerungs-Stickluft, wie Kleiner-Leute-Geruch von Noth und Enge. Aber man sollte, als Naturforscher, aus seinem menschlichen Winkel herauskommen: und in der Natur herrscht nicht die Nothlage, sondern der Ueberfluss, die Verschwendung, sogar bis in's Unsinnige. Der Kampf um's Dasein ist nur eine Ausnahme, eine zeitweilige Restriktion des Lebenswillens; der grosse und kleine Kampf dreht sich allenthalben um's Uebergewicht, um Wachsthum und [586] Ausbreitung, um Macht, gemäss dem Willen zur Macht, der eben der Wille des Lebens ist.

350.

Zu Ehren der homines religiosi. – Der Kampf gegen die Kirche ist ganz gewiss unter Anderem – denn er bedeutet Vielerlei – auch der Kampf der gemeineren vergnügteren vertraulicheren oberflächlicheren Naturen gegen die Herrschaft der schwereren tieferen beschaulicheren, das heisst böseren und argwöhnischeren Menschen, welche mit einem langen Verdachte über den Werth des Daseins, auch über den eignen Werth brüteten: – der gemeine Instinkt des Volkes, seine Sinnen-Lustigkeit, sein »gutes Herz« empörte sich gegen sie. Die ganze römische Kirche ruht auf einem südländischen Argwohne über die Natur des Menschen, der vom Norden aus immer falsch verstanden wird: in welchem Argwohne der europäische Süden die Erbschaft des tiefen Orients, des uralten geheimnissreichen Asien und seiner Contemplation gemacht hat. Schon der Protestantismus ist ein Volksaufstand zu Gunsten der Biederen, Treuherzigen, Oberflächlichen (der Norden war immer gutmüthiger und flacher als der Süden); aber erst die französische Revolution hat dem »guten Menschen« das Scepter vollends und feierlich in die Hand gegeben (dem Schaf, dem Esel, der Gans und Allem, was unheilbar flach und Schreihals und reif für das Narrenhaus der »modernen Ideen« ist).

351.

Zu Ehren der priesterlichen Naturen. – Ich denke, von dem, was das Volk unter Weisheit versteht (und wer ist heute nicht »Volk«? –), von jener klugen kuhmässigen Gemüthsstille, Frömmigkeit und Landpfarrer-Sanftmuth, welche auf der Wiese liegt und dem Leben ernst und wiederkäuend zuschaut, – davon haben gerade die Philosophen sich immer am fernsten gefühlt, wahrscheinlich weil sie dazu nicht [587] »Volk« genug, nicht Landpfarrer genug waren. Auch werden wohl sie gerade am spätesten daran glauben lernen, dass das Volk Etwas von dem verstehn dürfte, was ihm am fernsten liegt, von der grossen Leidenschaft des Erkennenden, der beständig in der Gewitterwolke der höchsten Probleme und der schwersten Verantwortlichkeiten lebt, leben muss (also ganz und gar nicht zuschauend, ausserhalb, gleichgültig, sicher, objektiv ...). Das Volk verehrt eine ganz andere Art Mensch, wenn es seinerseits sich ein Ideal des »Weisen« macht, und hat tausendfach Recht dazu, gerade dieser Art Mensch mit den besten Worten und Ehren zu huldigen: das sind die milden, ernst-einfältigen und keuschen Priester-Naturen und was ihnen verwandt ist, – denen gilt das Lob in jener Volks-Ehrfurcht vor der Weisheit. Und wem hätte das Volk auch Grund, dankbarer sich zu erweisen als diesen Männern, die zu ihm gehören und aus ihm kommen, aber wie Geweihte, Ausgelesene, seinem Wohl Geopferte – sie selber glauben sich Gott geopfert –, vor denen es ungestraft sein Herz ausschütten, an die es seine Heimlichkeiten, seine Sorgen und Schlimmeres loswerden kann (– denn der Mensch, der »sich mittheilt«, wird sich selber los; und wer »bekannt« hat, vergisst). Hier gebietet eine grosse Nothdurft: es bedarf nämlich auch für den seelischen Unrath der Abzugsgräben und der reinlichen reinigenden Gewässer drin, es bedarf rascher Ströme der Liebe und starker demüthiger reiner Herzen, die zu einem solchen Dienste der nicht-öffentlichen Gesundheitspflege sich bereit machen und opfern – denn es ist eine Opferung, ein Priester ist und bleibt ein Menschenopfer ... Das Volk empfindet solche geopferte stillgewordne ernste Menschen des »Glaubens« als weise, das heisst als Wissend-Gewordene, als »Sichere« im Verhältniss zur eigenen Unsicherheit: wer würde ihm das Wort und diese Ehrfurcht nehmen mögen? – Aber, wie es umgekehrt billig ist, unter Philosophen gilt auch ein Priester immer noch als »Volk« und nicht als Wissender, vor Allem, weil sie selbst nicht an »Wissende« glau-[588]ben und eben in diesem Glauben und Aberglauben schon »Volk« riechen. Die Bescheidenheit war es, welche in Griechenland das Wort »Philosoph« erfunden hat und den prachtvollen Uebermuth, sich weise zu nennen, den Schauspielern des Geistes überliess, – die Bescheidenheit solcher Ungethüme von Stolz und Selbstherrlichkeit, wie Pythagoras, wie Plato –.

352.

Inwiefern Moral kaum entbehrlich ist. – Der nackte Mensch ist im Allgemeinen ein schändlicher Anblick – ich rede von uns Europäern (und nicht einmal von den Europäerinnen!). Angenommen, die froheste Tischgesellschaft sähe sich plötzlich durch die Tücke eines Zauberers enthüllt und ausgekleidet, ich glaube, dass nicht nur der Frohsinn dahin und der stärkste Appetit entmuthigt wäre, – es scheint, wir Europäer können jener Maskerade durchaus nicht entbehren, die Kleidung heisst. Sollte aber die Verkleidung der »moralischen Menschen«, ihre Verhüllung unter moralische Formeln und Anstandsbegriffe, das ganze wohlwollende Verstecken unserer Handlungen unter die Begriffe Pflicht, Tugend, Gemeinsinn, Ehrenhaftigkeit, Selbstverleugnung nicht seine ebenso guten Gründe haben? Nicht dass ich vermeinte, hierbei sollte etwa die menschliche Bosheit und Niederträchtigkeit, kurz das schlimme wilde Thier in uns vermummt werden; mein Gedanke ist umgekehrt, dass wir gerade als zahme Thiere ein schändlicher Anblick sind und die Moral-Verkleidung brauchen, – dass der »inwendige Mensch« in Europa eben lange nicht schlimm genug ist, um sich damit »sehen lassen« zu können (um damit schön zu sein –). Der Europäer verkleidet sich in die Moral, weil er ein krankes, kränkliches, krüppelhaftes Thier geworden ist, das gute Gründe hat, »zahm« zu sein, weil er beinahe eine Missgeburt, etwas Halbes, Schwaches, Linkisches ist .... Nicht die Furchtbarkeit des Raubthiers findet eine moralische Verkleidung nö-[589]thig, sondern das Heerdenthier mit seiner tiefen Mittelmässigkeit, Angst und Langenweile an sich selbst. Moral putzt den Europäer auf – gestehen wir es ein! – in's Vornehmere, Bedeutendere, Ansehnlichere, in's »Göttliche« –

353.

Vom Ursprung der Religionen. – Die eigentliche Erfindung der Religionsstifter ist einmal: eine bestimmte Art Leben und Alltag der Sitte anzusetzen, welche als disciplina voluntatis wirkt und zugleich die Langeweile wegschafft; sodann: gerade diesem Leben eine Interpretation zu geben, vermöge deren es vom höchsten Werthe umleuchtet scheint, so dass es nunmehr zu einem Gute wird, für das man kämpft und, unter Umständen, sein Leben lässt. In Wahrheit ist von diesen zwei Erfindungen die zweite die wesentlichere: die erste, die Lebensart, war gewöhnlich schon da, aber neben andren Lebensarten und ohne Bewusstsein davon, was für ein Werth ihr innewohne. Die Bedeutung, die Originalität des Religionsstifters kommt gewöhnlich darin zu Tage, dass er sie sieht, dass er sie auswählt, dass er zum ersten Male erräth, wozu sie gebraucht, wie sie interpretirt werden kann. Jesus (oder Paulus) zum Beispiel fand das Leben der kleinen Leute in der römischen Provinz vor, ein bescheidenes tugendhaftes gedrücktes Leben: er legte es aus, er legte den höchsten Sinn und Werth hinein – und damit den Muth, jede andre Art Leben zu verachten, den stillen Herrenhuter-Fanatismus, das heimliche unterirdische Selbstvertrauen, welches wächst und wächst und endlich bereit ist, »die Welt zu überwinden« (das heisst Rom und die höheren Stände im ganzen Reiche). Buddha insgleichen fand jene Art Menschen vor, und zwar zerstreut unter alle Stände und gesellschaftliche Stufen seines Volks, welche aus Trägheit gut und gütig (vor Allem inoffensiv) sind, die, ebenfalls aus Trägheit, abstinent, beinahe bedürfnisslos leben: er verstand, wie eine solche Art [590] Menschen mit Unvermeidlichkeit, mit der ganzen vis inertiae, in einen Glauben hineinrollen müsse, der die Wiederkehr der irdischen Mühsal (das heisst der Arbeit, des Handelns überhaupt) zu verhüten verspricht, – dies »Verstehen« war sein Genie. Zum Religionsstifter gehört psychologische Unfehlbarkeit im Wissen um eine bestimmte Durchschnitts-Art von Seelen, die sich noch nicht als zusammengehörig erkannt haben. Er ist es, der sie zusammenbringt; die Gründung einer Religion wird insofern immer zu einem langen Erkennungs-Feste. –

354.

Vom »Genius der Gattung«. – Das Problem des Bewusstseins (richtiger: des Sich-Bewusst-Werdens) tritt erst dann vor uns hin, wenn wir zu begreifen anfangen, inwiefern wir seiner entrathen könnten: und an diesen Anfang des Begreifens stellt uns jetzt Physiologie und Thiergeschichte (welche also zwei Jahrhunderte nöthig gehabt haben, um den vorausfliegenden Argwohn Leibnitzens einzuholen). Wir könnten nämlich denken, fühlen, wollen, uns erinnern, wir könnten ebenfalls »handeln« in jedem Sinne des Wortes: und trotzdem brauchte das Alles nicht uns »in's Bewusstsein zu treten« (wie man im Bilde sagt). Das ganze Leben wäre möglich, ohne dass es sich gleichsam im Spiegel sähe: wie ja thatsächlich auch jetzt noch bei uns der bei weitem überwiegende Theil dieses Lebens sich ohne diese Spiegelung abspielt –, und zwar auch unsres denkenden, fühlenden, wollenden Lebens, so beleidigend dies einem älteren Philosophen klingen mag. Wozu überhaupt Bewusstsein, wenn es in der Hauptsache überflüssig ist? – Nun scheint mir, wenn man meiner Antwort auf diese Frage und ihrer vielleicht ausschweifenden Vermuthung Gehör geben will, die Feinheit und Stärke des Bewusstseins immer im Verhältniss zur Mittheilungs-Fähigkeit eines Menschen (oder Thiers) zu stehn, die Mittheilungs-Fähigkeit wiederum [591] im Verhältniss zur Mittheilungs-Bedürftigkeit: letzteres nicht so verstanden, als ob gerade der einzelne Mensch selbst, welcher gerade Meister in der Mittheilung und Verständlichmachung seiner Bedürfnisse ist, zugleich auch mit seinen Bedürfnissen am meisten auf die Andern angewiesen sein müsste. Wohl aber scheint es mir so in Bezug auf ganze Rassen und Geschlechter-Ketten zu stehn: wo das Bedürfniss, die Noth die Menschen lange gezwungen hat, sich mitzutheilen, sich gegenseitig rasch und fein zu verstehen, da ist endlich ein Ueberschuss dieser Kraft und Kunst der Mittheilung da, gleichsam ein Vermögen, das sich allmählich aufgehäuft hat und nun eines Erben wartet, der es verschwenderisch ausgiebt (– die sogenannten Künstler sind diese Erben, insgleichen die Redner, Prediger, Schriftsteller, Alles Menschen, welche immer am Ende einer langen Kette kommen, »Spätgeborne« jedes Mal, im besten Verstande des Wortes, und, wie gesagt, ihrem Wesen nach Verschwender). Gesetzt, diese Beobachtung ist richtig, so darf ich zu der Vermuthung weitergehn, dass Bewusstsein überhaupt sich nur unter dem Druck des Mittheilungs-Bedürfnisses entwickelt hat, – dass es von vornherein nur zwischen Mensch und Mensch (zwischen Befehlenden und Gehorchenden in Sonderheit) nöthig war, nützlich war, und auch nur im Verhältniss zum Grade dieser Nützlichkeit sich entwickelt hat. Bewusstsein ist eigentlich nur ein Verbindungsnetz zwischen Mensch und Mensch, – nur als solches hat es sich entwickeln müssen: der einsiedlerische und raubthierhafte Mensch hätte seiner nicht bedurft. Dass uns unsre Handlungen, Gedanken, Gefühle, Bewegungen selbst in's Bewusstsein kommen – wenigstens ein Theil derselben –, das ist die Folge eines furchtbaren langen über dem Menschen waltenden »Muss«: er brauchte, als das gefährdetste Thier, Hülfe, Schutz, er brauchte Seines-Gleichen, er musste seine Noth auszudrücken, sich verständlich zu machen wissen – und zu dem Allen hatte er zuerst »Bewusstsein« nöthig, also selbst [592] zu »wissen« was ihm fehlt, zu »wissen«, wie es ihm zu Muthe ist, zu »wissen«, was er denkt. Denn nochmals gesagt: der Mensch, wie jedes lebende Geschöpf, denkt immerfort, aber weiss es nicht; das bewusst werdende Denken ist nur der kleinste Theil davon, sagen wir: der oberflächlichste, der schlechteste Theil: – denn allein dieses bewusste Denken geschieht in Worten, das heisst in Mittheilungszeichen, womit sich die Herkunft des Bewusstseins selber aufdeckt. Kurz gesagt, die Entwicklung der Sprache und die Entwicklung des Bewusstseins (nicht der Vernunft, sondern allein des Sich-bewusst-werdens der Vernunft) gehen Hand in Hand. Man nehme hinzu, dass nicht nur die Sprache zur Brücke zwischen Mensch und Mensch dient, sondern auch der Blick, der Druck, die Gebärde; das Bewusstwerden unserer Sinneseindrücke bei uns selbst, die Kraft, sie fixiren zu können und gleichsam ausser uns zu stellen, hat in dem Maasse zugenommen, als die Nöthigung wuchs, sie Andern durch Zeichen zu übermitteln. Der Zeichen-erfindende Mensch ist zugleich der immer schärfer seiner selbst bewusste Mensch; erst als sociales Thier lernte der Mensch seiner selbst bewusst werden, – er thut es noch, er thut es immer mehr. – Mein Gedanke ist, wie man sieht: dass das Bewusstsein nicht eigentlich zur Individual-Existenz des Menschen gehört, vielmehr zu dem, was an ihm Gemeinschafts- und Heerden-Natur ist; dass es, wie daraus folgt, auch nur in Bezug auf Gemeinschafts- und Heerden-Nützlichkeit fein entwickelt ist, und dass folglich Jeder von uns, beim besten Willen, sich selbst so individuell wie möglich zu verstehen, »sich selbst zu kennen«, doch immer nur gerade das Nicht-Individuelle an sich zum Bewusstsein bringen wird, sein »Durchschnittliches«, – dass unser Gedanke selbst fortwährend durch den Charakter des Bewusstseins – durch den in ihm gebietenden »Genius der Gattung« – gleichsam majorisirt und in die Heerden-Perspektive zurück-übersetzt wird. Unsre Handlungen sind im Grunde allesammt auf eine unvergleichliche Weise persönlich, einzig, unbe-[593]grenzt-individuell, es ist kein Zweifel; aber sobald wir sie in's Bewusstsein übersetzen, scheinen sie es nicht mehr ... Diess ist der eigentliche Phänomenalismus und Perspektivismus, wie ich ihn verstehe: die Natur des thierischen Bewusstseins bringt es mit sich, dass die Welt, deren wir bewusst werden können, nur eine Oberflächen- und Zeichenwelt ist, eine verallgemeinerte, eine vergemeinerte Welt, – dass Alles, was bewusst wird, ebendamit flach, dünn, relativ-dumm, generell, Zeichen, Heerden-Merkzeichen wird, dass mit allem Bewusstwerden eine grosse gründliche Verderbniss, Fälschung, Veroberflächlichung und Generalisation verbunden ist. Zuletzt ist das wachsende Bewusstsein eine Gefahr; und wer unter den bewusstesten Europäern lebt, weiss sogar, dass es eine Krankheit ist. Es ist, wie man erräth, nicht der Gegensatz von Subjekt und Objekt, der mich hier angeht: diese Unterscheidung überlasse ich den Erkenntnisstheoretikern, welche in den Schlingen der Grammatik (der Volks-Metaphysik) hängen geblieben sind. Es ist erst recht nicht der Gegensatz von »Ding an sich« und Erscheinung: denn wir »erkennen« bei weitem nicht genug, um auch nur so scheiden zu dürfen. Wir haben eben gar kein Organ für das Erkennen, für die »Wahrheit«: wir »wissen« (oder glauben oder bilden uns ein) gerade so viel als es im Interesse der Menschen-Heerde, der Gattung, nützlich sein mag: und selbst, was hier »Nützlichkeit« genannt wird, ist zuletzt auch nur ein Glaube, eine Einbildung und vielleicht gerade jene verhängnissvollste Dummheit, an der wir einst zu Grunde gehn.

355.

Der Ursprung unsres Begriffs »Erkenntniss«. – Ich nehme diese Erklärung von der Gasse; ich hörte Jemanden aus dem Volke sagen »er hat mich erkannt« –: dabei fragte ich mich: was versteht eigentlich das Volk unter Erkenntniss? was will es, wenn es »Erkenntniss« will? Nichts weiter als [594] dies: etwas Fremdes soll auf etwas Bekanntes zurückgeführt werden. Und wir Philosophen – haben wir unter Erkenntniss eigentlich mehr verstanden? Das Bekannte, das heisst: das woran wir gewöhnt sind, so dass wir uns nicht mehr darüber wundern, unser Alltag, irgend eine Regel, in der wir stecken, Alles und Jedes, in dem wir uns zu Hause wissen: – wie? ist unser Bedürfniss nach Erkennen nicht eben dies Bedürfniss nach Bekanntem, der Wille, unter allem Fremden, Ungewöhnlichen, Fragwürdigen Etwas aufzudecken, das uns nicht mehr beunruhigt? Sollte es nicht der Instinkt der Furcht sein, der uns erkennen heisst? Sollte das Frohlocken des Erkennenden nicht eben das Frohlocken des wieder erlangten Sicherheitsgefühls sein? ... Dieser Philosoph wähnte die Welt »erkannt«, als er sie auf die »Idee« zurückgeführt hatte: ach, war es nicht deshalb, weil ihm die »Idee« so bekannt, so gewohnt war? weil er sich so wenig mehr vor der »Idee« fürchtete? – Oh über diese Genügsamkeit der Erkennenden! man sehe sich doch ihre Principien und Welträthsel-Lösungen darauf an! Wenn sie Etwas an den Dingen, unter den Dingen, hinter den Dingen wiederfinden, das uns leider sehr bekannt ist, zum Beispiel unser Einmaleins oder unsre Logik oder unser Wollen und Begehren, wie glücklich sind sie sofort! Denn »was bekannt ist, ist erkannt«: darin stimmen sie überein. Auch die Vorsichtigsten unter ihnen meinen, zum Mindesten sei das Bekannte leichter erkennbar als das Fremde; es sei zum Beispiel methodisch geboten, von der »inneren Welt«, von den »Thatsachen des Bewusstseins« auszugehen, weil sie die uns bekanntere Welt sei!

Irrthum der Irrthümer! Das Bekannte ist das Gewohnte; und das Gewohnte ist am schwersten zu »erkennen«, das heisst als Problem zu sehen, das heisst als fremd, als fern, als »ausser uns« zu sehn ... Die grosse Sicherheit der natürlichen Wissenschaften im Verhältniss zur Psychologie und Kritik der Bewusstseins-Elemente – unnatürlichen Wissenschaften, wie man beinahe sagen dürfte – ruht gerade darauf, dass [595] sie das Fremde als Objekt nehmen: während es fast etwas Widerspruchsvolles und Widersinniges ist, das Nicht-Fremde überhaupt als Objekt nehmen zu wollen ...

356.

Inwiefern es in Europa immer »künstlerischer« zugehn wird. – Die Lebens-Fürsorge zwingt auch heute noch – in unsrer Uebergangszeit, wo so Vieles aufhört zu zwingen – fast allen männlichen Europäern eine bestimmte Rolle auf, ihren sogenannten Beruf; Einigen bleibt dabei die Freiheit, eine anscheinende Freiheit, diese Rolle selbst zu wählen, den Meisten wird sie gewählt. Das Ergebniss ist seltsam genug: fast alle Europäer verwechseln sich in einem vorgerückteren Alter mit ihrer Rolle, sie selbst sind die Opfer ihres »guten Spiels«, sie selbst haben vergessen, wie sehr Zufall, Laune, Willkür damals über sie verfügt haben, als sich ihr »Beruf« entschied – und wie viele andre Rollen sie vielleicht hätten spielen können: denn es ist nunmehr zu spät! Tiefer angesehn, ist aus der Rolle wirklich Charakter geworden, aus der Kunst Natur. Es gab Zeitalter, in denen man mit steifer Zuversichtlichkeit, ja mit Frömmigkeit an seine Vorherbestimmung für gerade dies Geschäft, gerade diesen Broderwerb glaubte und den Zufall darin, die Rolle, das Willkürliche schlechterdings nicht anerkennen wollte: Stände, Zünfte, erbliche Gewerbs-Vorrechte haben mit Hülfe dieses Glaubens es zu Stande gebracht, jene Ungeheuer von breiten Gesellschafts-Thürmen aufzurichten, welche das Mittelalter auszeichnen und denen jedenfalls

Eins nachzurühmen bleibt: Dauerfähigkeit (– und Dauer ist auf Erden ein Werth ersten Ranges!). Aber es giebt umgekehrte Zeitalter, die eigentlich demokratischen, wo man diesen Glauben mehr und mehr verlernt und ein gewisser kecker Glaube und Gesichtspunkt des Gegentheils in den Vordergrund tritt, jener Athener-Glaube, der in der Epoche des Perikles zu-[596]erst bemerkt wird, jener Amerikaner-Glaube von heute, der immer mehr auch Europäer-Glaube werden will: wo der Einzelne überzeugt ist, ungefähr Alles zu können, ungefähr jeder Rolle gewachsen zu sein, wo Jeder mit sich versucht, improvisirt, neu versucht, mit Lust versucht, wo alle Natur aufhört und Kunst wird ... Die Griechen, erst in diesen Rollen-Glauben – einen Artisten-Glauben, wenn man will – eingetreten, machten, wie bekannt, Schritt für Schritt eine wunderliche und nicht in jedem Betracht nachahmenswerthe Verwandlung durch: sie wurden wirklich Schauspieler; als solche bezauberten sie, überwanden sie alle Welt und zuletzt selbst die »Weltüberwinderin« (denn der Graeculus histrio hat Rom besiegt, und nicht, wie die Unschuldigen zu sagen pflegen, die griechische Cultur ...). Aber was ich fürchte, was man heute schon mit Händen greift, falls man Lust hätte, darnach zu greifen, wir modernen Menschen sind ganz schon auf dem gleichen Wege; und jedes Mal, wenn der Mensch anfängt zu entdecken, inwiefern er eine Rolle spielt und inwieweit er Schauspieler sein kann, wird er Schauspieler ... Damit kommt dann eine neue Flora und Fauna von Menschen herauf, die in festeren, beschränkteren Zeitaltern nicht wachsen können – oder »unten« gelassen werden, unter dem Banne und Verdachte der Ehrlosigkeit –, es kommen damit jedes Mal die interessantesten und tollsten Zeitalter der Geschichte herauf, in denen die »Schauspieler«, alle Arten Schauspieler, die eigentlichen Herren sind. Eben dadurch wird eine andre Gattung Mensch immer tiefer benachtheiligt, endlich unmöglich gemacht, vor allem die grossen »Baumeister«; jetzt erlahmt die bauende Kraft; der

Muth, auf lange Fernen hin Pläne zu machen, wird entmuthigt; die organisatorischen Genies fangen an zu fehlen: – wer wagt es nunmehr noch, Werke zu unternehmen, zu deren Vollendung man auf Jahrtausende rechnen müsste? Es stirbt eben jener Grundglaube aus, auf welchen hin Einer dergestalt rechnen, versprechen, die Zukunft im Plane vorwegneh-[597]men, seinem Plane zum Opfer bringen kann, dass nämlich der Mensch nur insofern Werth hat, Sinn hat, als er ein Stein in einem grossen Baue ist: wozu er zuallererst fest sein muss, »Stein« sein muss ... Vor Allem nicht – Schauspieler! Kurz gesagt – ach, es wird lang genug noch verschwiegen werden! – was von nun an nicht mehr gebaut wird, nicht mehr gebaut werden kann, das ist – eine Gesellschaft im alten Verstande des Wortes; um diesen Bau zu bauen, fehlt Alles, voran das Material. Wir Alle sind kein Material mehr für eine Gesellschaft: das ist eine Wahrheit, die an der Zeit ist! Es dünkt mich gleichgültig, dass einstweilen noch die kurzsichtigste, vielleicht ehrlichste, jedenfalls lärmendste Art Mensch, die es heute giebt, unsre Herrn Socialisten, ungefähr das Gegentheil glaubt, hofft, träumt, vor Allem schreit und schreibt; man liest ja ihr Zukunftswort »freie Gesellschaft« bereits auf allen Tischen und Wänden. Freie Gesellschaft? Ja! Ja! Aber ihr wisst doch, ihr Herren, woraus man die baut? Aus hölzernem Eisen! Aus dem berühmten hölzernen Eisen! Und noch nicht einmal aus hölzernem ...

357.

Zum alten Probleme: »was ist deutsch?« – Man rechne bei sich die eigentlichen Errungenschaften des philosophischen Gedankens nach, welche deutschen Köpfen verdankt werden: sind sie in irgend einem erlaubten Sinne auch noch der ganzen Rasse zu Gute zu rechnen? Dürfen wir sagen: sie sind zugleich das Werk der »deutschen Seele«, mindestens deren Symptom, in dem Sinne, in welchem wir etwa

Plato's Ideomanie, seinen fast religiösen Formen-Wahnsinn zugleich als ein Ereigniss und Zeugniss der »griechischen Seele« zu nehmen gewohnt sind? Oder wäre das Umgekehrte wahr? wären sie gerade so individuell, so sehr Ausnahme vom Geiste der Rasse, wie es zum Beispiel Goethe's Heidenthum mit gutem Gewissen [598] war? Oder wie es Bismarck's Macchiavellismus mit gutem Gewissen, seine sogenannte »Realpolitik«, unter Deutschen ist? Widersprächen unsre Philosophen vielleicht sogar dem Bedürfnisse der »deutschen Seele«? Kurz, waren die deutschen Philosophen wirklich – philosophische Deutsche? – Ich erinnere an drei Fälle. Zuerst an Leibnitzens unvergleichliche Einsicht, mit der er nicht nur gegen Descartes, sondern gegen Alles, was bis zu ihm philosophirt hatte, Recht bekam, – dass die Bewusstheit nur ein Accidens der Vorstellung ist, nicht deren nothwendiges und wesentliches Attribut, dass also das, was wir Bewusstsein nennen, nur einen Zustand unsrer geistigen und seelischen Welt ausmacht (vielleicht einen krankhaften Zustand) und bei weitem nicht sie selbst: – ist an diesem Gedanken, dessen Tiefe auch heute noch nicht ausgeschöpft ist, etwas Deutsches? Giebt es einen Grund zu muthmaassen, dass nicht leicht ein Lateiner auf diese Umdrehung des Augenscheins verfallen sein würde? – denn es ist eine Umdrehung. Erinnern wir uns zweitens an Kant's ungeheures Fragezeichen, welches er an den Begriff »Causalität« schrieb, – nicht dass er wie Hume dessen Recht überhaupt bezweifelt hätte: er begann vielmehr vorsichtig das Reich abzugrenzen, innerhalb dessen dieser Begriff überhaupt Sinn hat (man ist auch jetzt noch nicht mit dieser Grenzabsteckung fertig geworden). Nehmen wir drittens den erstaunlichen Griff Hegel's, der damit durch alle logischen Gewohnheiten und Verwöhnungen durchgriff, als er zu lehren wagte, dass die Artbegriffe sich aus einander entwickeln: mit welchem Satze die Geister in Europa zur letzten grossen wissenschaftlichen Bewegung präformirt wurden, zum Darwinismus – denn ohne

Hegel kein Darwin. Ist an dieser Hegelschen Neuerung, die erst den entscheidenden Begriff »Entwicklung« in die Wissenschaft gebracht hat, etwas Deutsches? – Ja, ohne allen Zweifel: in allen drei Fällen fühlen wir Etwas von uns selbst »aufgedeckt« und errathen und sind dankbar dafür und überrascht zugleich, jeder dieser drei Sätze ist ein [599] nachdenkliches Stück deutscher Selbsterkenntniss, Selbsterfahrung, Selbsterfassung. »Unsre innre Welt ist viel reicher, umfänglicher, verborgener«, so empfinden wir mit Leibnitz; als Deutsche zweifeln wir mit Kant an der Letztgültigkeit naturwissenschaftlicher Erkenntnisse und überhaupt an Allem, was sich causaliter erkennen *lässt*: das *Erkennbare* scheint uns als solches schon *geringeren* Werthes. Wir Deutsche sind Hegelianer, auch wenn es nie einen Hegel gegeben hätte, insofern wir (im Gegensatz zu allen Lateinern) dem Werden, der Entwicklung instinktiv einen tieferen Sinn und reicheren Werth zumessen als dem, was »ist« – wir glauben kaum an die Berechtigung des Begriffs »Sein« –; ebenfalls insofern wir unsrer menschlichen Logik nicht geneigt sind einzuräumen, dass sie die Logik an sich, die einzige Art Logik sei (wir möchten vielmehr uns überreden, dass sie nur ein Spezialfall sei, und vielleicht einer der wunderlichsten und dümmsten –). Eine vierte Frage wäre, ob auch *Schopenhauer* mit seinem Pessimismus, das heisst dem Problem vom *Werth des Daseins*, gerade ein Deutscher gewesen sein müsste. Ich glaube nicht. Das Ereigniss, *nach* welchem dies Problem mit Sicherheit zu erwarten stand, so dass ein Astronom der Seele Tag und Stunde dafür hätte ausrechnen können, der Niedergang des Glaubens an den christlichen Gott, der Sieg des wissenschaftlichen Atheismus, ist ein gesammt-europäisches Ereigniss, an dem alle Rassen ihren Antheil von Verdienst und Ehre haben sollen. Umgekehrt wäre gerade den Deutschen zuzurechnen – jenen Deutschen, mit welchen Schopenhauer gleichzeitig lebte –, diesen Sieg des Atheismus am längsten und gefährlichsten *verzögert* zu haben; Hegel namentlich war sein

Verzögerer par excellence, gemäss dem grandiosen Versuche, den er machte, uns zur Göttlichkeit des Daseins zu allerletzt noch mit Hülfe unsres sechsten Sinnes, des »historischen Sinnes« zu überreden. Schopenhauer war als Philosoph der erste eingeständliche und unbeugsame Atheist, den wir Deutschen gehabt haben: seine Feindschaft gegen Hegel [600] hatte hier ihren Hintergrund. Die Ungöttlichkeit des Daseins galt ihm als etwas Gegebenes, Greifliches, Undiskutirbares; er verlor jedes Mal seine Philosophen-Besonnenheit und gerieth in Entrüstung, wenn er Jemanden hier zögern und Umschweife machen sah. An dieser Stelle liegt seine ganze Rechtschaffenheit: der unbedingte redliche Atheismus ist eben die Voraussetzung seiner Problemstellung, als ein endlich und schwer errungener Sieg des europäischen Gewissens, als der folgenreichste Akt einer zweitausendjährigen Zucht zur Wahrheit, welche am Schlusse sich die Lüge im Glauben an Gott verbietet ... Man sieht, was eigentlich über den christlichen Gott gesiegt hat: die christliche Moralität selbst, der immer strenger genommene Begriff der Wahrhaftigkeit, die Beichtväter-Feinheit des christlichen Gewissens, übersetzt und sublimirt zum wissenschaftlichen Gewissen, zur intellektuellen Sauberkeit um jeden Preis. Die Natur ansehn, als ob sie ein Beweis für die Güte und Obhut eines Gottes sei; die Geschichte interpretiren zu Ehren einer göttlichen Vernunft, als beständiges Zeugniss einer sittlichen Weltordnung und sittlicher Schlussabsichten; die eigenen Erlebnisse auslegen, wie sie fromme Menschen lange genug ausgelegt haben, wie als ob Alles Fügung, Alles Wink, Alles dem Heil der Seele zu Liebe ausgedacht und geschickt sei: das ist nunmehr vorbei, das hat das Gewissen gegen sich, das gilt allen feineren Gewissen als unanständig, unehrlich, als Lügnerei, Feminismus, Schwachheit, Feigheit, – mit dieser Strenge, wenn irgend womit, sind wir eben gute Europäer und Erben von Europa's längster und tapferster Selbstüberwindung. Indem wir die christliche Interpretation dergestalt von uns stossen und ihren »Sinn« wie eine Falschmünzerei verurtheilen, kommt nun sofort auf eine furchtbare Weise die Schopenhauerische Frage zu uns: hat denn das Dasein überhaupt einen Sinn? – jene Frage, die ein paar Jahrhunderte brauchen wird, um auch nur vollständig und in alle ihre Tiefe hinein gehört zu werden. Was Schopenhauer selbst auf diese Frage ge-[601]antwortet hat, war – man vergebe es mir – etwas Voreiliges, Jugendliches, nur eine Abfindung, ein Stehen- und Steckenbleiben in eben den christlich-asketischen Moral-Perspektiven, welchen, mit dem Glauben an Gott, der Glaube gekündigt war ... Aber er hat die Frage gestellt – als ein guter Europäer, wie gesagt, und nicht als Deutscher. – Oder hätten etwa die Deutschen, wenigstens mit der Art, in welcher sie sich der Schopenhauerischen Frage bemächtigten, ihre innere Zugehörigkeit und Verwandtschaft, ihre Vorbereitung, ihr Bedürfniss nach seinem Problem bewiesen? Dass nach Schopenhauer auch in Deutschland – übrigens spät genug! – über das von ihm aufgestellte Problem gedacht und gedruckt worden ist, reicht gewiss nicht aus, zu Gunsten dieser engeren Zugehörigkeit zu entscheiden; man könnte selbst die eigenthümliche Ungeschicktheit dieses Nach-Schopenhauerischen Pessimismus dagegen geltend machen, – die Deutschen benahmen sich ersichtlich nicht dabei wie in ihrem Elemente. Hiermit spiele ich ganz und gar nicht auf Eduard von Hartmann an; im Gegentheil, mein alter Verdacht ist auch heute noch nicht gehoben, dass er für uns zu geschickt ist, ich will sagen, dass er als arger Schalk von Anbeginn sich vielleicht nicht nur über den deutschen Pessimismus lustig gemacht hat, – dass er am Ende etwa gar es den Deutschen testamentarisch »vermachen« könnte, wie weit man sie selbst, im Zeitalter der Gründungen, hat zum Narren haben können. Aber ich frage: soll man vielleicht den alten Brummkreisel Bahnsen den Deutschen zu Ehren rechnen, der sich mit Wollust sein Leben lang um sein realdialektisches Elend und »persönliches Pech« gedreht hat, –

wäre etwa das gerade deutsch? (ich empfehle anbei seine Schriften, wozu ich sie selbst gebraucht habe, als antipessimistische Kost, namentlich um seiner elegantiae psychologicae willen, mit denen, wie mich dünkt, auch dem verstopftesten Leibe und Gemüthe beizukommen ist). Oder dürfte man solche Dilettanten und alte Jungfern, wie den süsslichen Virginitäts-Apostel Main-[602]länder unter die rechten Deutschen zählen? Zuletzt wird es ein Jude gewesen sein (– alle Juden werden süsslich, wenn sie moralisiren). Weder Bahnsen, noch Mainländer, noch gar Eduard von Hartmann geben eine sichere Handhabe für die Frage ab, ob der Pessimismus Schopenhauer's, sein entsetzter Blick in eine entgöttlichte, dumm, blind, verrückt und fragwürdig gewordene Welt, sein ehrliches Entsetzen ... nicht nur ein Ausnahme-Fall unter Deutschen, sondern ein deutsches Ereigniss gewesen ist: während Alles, was sonst im Vordergrunde steht, unsre tapfre Politik, unsre fröhliche Vaterländerei, welche entschlossen genug alle Dinge auf ein wenig philosophisches Princip hin (»Deutschland, Deutschland über Alles«) betrachtet, also sub specie speciei, nämlich der deutschen species, mit grosser Deutlichkeit das Gegentheil bezeugt. Nein! die Deutschen von heute sind keine Pessimisten! Und Schopenhauer war Pessimist, nochmals gesagt, als guter Europäer und nicht als Deutscher. –

358.

Der Bauernaufstand des Geistes. – Wir Europäer befinden uns im Anblick einer ungeheuren Trümmerwelt, wo Einiges noch hoch ragt, wo Vieles morsch und unheimlich dasteht, das Meiste aber schon am Boden liegt, malerisch genug – wo gab es je schönere Ruinen? – und überwachsen mit grossem und kleinem Unkraute. Die Kirche ist diese Stadt des Untergangs: wir sehen die religiöse Gesellschaft des Christenthums bis in die untersten Fundamente erschüttert, – der Glaube an Gott ist umgestürzt, der

Glaube an das christlich-asketische Ideal kämpft eben noch seinen letzten Kampf. Ein solches lang und gründlich gebautes Werk wie das Christenthum – es war der letzte Römerbau! – konnte freilich nicht mit Einem Male zerstört werden; alle Art Erdbeben hat da rütteln, alle Art Geist, die anbohrt, gräbt, nagt, feuchtet, hat da helfen müssen. Aber das Wunderlichste ist: Die, welche sich [603] am meisten darum bemüht haben, das Christenthum zu halten, zu erhalten, sind gerade seine besten Zerstörer geworden, – die Deutschen. Es scheint, die Deutschen verstehen das Wesen einer Kirche nicht. Sind sie dazu nicht geistig genug? nicht misstrauisch genug? Der Bau der Kirche ruht jedenfalls auf einer südländischen Freiheit und Freisinnigkeit des Geistes und ebenso auf einem südländischen Verdachte gegen Natur, Mensch und Geist, – er ruht auf einer ganz andren Kenntniss des Menschen, Erfahrung vom Menschen, als der Norden gehabt hat. Die Lutherische Reformation war in ihrer ganzen Breite die Entrüstung der Einfalt gegen etwas »Vielfältiges«, um vorsichtig zu reden, ein grobes biederes Missverständniss, an dem Viel zu verzeihen ist, – man begriff den Ausdruck einer siegreichen Kirche nicht und sah nur Corruption, man missverstand die vornehme Skepsis, jenen Luxus von Skepsis und Toleranz, welchen sich jede siegreiche selbstgewisse Macht gestattet ... Man übersieht heute gut genug, wie Luther in allen kardinalen Fragen der Macht verhängnissvoll kurz, oberflächlich, unvorsichtig angelegt war, vor Allem als Mann aus dem Volke, dem alle Erbschaft einer herrschenden Kaste, aller Instinkt für Macht abgieng: so dass sein Werk, sein Wille zur Wiederherstellung jenes Römer-Werks, ohne dass er es wollte und wusste, nur der Anfang eines Zerstörungswerks wurde. Er dröselte auf, er riss zusammen, mit ehrlichem Ingrimme, wo die alte Spinne am sorgsamsten und längsten gewoben hatte. Er lieferte die heiligen Bücher an Jedermann aus, – damit geriethen sie endlich in die Hände der Philologen, das heisst der Vernichter jeden Glaubens, der auf Büchern ruht. Er zerstörte den Begriff »Kirche«, indem er den Glauben an die Inspiration der Concilien wegwarf: denn nur unter der Voraussetzung, dass der inspirirende Geist, der die Kirche gegründet hat, in ihr noch lebe, noch baue, noch fortfahre, sein Haus zu bauen, behält der Begriff »Kirche« Kraft. Er gab dem Priester den Geschlechtsverkehr mit dem Weibe zurück: aber drei Vier-[604]tel der Ehrfurcht, deren das Volk, vor Allem das Weib aus dem Volke fähig ist, ruht auf dem Glauben, dass ein Ausnahme-Mensch in diesem Punkte auch in andren Punkten eine Ausnahme sein wird, – hier gerade hat der Volksglaube an etwas Uebermenschliches im Menschen, an das Wunder, an den erlösenden Gott im Menschen, seinen feinsten und verfänglichsten Anwalt. Luther musste dem Priester, nachdem er ihm das Weib gegeben hatte, die Ohrenbeichte nehmen, das war psychologisch richtig: aber damit war im Grunde der christliche Priester selbst abgeschafft, dessen tiefste Nützlichkeit immer die gewesen ist, ein heiliges Ohr, ein verschwiegener Brunnen, ein Grab für Geheimnisse zu sein. »Jedermann sein eigner Priester« – hinter solchen Formeln und ihrer bäurischen Verschlagenheit versteckte sich bei Luther der abgründliche Hass auf den »höheren Menschen« und die Herrschaft des »höheren Menschen«, wie ihn die Kirche concipirt hatte: – er zerschlug ein Ideal, das er nicht zu erreichen wusste, während er die Entartung dieses Ideals zu bekämpfen und zu verabscheuen schien. Thatsächlich stiess er, der unmögliche Mönch, die Herrschaft der homines religiosi von sich; er machte also gerade Das selber innerhalb der kirchlichen Gesellschafts-Ordnung, was er in Hinsicht auf die bürgerliche Ordnung so unduldsam bekämpfte, – einen »Bauernaufstand«. – Was hinterdrein Alles aus seiner Reformation gewachsen ist, Gutes und Schlimmes, und heute ungefähr überrechnet werden kann, – wer wäre wohl naiv genug, Luthern um dieser Folgen willen einfach zu loben oder zu tadeln? Er ist an Allem unschuldig, er wusste nicht was er that. Die Verflachung des europäischen Geistes, namentlich im Norden, seine Vergutmüthigung, wenn man's lieber mit einem moralischen Worte bezeichnet hört, that mit der Lutherischen Reformation einen tüchtigen Schritt vorwärts, es ist kein Zweifel; und ebenso wuchs durch sie die Beweglichkeit und Unruhe des Geistes, sein Durst nach Unabhängigkeit, sein Glaube an ein Recht auf Freiheit, seine [605] »Natürlichkeit«. Will man ihr in letzterer Hinsicht den Werth zugestehn, Das vorbereitet und begünstigt zu haben, war wir heute als »moderne Wissenschaft« verehren, so muss man freilich hinzufügen, dass sie auch an der Entartung des modernen Gelehrten mitschuldig ist, an seinem Mangel an Ehrfurcht, Scham und Tiefe, an der ganzen naiven Treuherzigkeit und Biedermännerei in Dingen der Erkenntniss, kurz an jenem Plebejismus des Geistes, der den letzten beiden Jahrhunderten eigenthümlich ist und von dem uns auch der bisherige Pessimismus noch keineswegs erlöst hat, – auch die »modernen Ideen« gehören noch zu diesem Bauernaufstand des Nordens gegen den kälteren, zweideutigeren, misstrauischeren Geist des Südens, der sich in der christlichen Kirche sein grösstes Denkmal gebaut hat. Vergessen wir es zuletzt nicht, was eine Kirche ist, und zwar im Gegensatz zu jedem »Staate«: eine Kirche ist vor Allem ein Herrschafts-Gebilde, das den geistigeren Menschen den obersten Rang sichert und an die Macht der Geistigkeit soweit glaubt, um sich alle gröberen Gewaltmittel zu verbieten, – damit allein ist die Kirche unter allen Umständen eine vornehmere Institution als der Staat. –

359.

Die Rache am Geist und andere Hintergründe der Moral. – Die Moral – wo glaubt ihr wohl, dass sie ihre gefährlichsten und tückischsten Anwälte hat? ... Da ist ein missrathener Mensch, der nicht genug Geist besitzt, um sich dessen freuen zu können, und gerade Bildung genug, um das zu wissen; gelangweilt, überdrüssig, ein Selbstverächter;

durch etwas ererbtes Vermögen leider noch um den letzten Trost betrogen, den »Segen der Arbeit«, die Selbstvergessenheit im »Tagewerk«; ein Solcher, der sich seines Daseins im Grunde schämt – vielleicht herbergt er dazu ein paar kleine Laster – und andrerseits nicht umhin kann, durch Bücher, auf die er [606] kein Recht hat, oder geistigere Gesellschaft als er verdauen kann, sich immer schlimmer zu verwöhnen und eitel-reizbar zu machen: ein solcher durch und durch vergifteter Mensch – denn Geist wird Gift, Bildung wird Gift, Besitz wird Gift, Einsamkeit wird Gift bei dergestalt Missrathenen – geräth schliesslich in einen habituellen Zustand der Rache, des Willens zur Rache ... was glaubt ihr wohl, dass er nöthig, unbedingt nöthig hat, um sich bei sich selbst den Anschein von Ueberlegenheit über geistigere Menschen, um sich die Lust der vollzogenen Rache, wenigstens für seine Einbildung, zu schaffen? Immer die Moralität, darauf darf man wetten, immer die grossen Moral-Worte, immer das Bumbum von Gerechtigkeit, Weisheit, Heiligkeit, Tugend, immer den Stoicismus der Gebärde (– wie gut versteckt der Stoicismus was Einer nicht hat! ..), immer den Mantel des klugen Schweigens, der Leutseligkeit, der Milde, und wie alle die Idealisten-Mäntel heissen, unter denen die unheilbaren Selbstverächter, auch die unheilbar Eiteln, herum gehn. Man verstehe mich nicht falsch: aus solchen geborenen Feinden des Geistes entsteht mitunter jenes seltene Stück Menschthum, das vom Volke unter dem Namen des Heiligen, des Weisen verehrt wird; aus solchen Menschen kommen jene Unthiere der Moral her, welche Lärm machen, Geschichte machen, – der heilige Augustin gehört zu ihnen. Die Furcht vor dem Geist, die Rache am Geist – oh wie oft wurden diese triebkräftigen Laster schon zur Wurzel von Tugenden! Ja zur Tugend! – Und, unter uns gefragt, selbst jener Philosophen-Anspruch auf Weisheit, der hier und da einmal auf Erden gemacht worden ist, der tollste und unbescheidenste aller Ansprüche, – war er nicht immer bisher, in Indien, wie in Griechenland, vor Allem ein Versteck? Mitunter vielleicht im Gesichtspunkte der Erziehung, der so viele Lügen heiligt, als zarte Rücksicht auf Werdende, Wachsende, auf Jünger, welche oft durch den Glauben an die Person (durch einen Irrthum) gegen sich selbst vertheidigt werden [607] müssen ... In den häufigeren Fällen aber ein Versteck des Philosophen, hinter welches er sich aus Ermüdung, Alter, Erkaltung, Verhärtung rettet, als Gefühl vom nahen Ende, als Klugheit jenes Instinkts, den die Thiere vor dem Tode haben, – sie gehen bei Seite, werden still, wählen die Einsamkeit, verkriechen sich in Höhlen, werden weise ... Wie? Weisheit ein Versteck des Philosophen vor – dem Geiste? –

360.

Zwei Arten Ursache, die man verwechselt. – Das erscheint mir als einer meiner wesentlichsten Schritte und Fortschritte; ich lernte die Ursache des Handelns unterscheiden von der Ursache des So- und So-Handelns, des In-dieser Richtung-, Auf-dieses Ziel hin-Handelns. Die erste Art Ursache ist ein Quantum von aufgestauter Kraft, welches darauf wartet, irgend wie, irgend wozu verbraucht zu werden; die zweite Art ist dagegen etwas an dieser Kraft gemessen ganz Unbedeutendes, ein kleiner Zufall zumeist, gemäss dem jenes Quantum sich nunmehr auf Eine und bestimmte Weise »auslöst«: das Streichholz im Verhältniss zur Pulvertonne. Unter diese kleinen Zufälle und Streichhölzer rechne ich alle sogenannten »Zwecke«, ebenso die noch viel sogenannteren »Lebensberufe«: sie sind relativ beliebig, willkürlich, fast gleichgültig im Verhältniss zu dem ungeheuren Quantum Kraft, welches darnach drängt, wie gesagt, irgendwie aufgebraucht zu werden. Man sieht es gemeinhin anders an: man ist gewohnt, gerade in dem Ziele (Zwecke, Berufe u.s.w.) die treibende Kraft zu sehn, gemäss einem uralten Irrthume, – aber er ist nur die dirigirende Kraft, man hat dabei den Steuermann und den Dampf verwechselt. Und noch nicht einmal immer den Steuermann, die dirigirende Kraft ... Ist das »Ziel«, der »Zweck« nicht oft genug nur ein beschönigender Vorwand, eine nachträgliche Selbstverblendung der Eitelkeit, die es nicht Wort haben will, [608] dass das Schiff der Strömung folgt, in die es zufällig gerathen ist? Dass es dorthin »will«, weil es dorthin – muss? Dass es wohl eine Richtung hat, aber ganz und gar – keinen Steuermann? – Man bedarf noch einer Kritik des Begriffs »Zweck«.

361.

Vom Probleme des Schauspielers. – Das Problem des Schauspielers hat mich am längsten beunruhigt; ich war im Ungewissen darüber (und bin es mitunter jetzt noch), ob man nicht erst von da aus dem gefährlichen Begriff »Künstler« – einem mit unverzeihlicher Gutmüthigkeit bisher behandelten Begriff – beikommen wird. Die Falschheit mit gutem Gewissen; die Lust an der Verstellung als Macht herausbrechend, den sogenannten »Charakter« bei Seite schiebend, überfluthend, mitunter auslöschend; das innere Verlangen in eine Rolle und Maske, in einen Schein hinein; ein Ueberschuss von Anpassungs-Fähigkeiten aller Art, welche sich nicht mehr im Dienste des nächsten engsten Nutzens zu befriedigen wissen: Alles das ist vielleicht nicht nur der Schauspieler an sich? .. Ein solcher Instinkt wird sich am leichtesten bei Familien des niederen Volkes ausgebildet haben, die unter wechselndem Druck und Zwang, in tiefer Abhängigkeit ihr Leben durchsetzen mussten, welche sich geschmeidig nach ihrer Decke zu strecken, auf neue Umstände immer neu einzurichten, immer wieder anders zu geben und zu stellen hatten, befähigt allmählich, den Mantel nach jedem Winde zu hängen und dadurch fast zum Mantel werdend, als Meister jener einverleibten und eingefleischten Kunst des ewigen Versteckens-Spielens, das man bei Thieren mimicry nennt: bis zum Schluss dieses ganze von Geschlecht zu Geschlecht aufgespeicherte Vermögen herrisch, unvernünftig, unbändig wird, als Instinkt andre Instinkte kommandiren lernt und den Schauspieler, den »Künstler« erzeugt (den Possenreisser, Lügenerzähler, Hanswurst, [609] Narren, Clown zunächst, auch den classischen Bedienten, den Gil Blas: denn in solchen Typen hat man die Vorgeschichte des Künstlers und oft genug sogar des »Genies«). Auch in höheren gesellschaftlichen Bedingungen erwächst unter ähnlichem Drucke eine ähnliche Art Mensch: nur wird dann meistens der schauspielerische Instinkt durch einen andren Instinkt gerade noch im Zaume gehalten, zum Beispiel bei dem »Diplomaten«, – ich würde übrigens glauben, dass es einem guten Diplomaten jeder Zeit noch freistünde, auch einen guten Bühnen-Schauspieler abzugeben, gesetzt, dass es ihm eben »freistünde«. Was aber die Juden betrifft, jenes Volk der Anpassungskunst par excellence, so möchte man in ihnen, diesem Gedankengange nach, von vornherein gleichsam eine welthistorische Veranstaltung zur Züchtung von Schauspielern sehn, eine eigentliche Schauspieler-Brutstätte; und in der That ist die Frage reichlich an der Zeit: welcher gute Schauspieler ist heute nicht – Jude? Auch der Jude als geborener Litterat, als der thatsächliche Beherrscher der europäischen Presse übt diese seine Macht auf Grund seiner schauspielerischen Fähigkeit aus: denn der Litterat ist wesentlich Schauspieler, – er spielt nämlich den »Sachkundigen«, den »Fachmann«. – Endlich die Frauen: man denke über die ganze Geschichte der Frauen nach, – müssen sie nicht zu allererst und -oberst Schauspielerinnen sein? Man höre die Aerzte, welche Frauenzimmer hypnotisirt haben; zuletzt, man liebe sie, – man lasse sich von ihnen »hypnotisiren«! Was kommt immer dabei heraus? Dass sie »sich geben«, selbst noch, wenn sie – sich geben. . . . Das Weib ist so artistisch . . .

362.

Unser Glaube an eine Vermännlichung Europa's. – Napoleon verdankt man's (und ganz und gar nicht der französischen Revolution, welche auf »Brüderlichkeit« von Volk zu Volk und allgemeinen blumichten Herzens-Austausch [610] ausgewesen ist), dass sich jetzt ein paar kriegerische Jahrhunderte auf einander folgen dürfen, die in der Geschichte nicht ihres Gleichen haben, kurz dass wir in's klassische Zeitalter des Kriegs getreten sind, des gelehrten und zugleich volksthümlichen Kriegs im grössten Maassstabe (der Mittel, der Begabungen, der Disciplin), auf den alle kommenden Jahrtausende als auf ein Stück Vollkommenheit mit Neid und Ehrfurcht zurückblicken werden: – denn die nationale Bewegung, aus der diese Kriegs-Glorie herauswächst, ist nur der Gegen-choc gegen Napoleon und wäre ohne Napoleon nicht vorhanden. Ihm also wird man einmal es zurechnen dürfen, dass der Mann in Europa wieder Herr über den Kaufmann und Philister geworden ist; vielleicht sogar über »das Weib«, das durch das Christenthum und den schwärmerischen Geist des achtzehnten Jahrhunderts, noch mehr durch die »modernen Ideen«, verhätschelt worden ist. Napoleon, der in den modernen Ideen und geradewegs in der Civilisation Etwas wie eine persönliche Feindin sah, hat mit dieser Feindschaft sich als einer der grössten Fortsetzer der Renaissance bewährt: er hat ein ganzes Stück antiken Wesens, das entscheidende vielleicht, das Stück Granit, wieder heraufgebracht. Und wer weiss, ob nicht dies Stück antiken Wesens auch endlich wieder über die nationale Bewegung Herr werden wird und sich im bejahenden Sinne zum Erben und Fortsetzer Napoleon's machen muss: – der das Eine Europa wollte, wie man weiss, und dies als Herrin der Erde. –

363.

Wie jedes Geschlecht über die Liebe sein Vorurtheil hat. – Bei allem Zugeständnisse, welches ich dem monogamischen Vorurtheile zu machen Willens bin, werde ich doch niemals zulassen, dass man bei Mann und Weib von gleichen Rechten in der Liebe rede: diese giebt es nicht. Das [611] macht, Mann und Weib verstehen unter Liebe Jeder etwas Anderes, – und es gehört mit unter die Bedingungen der Liebe bei beiden Geschlechtern, dass das eine Geschlecht beim andren Geschlechte nicht das gleiche Gefühl, den gleichen Begriff »Liebe« voraussetzt. Was das Weib unter Liebe versteht, ist klar genug: vollkommene Hingabe (nicht nur Hingebung) mit Seele und Leib, ohne jede Rücksicht, jeden Vorbehalt, mit Scham und Schrecken vielmehr vor dem Gedanken einer verklausulirten, an Bedingungen geknüpften Hingabe. In dieser Abwesenheit von Bedingungen ist eben seine Liebe ein Glaube: das Weib hat keinen anderen. – Der Mann, wenn er ein Weib liebt, will von ihm eben diese Liebe, ist folglich für seine Person selbst am entferntesten von der Voraussetzung der weiblichen Liebe; gesetzt aber, dass es auch Männer geben sollte, denen ihrerseits das Verlangen nach vollkommener Hingebung nicht fremd ist, nun, so sind das eben – keine Männer. Ein Mann, der liebt wie ein Weib, wird damit Sklave; ein Weib aber, das liebt wie ein Weib, wird damit ein vollkommeneres Weib ... Die Leidenschaft des Weibes, in ihrem unbedingten Verzichtleisten auf eigne Rechte, hat gerade zur Voraussetzung, dass auf der andren Seite nicht ein gleiches Pathos, ein gleiches Verzichtleisten-Wollen besteht: denn wenn Beide aus Liebe auf sich selbst verzichteten, so entstünde daraus – nun, ich weiss nicht was, vielleicht ein leerer Raum? – Das Weib will genommen, angenommen werden als Besitz, will aufgehn in den Begriff »Besitz«, »besessen«; folglich will es Einen, der nimmt, der sich nicht selbst giebt und weggiebt, der umgekehrt vielmehr gerade reicher an »sich« gemacht werden soll – durch den Zuwachs an Kraft, Glück, Glaube, als welchen ihm das Weib sich selbst giebt. Das Weib giebt sich weg, der Mann nimmt hinzu – ich denke, über diesen Natur-Gegensatz wird man durch keine socialen Verträge, auch nicht durch den allerbesten Willen zur Gerechtigkeit hinwegkommen: so wünschenswerth es sein mag, dass man [612] das Harte, Schreckliche, Räthselhafte, Unmoralische dieses Antagonismus sich nicht beständig vor Augen stellt. Denn die Liebe, ganz, gross, voll gedacht, ist Natur und als Natur in alle Ewigkeit etwas »Unmoralisches«. – Die Treue ist demgemäss in die Liebe des Weibes eingeschlossen, sie folgt aus deren Definition; bei dem Manne kann sie leicht im Gefolge seiner Liebe entstehn, etwa als Dankbarkeit oder als Idiosynkrasie des Geschmacks und sogenannte Wahlverwandtschaft, aber sie gehört nicht in's Wesen seiner Liebe, – und zwar so wenig, dass man beinahe mit einigem Recht von einem natürlichen Widerspiel zwischen Liebe und Treue beim Mann reden dürfte: welche Liebe eben ein Haben-Wollen ist und nicht ein Verzichtleisten und Weggeben; das Haben-Wollen geht aber jedes Mal mit dem Haben zu Ende ... Thatsächlich ist es der feinere und argwöhnerischere Besitzdurst des Mannes, der dies »Haben« sich selten und spät eingesteht, was seine Liebe fortbestehn macht; insofern ist es selbst möglich, dass sie noch nach der Hingebung wächst, – er giebt nicht leicht zu, dass ein Weib für ihn Nichts mehr »hinzugeben« hätte. –

364.

Der Einsiedler redet. – Die Kunst, mit Menschen umzugehn, beruht wesentlich auf der Geschicklichkeit (die eine lange Uebung voraussetzt), eine Mahlzeit anzunehmen, einzunehmen, zu deren Küche man kein Vertrauen hat. Gesetzt, dass man mit einem Wolfshunger zu Tisch kommt, geht Alles leicht (»die schlechteste Gesellschaft lässt dich fühlen –«, wie Mephistopheles sagt); aber man hat ihn nicht, diesen Wolfshunger, wenn man ihn braucht! Ah, wie schwer sind die Mitmenschen zu verdauen! Erstes Princip: wie bei einem Unglücke seinen Muth einsetzen, tapfer zugreifen, sich selbst dabei bewundern, seinen Widerwillen zwischen die Zähne nehmen, seinen Ekel hinunter stopfen. Zweites Princip: seinen Mit-[613]menschen »verbessern«, zum Beispiel durch ein Lob, so dass er sein Glück über sich selbst auszuschwitzen beginnt; oder einen Zipfel von seinen guten oder »interessanten« Eigenschaften fassen und daran ziehn, bis man die ganze Tugend heraus hat und den Mitmenschen in deren Falten unterstecken kann. Drittes Princip: Selbsthypnotisirung. Sein Verkehrs-Objekt wie einen gläsernen Knopf fixiren, bis man aufhört, Lust und Unlust dabei zu empfinden, und unbemerkt einschläft, starr wird, Haltung bekommt: ein Hausmittel aus der Ehe und Freundschaft, reichlich erprobt, als unentbehrlich gepriesen, aber wissenschaftlich noch nicht formulirt. Sein populärer Name ist – Geduld. –

365.

Der Einsiedler spricht noch einmal. – Auch wir gehn mit »Menschen« um, auch wir ziehn bescheiden das Kleid an, in dem (als das) man uns kennt, achtet, sucht, und begeben uns damit in Gesellschaft, das heisst unter Verkleidete, die es nicht heissen wollen; auch wir machen es wie alle klugen Masken und setzen jeder Neugierde, die nicht unser »Kleid« betrifft, auf eine höfliche Weise den Stuhl vor die Thüre. Es giebt aber auch andre Arten und Kunststücke, um unter Menschen, mit Menschen »umzugehn«: zum Beispiel als Gespenst, – was sehr rathsam ist, wenn man sie bald los sein und fürchten machen will. Probe: man greift nach uns und bekommt uns nicht zu fassen. Das erschreckt. Oder: wir kommen durch eine geschlossne Thür. Oder: wenn alle Lichter ausgelöscht sind. Oder: nachdem wir bereits gestorben sind. Letzteres ist das Kunststück der posthumen Menschen par excellence. (»Was denkt ihr auch?« sagte ein Solcher einmal ungeduldig, »würden wir diese Fremde, Kälte, Grabesstille um uns auszuhalten Lust haben, diese ganze unterirdische verborgne stumme unentdeckte Einsamkeit, die bei uns Leben heisst und ebensogut Tod heissen könnte, wenn wir nicht wüssten, was [614] aus uns wird, – und dass wir nach dem Tode erst zu unserm Leben kommen und lebendig werden, ah! sehr lebendig! wir posthumen Menschen!« –)

366.

Angesichts eines gelehrten Buches. – Wir gehören nicht zu Denen, die erst zwischen Büchern, auf den Anstoss von Büchern zu Gedanken kommen – unsre Gewohnheit ist, im Freien zu denken, gehend, springend, steigend, tanzend, am liebsten auf einsamen Bergen oder dicht am Meere, da wo selbst die Wege nachdenklich werden. Unsre ersten Werthfragen, in Bezug auf Buch, Mensch und Musik, lauten: »kann er gehen? mehr noch, kann er tanzen?« ... Wir lesen selten, wir lesen darum nicht schlechter – oh wie rasch errathen wir's, wie Einer auf seine Gedanken gekommen ist, ob sitzend, vor dem Tintenfass, mit zusammengedrücktem Bauche, den Kopf über das Papier gebeugt: oh wie rasch sind wir auch mit seinem Buche fertig! Das geklemmte Eingeweide verräth sich, darauf darf man wetten, ebenso wie sich Stubenluft, Stubendecke, Stubenenge verräth. – Das waren meine Gefühle, als ich eben ein rechtschaffnes gelehrtes Buch zuschlug, dankbar, sehr dankbar, aber auch erleichtert ... An dem Buche eines Gelehrten ist fast immer auch etwas Drückendes, Gedrücktes: der »Specialist« kommt irgendwo zum Vorschein, sein Eifer, sein Ernst, sein Ingrimm, seine Ueberschätzung des Winkels, in dem er sitzt und spinnt, sein Buckel, – jeder Specialist hat seinen Buckel. Ein Gelehrten-Buch spiegelt immer auch eine krummgezogene Seele: jedes Handwerk zieht krumm. Man sehe seine Freunde wieder, mit denen man jung war, nachdem sie Besitz von ihrer Wissenschaft ergriffen haben: ach, wie auch immer das Umgekehrte geschehn ist! Ach, wie sie selbst auf immer nunmehr von ihr besetzt und besessen sind! In ihre Ecke eingewachsen, verdrückt bis zur Unkenntlichkeit, unfrei, um ihr [615] Gleichgewicht gebracht, abgemagert und eckig überall, nur an Einer Stelle ausbündig rund, – man ist bewegt und schweigt, wenn man sie so wiederfindet. Jedes Handwerk, gesetzt selbst, dass es einen goldenen Boden hat, hat über sich auch eine bleierne Decke, die auf die Seele drückt und drückt, bis sie wunderlich und krumm gedrückt ist. Daran ist Nichts zu ändern. Man glaube ja nicht, dass es möglich sei, um diese Verunstaltung durch irgend welche Künste der Erziehung herumzukommen. Jede Art Meisterschaft zahlt sich theuer auf Erden, wo vielleicht Alles sich zu theuer zahlt; man ist Mann seines Fachs um den Preis, auch das Opfer seines Fachs zu sein. Aber ihr wollt es anders haben – »billiger«, vor Allem bequemer – nicht wahr, meine Herren Zeitgenossen? Nun wohlan! Aber da bekommt ihr sofort auch etwas Anderes, nämlich statt des Handwerkers und Meisters den Litteraten, den gewandten »vielgewendeten« Litteraten, dem freilich der Buckel fehlt – jenen abgerechnet, den er vor euch macht, als der Ladendiener des Geistes und »Träger« der Bildung –, den Litteraten, der eigentlich Nichts ist, aber fast Alles »repräsentirt«, der den Sachkenner spielt und »vertritt«, der es auch in aller Bescheidenheit auf sich nimmt, sich an dessen Stelle bezahlt, geehrt, gefeiert zu machen. – Nein, meine gelehrten Freunde! Ich segne euch auch noch um eures Buckels willen! Und dafür, dass ihr gleich mir die Litteraten und Bildungs-Schmarotzer verachtet! Und dass ihr nicht mit dem Geiste Handel zu treiben wisst! Und lauter Meinungen habt, die nicht in Geldeswerth auszudrücken sind! Und dass ihr Nichts vertretet, was ihr nicht seid! Dass euer einziger Wille ist, Meister eures Handwerks zu werden, in Ehrfurcht vor jeder Art Meisterschaft und Tüchtigkeit und mit rücksichtslosester Ablehnung alles Scheinbaren, Halbächten, Aufgeputzten, Virtuosenhaften, Demagogischen, Schauspielerischen in litteris et artibus – alles Dessen, was in Hinsicht auf unbedingte Probität von Zucht und Vorschulung sich nicht vor euch ausweisen [616] kann! (Selbst Genie hilft über einen solchen Mangel nicht hinweg, so sehr es auch über ihn hinwegzutäuschen versteht: das begreift man, wenn man einmal unsern begabtesten Malern und Musikern aus der Nähe zugesehn hat, – als welche Alle, fast ausnahmslos, sich durch eine listige Erfindsamkeit von Manieren, von Nothbehelfen, selbst von Principien künstlich und nachträglich den Anschein jener Probität, jener Solidität von Schulung und Cultur anzueignen wissen, freilich ohne damit sich selbst zu betrügen, ohne damit ihr eignes schlechtes Gewissen dauernd mundtodt zu machen. Denn, ihr wisst es doch? alle grossen modernen Künstler leiden am schlechten Gewissen ...)

367.

Wie man zuerst bei Kunstwerken zu unterscheiden hat. – Alles, was gedacht, gedichtet, gemalt, componirt, selbst gebaut und gebildet wird, gehört entweder zur monologischen Kunst oder zur Kunst vor Zeugen. Unter letztere ist auch noch jene scheinbare Monolog-Kunst einzurechnen, welche den Glauben an Gott in sich schliesst, die ganze Lyrik des Gebets: denn für einen Frommen giebt es noch keine Einsamkeit, – diese Erfindung haben erst wir gemacht, wir Gottlosen. Ich kenne keinen tieferen Unterschied der gesammten Optik eines Künstlers als diesen: ob er vom Auge des Zeugen aus nach seinem werdenden Kunstwerke (nach »sich« –) hinblickt oder aber »die Welt vergessen hat«: wie es das Wesentliche jeder monologischen Kunst ist, – sie ruht auf dem Vergessen, sie ist die Musik des Vergessens.

368.

Der Cyniker redet. – Meine Einwände gegen die Musik Wagner's sind physiologische Einwände: wozu dieselben erst noch unter ästhetische Formeln verkleiden? Meine »That-[617]sache« ist, dass ich nicht mehr leicht athme, wenn diese Musik erst auf mich wirkt; dass alsbald mein Fuss gegen sie böse wird und revoltirt – er hat das Bedürfniss nach Takt, Tanz, Marsch, er verlangt von der Musik vorerst die Entzückungen, welche in gutem Gehen, Schreiten, Springen, Tanzen liegen. – Protestirt aber nicht auch mein Magen? mein Herz? mein Blutlauf? mein Eingeweide? Werde ich nicht unvermerkt heiser dabei? – Und so frage ich mich: was will eigentlich mein ganzer Leib von der Musik überhaupt? Ich glaube, seine Erleichterung: wie als ob alle animalischen Funktionen durch leichte kühne ausgelassne selbstgewisse Rhythmen beschleunigt werden sollten; wie als ob das eherne, das bleierne Leben durch goldene gute zärtliche Harmonien vergoldet werden sollte. Meine Schwermuth will in den Verstecken und Abgründen der Vollkommenheit ausruhn: dazu brauche ich Musik. Was geht mich das Drama an! Was die Krämpfe seiner sittlichen Ekstasen, an denen das »Volk« seine Genugthuung hat! Was der ganze Gebärden-Hokuspokus des Schauspielers! . . . Man erräth, ich bin wesentlich antitheatralisch geartet, – aber Wagner war umgekehrt wesentlich Theatermensch und Schauspieler, der begeistertste Mimomane, den es gegeben hat, auch noch als Musiker! . . Und, beiläufig gesagt: wenn es Wagner's Theorie gewesen ist »das Drama ist der Zweck, die Musik ist immer nur dessen Mittel«, – seine Praxis dagegen war, von Anfang bis zu Ende, »die Attitüde ist der Zweck, das Drama, auch die Musik ist immer nur ihr Mittel«. Die Musik als Mittel zur Verdeutlichung, Verstärkung, Verinnerlichung der dramatischen Gebärde und Schauspieler-Sinnenfälligkeit; und das Wagnerische Drama nur eine Gelegenheit zu vielen dramatischen Attitüden! Er hatte, neben allen anderen Instinkten, die commandirenden Instinkte eines grossen Schauspielers, in Allem und Jedem: und, wie gesagt, auch als Musiker. – Dies machte ich einstmals einem rechtschaffenen Wagnerianer klar, mit einiger Mühe; und ich hatte Gründe, noch [618] hinzuzufügen »seien Sie doch ein wenig ehrlicher gegen sich selbst: wir sind ja nicht im Theater! Im Theater ist man nur als Masse ehrlich; als Einzelner lügt man, belügt man sich. Man lässt sich selbst zu Hause, wenn man in's Theater geht, man verzichtet auf das Recht der eignen Zunge und Wahl, auf seinen Geschmack, selbst auf seine Tapferkeit, wie man sie zwischen den eignen vier Wänden gegen Gott und Mensch hat und übt. In das Theater bringt Niemand die feinsten Sinne seiner Kunst mit, auch der Künstler nicht, der für das Theater arbeitet: da ist man Volk, Publikum, Heerde, Weib, Pharisäer, Stimmvieh, Demokrat, Nächster, Mitmensch, da unterliegt noch das persönlichste Gewissen dem nivellirenden Zauber der »grössten Zahl«, da wirkt die Dummheit als Lüsternheit und Contagion, da regiert der »Nachbar«, da wird man Nachbar ...« (Ich vergass zu erzählen, was mir mein aufgeklärter Wagnerianer auf die physiologischen Einwände entgegnete: »Sie sind also eigentlich nur nicht gesund genug für unsere Musik?« –)

369.

Unser Nebeneinander. – Müssen wir es uns nicht eingestehn, wir Künstler, dass es eine unheimliche Verschiedenheit in uns giebt, dass unser Geschmack und andrerseits unsre schöpferische Kraft auf eine wunderliche Weise für sich stehn, für sich stehn bleiben und ein Wachsthum für sich haben, – ich will sagen ganz verschiedne Grade und tempi von Alt, Jung, Reif, Mürbe, Faul? So dass zum Beispiel ein Musiker zeitlebens Dinge schaffen könnte, die dem, was sein verwöhntes Zuhörer-Ohr, Zuhörer-Herz schätzt, schmeckt, vorzieht, widersprechen: – er brauchte noch nicht einmal um diesen Widerspruch zu wissen! Man kann, wie eine fast peinlich-regelmässige Erfahrung zeigt, leicht mit seinem Geschmack über den Geschmack seiner Kraft hinauswachsen, selbst ohne dass letztere dadurch gelähmt und am Hervorbringen gehin-[619]dert würde; es kann aber auch etwas Umgekehrtes geschehn, – und dies gerade ist es, worauf ich die Aufmerksamkeit der Künstler lenken möchte. Ein Beständig-Schaffender, eine »Mutter« von Mensch, im grossen Sinne des Wortes, ein Solcher, der von Nichts als von Schwangerschaften und Kindsbetten seines Geistes mehr weiss und hört, der gar keine Zeit hat, sich und sein Werk zu bedenken, zu vergleichen, der auch nicht mehr Willens ist, seinen Geschmack noch zu üben, und ihn einfach vergisst, nämlich stehn, liegen oder fallen lässt, – vielleicht bringt ein Solcher endlich Werke hervor, denen er mit seinem Urtheile längst nicht mehr gewachsen ist: so dass er über sie und sich Dummheiten sagt, – sagt und denkt. Dies scheint mir bei fruchtbaren Künstlern beinahe das normale Verhältniss, – Niemand kennt ein Kind schlechter als seine Eltern – und es gilt sogar, um ein ungeheueres Beispiel zu nehmen, in Bezug auf die ganze griechische Dichter- und Künstler-Welt: sie hat niemals »gewusst«, was sie gethan hat ...

370.

Was ist Romantik? – Man erinnert sich vielleicht, zum Mindesten unter meinen Freunden, dass ich Anfangs mit einigen dicken Irrthümern und Ueberschätzungen und jedenfalls als Hoffender auf diese moderne Welt losgegangen bin. Ich verstand – wer weiss, auf welche persönlichen Erfahrungen hin? – den philosophischen Pessimismus des neunzehnten Jahrhunderts, wie als ob er das Symptom von höherer Kraft des Gedankens, von verwegenerer Tapferkeit, von siegreicherer Fülle des Lebens sei, als diese dem achtzehnten Jahrhundert, dem Zeitalter Hume's, Kant's, Condillac's und der Sensualisten, zu eigen gewesen sind: so dass mir die tragische Erkenntniss wie der eigentliche Luxus unsrer Cultur erschien, als deren kostbarste, vornehmste, gefährlichste Art Verschwendung, aber immerhin, auf Grund ihres [620] Ueberreichthums, als ihr erlaubter Luxus. Insgleichen deutete ich mir die deutsche Musik zurecht zum Ausdruck einer dionysischen Mächtigkeit der deutschen Seele: in ihr glaubte ich das Erdbeben zu hören, mit dem eine von Alters her aufgestaute Urkraft sich endlich Luft macht – gleichgültig dagegen, ob Alles, was sonst Cultur heisst, dabei in's Zittern geräth. Man sieht, ich verkannte damals, sowohl am philosophischen Pessimismus, wie an der deutschen Musik, das was ihren eigentlichen Charakter ausmacht – ihre Romantik. Was ist Romantik? Jede Kunst, jede Philosophie darf als Heil- und Hülfsmittel im Dienste des wachsenden, kämpfenden Lebens angesehn werden: sie setzen immer Leiden und Leidende voraus. Aber es giebt zweierlei Leidende, einmal die an der Ueberfülle des Lebens Leidenden, welche eine dionysische Kunst wollen und ebenso eine tragische Ansicht und Einsicht in das Leben, – und sodann die an der Verarmung des Lebens Leidenden, die Ruhe, Stille, glattes Meer, Erlösung von sich durch die Kunst und Erkenntniss suchen, oder aber den Rausch, den Krampf, die Betäubung, den Wahnsinn. Dem Doppel-Bedürfnisse der Letzteren entspricht alle Romantik in Künsten und Erkenntnissen, ihnen entsprach (und entspricht) ebenso Schopenhauer als Richard Wagner, um jene berühmtesten und ausdrücklichsten Romantiker zu nennen, welche damals von mir missverstanden wurden – übrigens nicht zu ihrem Nachtheile, wie man mir in aller Billigkeit zugestehn darf. Der Reichste an Lebensfülle, der dionysische Gott und Mensch, kann sich nicht nur den Anblick des Fürchterlichen und Fragwürdigen gönnen, sondern selbst die fürchterliche That und jeden Luxus von Zerstörung, Zersetzung, Verneinung; bei ihm erscheint das Böse, Unsinnige und Hässliche gleichsam erlaubt, in Folge eines Ueberschusses von zeugenden, befruchtenden Kräften, welcher aus jeder Wüste noch ein üppiges Fruchtland zu schaffen im Stande ist. Umgekehrt würde der Leidendste, Lebensärmste am meisten [621] die Milde, Friedlichkeit, Güte nöthig haben, im Denken und im Handeln, womöglich einen Gott, der ganz eigentlich ein Gott für Kranke, ein »Heiland« wäre; ebenso auch die Logik, die begriffliche Verständlichkeit des Daseins – denn die Logik beruhigt, giebt Vertrauen –, kurz eine gewisse warme furchtabwehrende Enge und Einschliessung in optimistische Horizonte. Dergestalt lernte ich allmählich Epikur begreifen, den Gegensatz eines dionysischen Pessimisten, ebenfalls den »Christen«, der in der That nur eine Art Epikureer und, gleich jenem, wesentlich Romantiker ist, – und mein Blick schärfte sich immer mehr für jene schwierigste und verfänglichste Form des Rückschlusses, in der die meisten Fehler gemacht werden – des Rückschlusses vom Werk auf den Urheber, von der That auf den Thäter, vom Ideal auf Den, der es nöthig hat, von jeder Denk- und Werthungsweise auf das dahinter kommandirende Bedürfniss. – In Hinsicht auf alle ästhetischen Werthe bediene ich mich jetzt dieser Hauptunterscheidung: ich frage, in jedem einzelnen Falle, »ist hier der Hunger oder der Ueberfluss schöpferisch geworden?« Von vornherein möchte sich eine andre Unterscheidung mehr zu empfehlen scheinen – sie ist bei weitem augenscheinlicher – nämlich das Augenmerk darauf, ob das Verlangen nach Starrmachen, Verewigen, nach Sein die Ursache des Schaffens ist, oder aber das Verlangen nach Zerstörung, nach Wechsel, nach Neuem, nach Zukunft, nach Werden. Aber beide Arten des Verlangens erweisen sich, tiefer angesehn, noch als zweideutig, und zwar deutbar eben nach jenem vorangestellten und mit Recht, wie mich dünkt, vorgezogenen Schema. Das Verlangen nach Zerstörung, Wechsel, Werden kann der Ausdruck der übervollen, zukunftsschwangeren Kraft sein (mein terminus ist dafür, wie man weiss, das Wort »dionysisch«), aber es kann auch der

Hass des Missrathenen, Entbehrenden, Schlechtweggekommenen sein, der zerstört, zerstören muss, weil ihn das Bestehende, ja alles Bestehn, alles Sein selbst empört und auf-[622]reizt – man sehe sich, um diesen Affekt zu verstehn, unsre Anarchisten aus der Nähe an. Der Wille zum Verewigen bedarf gleichfalls einer zwiefachen Interpretation. Er kann einmal aus Dankbarkeit und Liebe kommen: – eine Kunst dieses Ursprungs wird immer eine Apotheosenkunst sein, dithyrambisch vielleicht mit Rubens, selig-spöttisch mit Hafis, hell und gütig mit Goethe, und einen homerischen Licht- und Glorienschein über alle Dinge breitend. Er kann aber auch jener tyrannische Wille eines Schwerleidenden, Kämpfenden, Torturirten sein, welcher das Persönlichste, Einzelnste, Engste, die eigentliche Idiosynkrasie seines Leidens noch zum verbindlichen Gesetz und Zwang stempeln möchte und der an allen Dingen gleichsam Rache nimmt, dadurch, dass er ihnen sein Bild, das Bild seiner Tortur, aufdrückt, einzwängt, einbrennt. Letzteres ist der romantische Pessimismus in seiner ausdrucksvollsten Form, sei es als Schopenhauer'sche Willens-Philosophie, sei es als Wagner'sche Musik: – der romantische Pessimismus, das letzte grosse Ereigniss im Schicksal unsrer Cultur. (Dass es noch einen ganz anderen Pessimismus geben könne, einen klassischen – diese Ahnung und Vision gehört zu mir, als unablöslich von mir, als mein proprium und ipsissimum: nur dass meinen Ohren das Wort »klassisch« widersteht, es ist bei weitem zu abgebraucht, zu rund und unkenntlich geworden. Ich nenne jenen Pessimismus der Zukunft – denn er kommt! ich sehe ihn kommen! – den dionysischen Pessimismus.)

371.

Wir Unverständlichen. – Haben wir uns je darüber beklagt, missverstanden, verkannt, verwechselt, verleumdet, verhört und überhört zu werden? Eben das ist unser Loos

– oh für lange noch! sagen wir, um bescheiden zu sein, bis 1901 –, es ist auch unsre Auszeichnung; wir würden uns selbst nicht ge-[623]nug in Ehren halten, wenn wir's anders wünschten. Man verwechselt uns – das macht, wir selbst wachsen, wir wechseln fortwährend, wir stossen alte Rinden ab, wir häuten uns mit jedem Frühjahre noch, wir werden immer jünger, zukünftiger, höher, stärker, wir treiben unsre Wurzeln immer mächtiger in die Tiefe – in's Böse –, während wir zugleich den Himmel immer liebevoller, immer breiter umarmen und sein Licht immer durstiger mit allen unsren Zweigen und Blättern in uns hineinsaugen. Wir wachsen wie Bäume – das ist schwer zu verstehn, wie alles Leben! – nicht an Einer Stelle, sondern überall, nicht in Einer Richtung, sondern ebenso hinauf, hinaus wie hinein und hinunter, – unsre Kraft treibt zugleich in Stamm, Aesten und Wurzeln, es steht uns gar nicht mehr frei, irgend Etwas einzeln zu thun, irgend etwas Einzelnes noch zu sein ... So ist es unser Loos, wie gesagt: wir wachsen in die Höhe; und gesetzt, es wäre selbst unser Verhängniss – denn wir wohnen den Blitzen immer näher! – wohlan, wir halten es darum nicht weniger in Ehren, es bleibt Das, was wir nicht theilen, nicht mittheilen wollen, das Verhängniss der Höhe, unser Verhängniss ...

372.

Warum wir keine Idealisten sind. – Ehemals hatten die Philosophen Furcht vor den Sinnen: haben wir – diese Furcht vielleicht allzusehr verlernt? Wir sind heute allesammt Sensualisten, wir Gegenwärtigen und Zukünftigen in der Philosophie, nicht der Theorie nach, aber der Praxis, der Praktik ... Jene hingegen meinten, durch die Sinne aus ihrer Welt, dem kalten Reiche der »Ideen«, auf ein gefährliches südlicheres Eiland weggelockt zu werden: woselbst, wie sie fürchteten, ihre Philosophen-Tugenden wie Schnee in der Sonne wegschmelzen würden. »Wachs in den

Ohren« war damals beinahe Bedingung des Philosophirens; ein ächter Philosoph hörte das Leben nicht mehr, insofern Leben Musik ist, er leugnete [624] die Musik des Lebens, – es ist ein alter Philosophen-Aberglaube, dass alle Musik Sirenen-Musik ist. – Nun möchten wir heute geneigt sein, gerade umgekehrt zu urtheilen (was an sich noch eben so falsch sein könnte): nämlich dass die Ideen schlimmere Verführerinnen seien als die Sinne, mit allem ihrem kalten anämischen Anscheine und nicht einmal trotz diesem Anscheine, – sie lebten immer vom »Blute« des Philosophen, sie zehrten immer seine Sinne aus, ja, wenn man uns glauben will, auch sein »Herz«. Diese alten Philosophen waren herzlos: Philosophiren war immer eine Art Vampyrismus. Fühlt ihr nicht an solchen Gestalten, wie noch der Spinoza's, etwas tief Änigmatisches und Unheimliches? Seht ihr das Schauspiel nicht, das sich hier abspielt, das beständige Blässer-werden –, die immer idealischer ausgelegte Entsinnlichung? Ahnt ihr nicht im Hintergrunde irgend eine lange verborgene Blutaussaugerin, welche mit den Sinnen ihren Anfang macht und zuletzt Knochen und Geklapper übrig behält, übrig lässt? – ich meine Kategorien, Formeln, Worte (denn, man vergebe mir, das was von Spinoza übrig blieb, amor intellectualis dei, ist ein Geklapper, nichts mehr! was ist amor, was deus, wenn ihnen jeder Tropfen Blut fehlt? ...). In summa: aller philosophische Idealismus war bisher Etwas wie Krankheit, wo er nicht, wie im Falle Plato's, die Vorsicht einer überreichen und gefährlichen Gesundheit, die Furcht vor übermächtigen Sinnen, die Klugheit eines klugen Sokratikers war. – Vielleicht sind wir Modernen nur nicht gesund genug, um Plato's Idealismus nöthig zu haben? Und wir fürchten die Sinne nicht, weil – –

373.

»Wissenschaft« als Vorurtheil. – Es folgt aus den Gesetzen der Rangordnung, dass Gelehrte, insofern sie dem geistigen Mittelstande zugehören, die eigentlichen grossen Probleme und Fragezeichen gar nicht in Sicht bekommen [625] dürfen: zudem reicht ihr Muth und ebenso ihr Blick nicht bis dahin, – vor Allem, ihr Bedürfniss, das sie zu Forschern macht, ihr inneres Vorausnehmen und Wünschen, es möchte so und so beschaffen sein, ihr Fürchten und Hoffen kommt zu bald schon zur Ruhe, zur Befriedigung. Was zum Beispiel den pedantischen Engländer Herbert Spencer auf seine Weise schwärmen macht und einen Hoffnungs-Strich, eine Horizont-Linie der Wünschbarkeit ziehen heisst, jene endliche Versöhnung von »Egoismus und Altruismus«, von der er fabelt, das macht Unsereinem beinahe Ekel: – eine Menschheit mit solchen Spencer'schen Perspektiven als letzten Perspektiven schiene uns der Verachtung, der Vernichtung werth! Aber schon dass Etwas als höchste Hoffnung von ihm empfunden werden muss, was Anderen bloss als widerliche Möglichkeit gilt und gelten darf, ist ein Fragezeichen, welches Spencer nicht vorauszusehn vermocht hätte ... Ebenso steht es mit jenem Glauben, mit dem sich jetzt so viele materialistische Naturforscher zufrieden geben, dem Glauben an eine Welt, welche im menschlichen Denken, in menschlichen Werthbegriffen ihr Äquivalent und Maass haben soll, an eine »Welt der Wahrheit«, der man mit Hülfe unsrer viereckigen kleinen Menschenvernunft letztgültig beizukommen vermöchte – wie? wollen wir uns wirklich dergestalt das Dasein zu einer Rechenknechts-Uebung und Stubenhockerei für Mathematiker herabwürdigen lassen? Man soll es vor Allem nicht seines vieldeutigen Charakters entkleiden wollen: das fordert der gute Geschmack, meine Herren, der Geschmack der Ehrfurcht vor Allem, was über euren Horizont geht! Dass allein eine Welt-Interpretation im Rechte sei, bei der ihr zu

Rechte besteht, bei der wissenschaftlich in eurem Sinne (– ihr meint eigentlich mechanistisch?) geforscht und fortgearbeitet werden kann, eine solche, die Zählen, Rechnen, Wägen, Sehn und Greifen und nichts weiter zulässt, das ist eine Plumpheit und Naivetät, gesetzt, dass es keine Geisteskrankheit, kein Idiotismus ist. Wäre es umgekehrt nicht recht wahrscheinlich, dass [626] sich gerade das Oberflächlichste und Aeusserlichste vom Dasein – sein Scheinbarstes, seine Haut und Versinnlichung – am Ersten fassen liesse? vielleicht sogar allein fassen liesse? Eine »wissenschaftliche« Welt-Interpretation, wie ihr sie versteht, könnte folglich immer noch eine der dümmsten, das heisst sinnärmsten aller möglichen Welt-Interpretationen sein: dies den Herrn Mechanikern in's Ohr und Gewissen gesagt, die heute gern unter die Philosophen laufen und durchaus vermeinen, Mechanik sei die Lehre von den ersten und letzten Gesetzen, auf denen wie auf einem Grundstocke alles Dasein aufgebaut sein müsse. Aber eine essentiell mechanische Welt wäre eine essentiell sinnlose Welt! Gesetzt, man schätzte den Werth einer Musik darnach ab, wie viel von ihr gezählt, berechnet, in Formeln gebracht werden könne – wie absurd wäre eine solche »wissenschaftliche« Abschätzung der Musik! Was hätte man von ihr begriffen, verstanden, erkannt! Nichts, geradezu Nichts von dem, was eigentlich an ihr »Musik« ist! . . .

374.

Unser neues »Unendliches«. – Wie weit der perspektivische Charakter des Daseins reicht oder gar ob es irgend einen andren Charakter noch hat, ob nicht ein Dasein ohne Auslegung, ohne »Sinn« eben zum »Unsinn« wird, ob, andrerseits, nicht alles Dasein essentiell ein auslegendes Dasein ist – das kann, wie billig, auch durch die fleissigste und peinlich-gewissenhafteste Analysis und Selbstprüfung des Intellekts nicht ausgemacht werden: da der menschliche

Intellekt bei dieser Analysis nicht umhin kann, sich selbst unter seinen perspektivischen Formen zu sehn und nur in ihnen zu sehn. Wir können nicht um unsre Ecke sehn: es ist eine hoffnungslose Neugierde, wissen zu wollen, was es noch für andre Arten Intellekt und Perspektive geben könnte: zum Beispiel, ob irgend welche Wesen die Zeit zurück oder abwechselnd vorwärts und [627] rückwärts empfinden können (womit eine andre Richtung des Lebens und ein andrer Begriff von Ursache und Wirkung gegeben wäre). Aber ich denke, wir sind heute zum Mindesten ferne von der lächerlichen Unbescheidenheit, von unsrer Ecke aus zu dekretiren, dass man nur von dieser Ecke aus Perspektiven haben dürfe. Die Welt ist uns vielmehr noch einmal »unendlich« geworden: insofern wir die Möglichkeit nicht abweisen können, dass sie unendliche Interpretationen in sich schliesst. Noch einmal fasst uns der grosse Schauder – aber wer hätte wohl Lust, dieses Ungeheure von unbekannter Welt nach alter Weise sofort wieder zu vergöttlichen? Und etwa das Unbekannte fürderhin als »den Unbekannten« anzubeten? Ach, es sind zu viele ungöttliche Möglichkeiten der Interpretation mit in dieses Unbekannte eingerechnet, zu viel Teufelei, Dummheit, Narrheit der Interpretation, – unsre eigne menschliche, allzumenschliche selbst, die wir kennen ...

375.

Warum wir Epikureer scheinen. – Wir sind vorsichtig, wir modernen Menschen, gegen letzte Ueberzeugungen; unser Misstrauen liegt auf der Lauer gegen die Bezauberungen und Gewissens-Ueberlistungen, welche in jedem starken Glauben, jedem unbedingten Ja und Nein liegen: wie erklärt sich das? Vielleicht, dass man darin zu einem guten Theil die Behutsamkeit des »gebrannten Kindes«, des enttäuschten Idealisten sehn darf, zu einem andern und bessern Theile aber auch die frohlockende Neugierde eines ehemaligen Eckenstehers, der durch seine Ecke in Verzweiflung gebracht worden ist und nunmehr im Gegensatz der Ecke schwelgt und schwärmt, im Unbegrenzten, im »Freien an sich«. Damit bildet sich ein nahezu epikurischer Erkenntniss-Hang aus, welcher den Fragezeichen-Charakter der Dinge nicht leichten Kaufs fahren lassen will; insgleichen ein Widerwille gegen die grossen Moral-Worte [628] und -Gebärden, ein Geschmack, der alle plumpen vierschrötigen Gegensätze ablehnt und sich seiner Uebung in Vorbehalten mit Stolz bewusst ist. Denn Das macht unsern Stolz aus, dieses leichte Zügel-Straffziehn bei unsrem vorwärts stürmenden Drange nach Gewissheit, diese Selbstbeherrschung des Reiters auf seinen wildesten Ritten: nach wie vor nämlich haben wir tolle feurige Thiere unter uns, und wenn wir zögern, so ist es am wenigsten wohl die Gefahr, die uns zögern macht ...

376.

Unsre langsamen Zeiten. – So empfinden alle Künstler und Menschen der »Werke«, die mütterliche Art Mensch: immer glauben sie, bei jedem Abschnitte ihres Lebens – den ein Werk jedes Mal abschneidet –, schon am Ziele selbst zu sein, immer würden sie den Tod geduldig entgegen nehmen, mit dem Gefühl: »dazu sind wir reif«. Dies ist nicht der Ausdruck der Ermüdung, – vielmehr der einer gewissen herbstlichen Sonnigkeit und Milde, welche jedes Mal das Werk selbst, das Reifgewordensein eines Werks, bei seinem Urheber hinterlässt. Da verlangsamt sich das tempo des Lebens und wird dick und honigflüssig – bis zu langen Fermaten, bis zum Glauben an die lange Fermate ...

377.

Wir Heimatlosen. – Es fehlt unter den Europäern von Heute nicht an solchen, die ein Recht haben, sich in einem abhebenden und ehrenden Sinne Heimatlose zu nennen, ihnen gerade sei meine geheime Weisheit und gaya scienza ausdrücklich an's Herz gelegt! Denn ihr Loos ist hart, ihre Hoffnung ungewiss, es ist ein Kunststück, ihnen einen Trost zu erfinden – aber was hilft es! Wir Kinder der Zukunft, wie vermöchten wir in diesem Heute zu Hause zu sein! Wir sind allen Idealen abgünstig, auf welche hin Einer sich sogar in dieser zer-[629]brechlichen zerbrochnen Uebergangszeit noch heimisch fühlen könnte; was aber deren »Realitäten« betrifft, so glauben wir nicht daran, dass sie Dauer haben. Das Eis, das heute noch trägt, ist schon sehr dünn geworden: der Thauwind weht, wir selbst, wir Heimatlosen, sind Etwas, das Eis und andre allzudünne »Realitäten« aufbricht ... Wir »conserviren« Nichts, wir wollen auch in keine Vergangenheit zurück, wir sind durchaus nicht »liberal«, wir arbeiten nicht für den »Fortschritt«, wir brauchen unser Ohr nicht erst gegen die Zukunfts-Sirenen des Marktes zu verstopfen – das, was sie singen, »gleiche Rechte«, »freie Gesellschaft«, »keine Herrn mehr und keine Knechte«, das lockt uns nicht! – wir halten es schlechterdings nicht für wünschenswerth, dass das Reich der Gerechtigkeit und Eintracht auf Erden gegründet werde (weil es unter allen Umständen das Reich der tiefsten Vermittelmässigung und Chineserei sein würde), wir freuen uns an Allen, die gleich uns die Gefahr, den Krieg, das Abenteuer lieben, die sich nicht abfinden, einfangen, versöhnen und verschneiden lassen, wir rechnen uns selbst unter die Eroberer, wir denken über die Nothwendigkeit neuer Ordnungen nach, auch einer neuen Sklaverei – denn zu jeder Verstärkung und Erhöhung des Typus »Mensch« gehört auch eine neue Art Versklavung hinzu – nicht wahr? mit Alle dem müssen wir schlecht in einem Zeitalter zu Hause sein, welches die Ehre in Anspruch zu nehmen liebt, das menschlichste, mildeste, rechtlichste Zeitalter zu heissen, das die Sonne bisher gesehen hat? Schlimm genug, dass wir gerade bei diesen schönen Worten um so hässlichere Hintergedanken haben! Dass wir darin nur den Ausdruck – auch die Maskerade – der tiefen Schwächung, der Ermüdung, des Alters, der absinkenden Kraft sehen! Was kann uns daran gelegen sein, mit was für Flittern ein Kranker seine Schwäche aufputzt! Mag er sie als seine Tugend zur Schau tragen – es unterliegt ja keinem Zweifel, dass die Schwäche mild, ach so mild, so rechtlich, so unoffensiv, so »menschlich« macht! – Die »Religion des Mitleidens«, zu der man [630] uns überreden möchte – oh wir kennen die hysterischen Männlein und Weiblein genug, welche heute gerade diese Religion zum Schleier und Aufputz nöthig haben! Wir sind keine Humanitarier; wir würden uns nie zu erlauben wagen, von unsrer »Liebe zur Menschheit« zu reden – dazu ist Unsereins nicht Schauspieler genug! Oder nicht Saint-Simonist genug, nicht Franzose genug. Man muss schon mit einem gallischen Uebermaass erotischer Reizbarkeit und verliebter Ungeduld behaftet sein, um sich in ehrlicher Weise sogar noch der Menschheit mit seiner Brunst zu nähern ... Der Menschheit! Gab es je noch ein scheusslicheres altes Weib unter allen alten Weibern? (– es müsste denn etwa »die Wahrheit« sein: eine Frage für Philosophen). Nein, wir lieben die Menschheit nicht; andererseits sind wir aber auch lange nicht »deutsch« genug, wie heute das Wort »deutsch« gang und gäbe ist, um dem Nationalismus und dem Rassenhass das Wort zu reden, um an der nationalen Herzenskrätze und Blutvergiftung Freude haben zu können, derenthalben sich jetzt in Europa Volk gegen Volk wie mit Quarantänen abgrenzt, absperrt. Dazu sind wir zu unbefangen, zu boshaft, zu verwöhnt, auch zu gut unterrichtet, zu »gereist«: wir ziehen es bei Weitem vor, auf Bergen zu leben, abseits, »unzeitgemäss«, in vergangnen oder kommenden Jahrhunderten, nur damit wir uns die stille Wuth ersparen, zu der wir uns verurtheilt wüssten als Augenzeugen einer Politik, die den deutschen Geist öde macht, indem sie ihn eitel macht, und kleine Politik ausserdem ist: – hat sie nicht nöthig, damit ihre eigne Schöpfung nicht sofort wieder auseinanderfällt, sie zwischen zwei Todhasse zu pflanzen? muss sie nicht die Verewigung der Kleinstaaterei Europa's wollen? ... Wir Heimatlosen, wir sind der Rasse und Abkunft nach zu vielfach und gemischt, als »moderne Menschen«, und folglich wenig versucht, an jener verlognen Rassen-Selbstbewunderung und Unzucht theilzunehmen, welche sich heute in Deutschland als Zeichen deutscher Gesinnung zur Schau trägt und die bei dem Volke des »historischen [631] Sinns« zwiefach falsch und unanständig anmuthet. Wir sind, mit Einem Worte – und es soll unser Ehrenwort sein! – gute Europäer, die Erben Europa's, die reichen, überhäuften, aber auch überreich verpflichteten Erben von Jahrtausenden des europäischen Geistes: als solche auch dem Christenthum entwachsen und abhold, und gerade, weil wir aus ihm gewachsen sind, weil unsre Vorfahren Christen von rücksichtsloser Rechtschaffenheit des Christenthums waren, die ihrem Glauben willig Gut und Blut, Stand und Vaterland zum Opfer gebracht haben. Wir – thun desgleichen. Wofür doch? Für unsern Unglauben? Für jede Art Unglauben? Nein, das wisst ihr besser, meine Freunde! Das verborgne Ja in euch ist stärker als alle Neins und Vielleichts, an denen ihr mit eurer Zeit krank seid; und wenn ihr auf's Meer müsst, ihr Auswanderer, so zwingt dazu auch euch – ein Glaube! ..

378.

»Und werden wieder hell«. – Wir Freigebigen und Reichen des Geistes, die wir gleich offnen Brunnen an der Strasse stehn und es Niemandem wehren mögen, dass er aus uns schöpft: wir wissen uns leider nicht zu wehren, wo wir es möchten, wir können durch Nichts verhindern, dass man uns trübt, finster macht, – dass die Zeit, in der wir leben, ihr »Zeitlichstes«, dass deren schmutzige Vögel ihren Unrath, die Knaben ihren Krimskrams und erschöpfte, an uns ausruhende Wandrer ihr kleines und grosses Elend in uns werfen. Aber wir werden es machen, wie wir es immer gemacht haben: wir nehmen, was man auch in uns wirft, hinab in unsre Tiefe – denn wir sind tief, wir vergessen nicht – und werden wieder hell ...

379.

Zwischenrede des Narren. – Das ist kein Misanthrop, der dies Buch geschrieben hat: der Menschenhass bezahlt [632] sich heute zu theuer. Um zu hassen, wie man ehemals den Menschen gehasst hat, timonisch, im Ganzen, ohne Abzug, aus vollem Herzen, aus der ganzen Liebe des Hasses – dazu müsste man auf's Verachten Verzicht leisten: – und wie viel feine Freude, wie viel Geduld, wie viel Gütigkeit selbst verdanken wir gerade unsrem Verachten! Zudem sind wir damit die »Auserwählten Gottes«: das feine Verachten ist unser Geschmack und Vorrecht, unsre Kunst, unsre Tugend vielleicht, wir Modernsten unter den Modernen! ... Der Hass dagegen stellt gleich, stellt gegenüber, im Hass ist Ehre, endlich: im Hass ist Furcht, ein grosser guter Theil Furcht. Wir Furchtlosen aber, wir geistigeren Menschen dieses Zeitalters, wir kennen unsern Vortheil gut genug, um gerade als die Geistigeren in Hinsicht auf diese Zeit ohne Furcht zu leben. Man wird uns schwerlich köpfen, einsperren, verbannen; man wird nicht einmal unsre Bücher verbieten und verbrennen. Das Zeitalter liebt den Geist, es liebt uns und hat uns nöthig, selbst wenn wir es ihm zu verstehn geben müssten, dass wir in der Verachtung Künstler sind; dass uns jeder Umgang mit Menschen einen leichten Schauder macht; dass wir mit aller unsrer Milde, Geduld, Menschenfreundlichkeit, Höflichkeit unsre Nase nicht überreden können, von ihrem Vorurtheile abzustehn, welches sie gegen die Nähe eines Menschen hat; dass wir die Natur lieben, je weniger menschlich es in ihr zugeht, und die Kunst, wenn sie die Flucht des Künstlers vor dem Menschen oder der Spott des Künstlers über den Menschen oder der Spott des Künstlers über sich selber ist ...

380.

»Der Wanderer« redet. – Um unsrer europäischen Moralität einmal aus der Ferne ansichtig zu werden, um sie an anderen, früheren oder kommenden, Moralitäten zu messen, dazu muss man es machen, wie es ein Wanderer macht, der wissen will, wie hoch die Thürme einer Stadt sind: dazu verlässt [633] er die Stadt. »Gedanken über moralische Vorurtheile«, falls sie nicht Vorurtheile über Vorurtheile sein sollen, setzen eine Stellung ausserhalb der Moral voraus, irgend ein Jenseits von Gut und Böse, zu dem man steigen, klettern, fliegen muss, – und, im gegebenen Falle, jedenfalls ein Jenseits von unsrem Gut und Böse, eine Freiheit von allem »Europa«, letzteres als eine Summe von kommandirenden Werthurtheilen verstanden, welche uns in Fleisch und Blut übergegangen sind. Dass man gerade dorthinaus, dorthinauf will, ist vielleicht eine kleine Tollheit, ein absonderliches unvernünftiges »du musst« – denn auch wir Erkennenden haben unsre Idiosynkrasien des »unfreien Willens« –: die Frage ist, ob man wirklich dorthinauf kann. Dies mag an vielfachen Bedingungen hängen, in der Hauptsache ist es die Frage darnach, wie leicht oder wie schwer wir sind, das Problem unsrer »spezifischen Schwere«. Man muss sehr leicht sein, um seinen Willen zur Erkenntniss bis in eine solche Ferne und gleichsam über seine Zeit hinaus zu treiben, um sich zum Ueberblick über Jahrtausende Augen zu schaffen und noch dazu reinen Himmel in diesen Augen! Man muss sich von Vielem losgebunden haben, was gerade uns Europäer von Heute drückt, hemmt, niederhält, schwer macht. Der Mensch eines solchen Jenseits, der die obersten Werthmaasse seiner Zeit selbst in Sicht bekommen will, hat dazu vorerst nöthig, diese Zeit in sich selbst zu »überwinden« – es ist die Probe seiner Kraft – und folglich nicht nur seine Zeit, sondern auch seinen bisherigen Widerwillen und Widerspruch gegen diese Zeit, sein Leiden an dieser Zeit, seine Zeit-Ungemässheit, seine Romantik ...

381.

Zur Frage der Verständlichkeit. – Man will nicht nur verstanden werden, wenn man schreibt, sondern ebenso gewiss auch nicht verstanden werden. Es ist noch ganz und gar kein Einwand gegen ein Buch, wenn irgend Jemand es un-[634]verständlich findet: vielleicht gehörte eben dies zur Absicht seines Schreibers, – er wollte nicht von »irgend Jemand« verstanden werden. Jeder vornehmere Geist und Geschmack wählt sich, wenn er sich mittheilen will, auch seine Zuhörer; indem er sie wählt, zieht er zugleich gegen »die Anderen« seine Schranken. Alle feineren Gesetze eines Stils haben da ihren Ursprung: sie halten zugleich ferne, sie schaffen Distanz, sie verbieten »den Eingang«, das Verständniss, wie gesagt, – während sie Denen die Ohren aufmachen, die uns mit den Ohren verwandt sind. Und dass ich es unter uns sage und in meinem Falle, – ich will mich weder durch meine Unwissenheit, noch durch die Munterkeit meines Temperaments verhindern lassen, euch verständlich zu sein, meine Freunde: durch die Munterkeit nicht, wie sehr sie auch mich zwingt, einer Sache geschwind beizukommen, um ihr überhaupt beizukommen. Denn ich halte es mit tiefen Problemen, wie mit einem kalten Bade – schnell hinein, schnell hinaus. Dass man damit nicht in die Tiefe, nicht tief genug hinunter komme, ist der Aberglaube der Wasserscheuen, der Feinde des kalten Wassers; sie reden ohne Erfahrung. Oh! die grosse Kälte macht geschwind! – Und nebenbei gefragt: bleibt wirklich eine Sache dadurch allein schon unverstanden und unerkannt, dass sie nur im Fluge berührt, angeblickt, angeblitzt wird? Muss man durchaus erst auf ihr fest sitzen? auf ihr wie auf einem Ei gebrütet haben? Diu noctuque incubando, wie Newton von sich selbst sagte? Zum Mindesten giebt es Wahrheiten von einer besonderen Scheu und Kitzlichkeit, deren man nicht anders habhaft wird, als plötzlich, – die man überraschen oder lassen muss ... Endlich hat meine Kürze noch einen andern Werth: innerhalb solcher Fragen, wie sie mich beschäftigen, muss ich Vieles kurz sagen, damit es noch kürzer gehört wird. Man hat nämlich als Immoralist zu verhüten, dass man die Unschuld verdirbt, ich meine die Esel und die alten Jungfern beiderlei Geschlechts, die Nichts vom Leben haben als ihre Unschuld; mehr noch, meine Schriften sollen sie [635] begeistern, erheben, zur Tugend ermuthigen. Ich wüsste Nichts auf Erden, was lustiger wäre als begeisterte alte Esel zu sehn und Jungfern, welche durch die süssen Gefühle der Tugend erregt werden: und »das habe ich gesehn« – also sprach Zarathustra. So viel in Absicht der Kürze; schlimmer steht es mit meiner Unwissenheit, deren ich selbst vor mir selber kein Hehl habe. Es giebt Stunden, wo ich mich ihrer schäme; freilich ebenfalls Stunden, wo ich mich dieser Scham schäme. Vielleicht sind wir Philosophen allesammt heute zum Wissen schlimm gestellt: die Wissenschaft wächst, die Gelehrtesten von uns sind nahe daran zu entdecken, dass sie zu wenig wissen. Aber schlimmer wäre es immer noch, wenn es anders stünde, – wenn wir zu viel wüssten; unsre Aufgabe ist und bleibt zuerst, uns nicht selber zu verwechseln. Wir sind etwas Anderes als Gelehrte: obwohl es nicht zu umgehn ist, dass wir auch, unter Anderem, gelehrt sind. Wir haben andre Bedürfnisse, ein andres Wachsthum, eine andre Verdauung: wir brauchen mehr, wir brauchen auch weniger. Wie viel ein Geist zu seiner Ernährung nöthig hat, dafür giebt es keine Formel; ist aber sein Geschmack auf Unabhängigkeit gerichtet, auf schnelles Kommen und Gehn, auf Wanderung, auf Abenteuer vielleicht, denen nur die Geschwindesten gewachsen sind, so lebt er lieber frei mit schmaler Kost, als unfrei und gestopft. Nicht Fett, sondern die grösste Geschmeidigkeit und Kraft ist das, was ein guter Tänzer von seiner Nahrung will, – und ich wüsste nicht, was der Geist eines Philosophen mehr zu sein wünschte, als ein guter Tänzer. Der Tanz nämlich ist sein Ideal, auch seine Kunst, zuletzt auch seine einzige Frömmigkeit, sein »Gottesdienst« ...

382.

Die grosse Gesundheit. – Wir Neuen, Namenlosen, Schlechtverständlichen, wir Frühgeburten einer noch unbewiesenen Zukunft – wir bedürfen zu einem neuen Zwecke [636] auch eines neuen Mittels, nämlich einer neuen Gesundheit, einer stärkeren gewitzteren zäheren verwegneren lustigeren, als alle Gesundheiten bisher waren. Wessen Seele darnach dürstet, den ganzen Umfang der bisherigen Werthe und Wünschbarkeiten erlebt und alle Küsten dieses idealischen »Mittelmeers« umschifft zu haben, wer aus den Abenteuern der eigensten Erfahrung wissen will, wie es einem Eroberer und Entdecker des Ideals zu Muthe ist, insgleichen einem Künstler, einem Heiligen, einem Gesetzgeber, einem Weisen, einem Gelehrten, einem Frommen, einem Wahrsager, einem Göttlich-Abseitigen alten Stils: der hat dazu zuallererst Eins nöthig, die grosse Gesundheit – eine solche, welche man nicht nur hat, sondern auch beständig noch erwirbt und erwerben muss, weil man sie immer wieder preisgiebt, preisgeben muss! ... Und nun, nachdem wir lange dergestalt unterwegs waren, wir Argonauten des Ideals, muthiger vielleicht, als klug ist, und oft genug schiffbrüchig und zu Schaden gekommen, aber, wie gesagt, gesünder als man es uns erlauben möchte, gefährlich-gesund, immer wieder gesund, – will es uns scheinen, als ob wir, zum Lohn dafür, ein noch unentdecktes Land vor uns haben, dessen Grenzen noch Niemand abgesehn hat, ein Jenseits aller bisherigen Länder und Winkel des Ideals, eine Welt so überreich an Schönem, Fremdem, Fragwürdigem, Furchtbarem und Göttlichem, dass unsre Neugierde ebensowohl wie unser Besitzdurst ausser sich gerathen sind – ach, dass wir nunmehr durch Nichts mehr zu ersättigen sind! Wie könnten wir uns, nach solchen Ausblicken und mit einem solchen Heisshunger in Gewissen und Wissen, noch am gegenwärtigen Menschen genügen lassen? Schlimm genug: aber es ist unvermeidlich, dass wir seinen würdigsten Zielen und Hoffnungen nur mit einem übel aufrecht erhaltenen Ernste zusehn und vielleicht nicht einmal mehr zusehn. Ein andres Ideal läuft vor uns her, ein wunderliches, versucherisches, gefahrenreiches Ideal, zu dem wir Niemanden überreden möchten, weil wir Niemandem so leicht das Recht darauf zu-[637]gestehn: das Ideal eines Geistes, der naiv, das heisst ungewollt und aus überströmender Fülle und Mächtigkeit mit Allem spielt, was bisher heilig, gut, unberührbar, göttlich hiess; für den das Höchste, woran das Volk billigerweise sein Werthmaass hat, bereits so viel wie Gefahr, Verfall, Erniedrigung oder, mindestens, wie Erholung, Blindheit, zeitweiliges Selbstvergessen bedeuten würde; das Ideal eines menschlich-übermenschlichen Wohlseins und Wohlwollens, das oft genug unmenschlich erscheinen wird, zum Beispiel, wenn es sich neben den ganzen bisherigen Erden-Ernst, neben alle Art Feierlichkeit in Gebärde, Wort, Klang, Blick, Moral und Aufgabe wie deren leibhafteste unfreiwillige Parodie hinstellt – und mit dem, trotzalledem, vielleicht der grosse Ernst erst anhebt, das eigentliche Fragezeichen erst gesetzt wird, das Schicksal der Seele sich wendet, der Zeiger rückt, die Tragödie beginnt...

383.

Epilog. – Aber indem ich zum Schluss dieses düstere Fragezeichen langsam, langsam hinmale und eben noch Willens bin, meinen Lesern die Tugenden des rechten Lesens – oh was für vergessene und unbekannte Tugenden! – in's Gedächtniss zu rufen, begegnet mir's, dass um mich das boshafteste, munterste, koboldigste Lachen laut wird: die Geister meines Buches selber fallen über mich her, ziehn mich an den Ohren und rufen mich zur Ordnung. »Wir halten es nicht mehr aus – rufen sie mir zu –; fort, fort mit dieser rabenschwarzen Musik. Ist es nicht rings heller Vormittag um uns? Und grüner weicher Grund und Rasen, das

Königreich des Tanzes? Gab es je eine bessere Stunde, um fröhlich zu sein? Wer singt uns ein Lied, ein Vormittagslied, so sonnig, so leicht, so flügge, dass es die Grillen nicht verscheucht, – dass es die Grillen vielmehr einlädt, mit zu singen, mit zu tanzen? Und lieber noch einen einfältigen bäurischen Dudelsack als solche geheimnissvolle Laute, solche Un-[638]kenrufe, Grabesstimmen und Murmelthierpfiffe, mit denen Sie uns in Ihrer Wildniss bisher regalirt haben, mein Herr Einsiedler und Zukunftsmusikant! Nein! Nicht solche Töne! Sondern lasst uns angenehmere anstimmen und freudenvollere!« – Gefällt es euch so, meine ungeduldigen Freunde? Wohlan! Wer wäre euch nicht gern zu Willen? Mein Dudelsack wartet schon, meine Kehle auch – sie mag ein wenig rauh klingen, nehmt fürlieb! dafür sind wir im Gebirge. Aber was ihr zu hören bekommt, ist wenigstens neu; und wenn ihr's nicht versteht, wenn ihr den Sänger missversteht, was liegt daran! Das ist nun einmal »des Sängers Fluch«. Um so deutlicher könnt ihr seine Musik und Weise hören, um so besser auch nach seiner Pfeife – tanzen. Wollt ihr das? ...

[639]

Anhang:
Lieder des Prinzen Vogelfrei.

An Goethe.

Das Unvergängliche
Ist nur dein Gleichniss!
Gott der Verfängliche
Ist Dichter-Erschleichniss ...

Welt-Rad, das rollende,
Streift Ziel auf Ziel:
Noth – nennt's der Grollende,
Der Narr nennt's – Spiel ...

Welt-Spiel, das herrische,
Mischt Sein und Schein: –
Das Ewig-Närrische
Mischt uns – hinein! ...

Dichters Berufung.

Als ich jüngst, mich zu erquicken,
Unter dunklen Bäumen sass,
Hört' ich ticken, leise ticken,
Zierlich, wie nach Takt und Maass.
Böse wurd' ich, zog Gesichter, –
Endlich aber gab ich nach,
Bis ich gar, gleich einem Dichter,
Selber mit im Tiktak sprach.

[640] Wie mir so im Verse-Machen
Silb' um Silb' ihr Hopsa sprang,
Musst' ich plötzlich lachen, lachen
Eine Viertelstunde lang.
Du ein Dichter? Du ein Dichter?
Steht's mit deinem Kopf so schlecht?
– »Ja, mein Herr, Sie sind ein Dichter«
Achselzuckt der Vogel Specht.

Wessen harr' ich hier im Busche?
Wem doch laur' ich Räuber auf?
Ist's ein Spruch? Ein Bild? Im Husche
Sitzt mein Reim ihm hintendrauf.
Was nur schlüpft und hüpft, gleich sticht der
Dichter sich's zum Vers zurecht.
– »Ja, mein Herr, Sie sind ein Dichter«
Achselzuckt der Vogel Specht.

Reime, mein' ich, sind wie Pfeile?
Wie das zappelt, zittert, springt,
Wenn der Pfeil in edle Theile
Des Lacerten-Leibchens dringt!
Ach, ihr sterbt dran, arme Wichter,
Oder taumelt wie bezecht!
– »Ja, mein Herr, Sie sind ein Dichter«
Achselzuckt der Vogel Specht.

Schiefe Sprüchlein voller Eile,
Trunkne Wörtlein, wie sich's drängt!
Bis ihr Alle, Zeil' an Zeile,
An der Tiktak-Kette hängt.
Und es giebt grausam Gelichter,
Das dies – freut? Sind Dichter – schlecht?
– »Ja, mein Herr, Sie sind ein Dichter«
Achselzuckt der Vogel Specht.

[641] Höhnst du, Vogel? Willst du scherzen?
Steht's mit meinem Kopf schon schlimm,
Schlimmer stünd's mit meinem Herzen?
Fürchte, fürchte meinen Grimm! –
Doch der Dichter – Reime flicht er
Selbst im Grimm noch schlecht und recht.
– »Ja, mein Herr, Sie sind ein Dichter«
Achselzuckt der Vogel Specht.

Im Süden.

So häng' ich denn auf krummem Aste
Und schaukle meine Müdigkeit.
Ein Vogel lud mich her zu Gaste,
Ein Vogelnest ist's, drin ich raste.
Wo bin ich doch? Ach, weit! Ach, weit!

Das weisse Meer liegt eingeschlafen,
Und purpurn steht ein Segel drauf.
Fels, Feigenbäume, Thurm und Hafen,
Idylle rings, Geblök von Schafen, –
Unschuld des Südens, nimm mich auf!

Nur Schritt für Schritt – das ist kein Leben,
Stets Bein vor Bein macht deutsch und schwer.
Ich hiess den Wind mich aufwärts heben,
Ich lernte mit den Vögeln schweben, –
Nach Süden flog ich über's Meer.

Vernunft! Verdriessliches Geschäfte!
Das bringt uns allzubald an's Ziel!
Im Fliegen lernt' ich, was mich äffte, –
Schon fühl' ich Muth und Blut und Säfte
Zu neuem Leben, neuem Spiel . . .

[642] Einsam zu denken nenn' ich weise,
Doch einsam singen – wäre dumm!
So hört ein Lied zu eurem Preise
Und setzt euch still um mich im Kreise,
Ihr schlimmen Vögelchen, herum!

So jung, so falsch, so umgetrieben
Scheint ganz ihr mir gemacht zum Lieben
Und jedem schönen Zeitvertreib?
Im Norden – ich gesteh's mit Zaudern –
Liebt' ich ein Weibchen, alt zum Schaudern:
»Die Wahrheit« hiess dies alte Weib ...

Die fromme Beppa.

So lang noch hübsch mein Leibchen,
Lohnt's sich schon, fromm zu sein.
Man weiss, Gott liebt die Weibchen,
Die hübschen obendrein.
Er wird's dem armen Mönchlein
Gewisslich gern verzeih'n,
Dass er, gleich manchem Mönchlein,
So gern will bei mir sein.

Kein grauer Kirchenvater!
Nein, jung noch und oft roth,
Oft trotz dem grausten Kater
Voll Eifersucht und Noth.
Ich liebe nicht die Greise,
Er liebt die Alten nicht:
Wie wunderlich und weise
Hat Gott dies eingericht!

[643] Die Kirche weiss zu leben,
Sie prüft Herz und Gesicht.
Stets will sie mir vergeben, –
Ja, wer vergiebt mir nicht!
Man lispelt mit dem Mündchen,
Man knixt und geht hinaus,
Und mit dem neuen Sündchen
Löscht man das alte aus.

Gelobt sei Gott auf Erden,
Der hübsche Mädchen liebt
Und derlei Herzbeschwerden
Sich selber gern vergiebt.
So lang noch hübsch mein Leibchen,
Lohnt sich's schon, fromm zu sein:
Als altes Wackelweibchen
Mag mich der Teufel frein!

Der geheimnissvolle Nachen.

Gestern Nachts, als Alles schlief,
Kaum der Wind mit ungewissen
Seufzern durch die Gassen lief,
Gab mir Ruhe nicht das Kissen,
Noch der Mohn, noch, was sonst tief
Schlafen macht, – ein gut Gewissen.

Endlich schlug ich mir den Schlaf
Aus dem Sinn und lief zum Strande.
Mondhell war's und mild, – ich traf
Mann und Kahn auf warmem Sande,
Schläfrig beide, Hirt und Schaf: –
Schläfrig stiess der Kahn vom Lande.

[644] Eine Stunde, leicht auch zwei,
Oder war's ein Jahr? – da sanken
Plötzlich mir Sinn und Gedanken
In ein ew'ges Einerlei,
Und ein Abgrund ohne Schranken
That sich auf: – da war's vorbei!

– Morgen kam: auf schwarzen Tiefen
Steht ein Kahn und ruht und ruht ...
Was geschah? so rief's, so riefen
Hundert bald: was gab es? Blut? ––
Nichts geschah! Wir schliefen, schliefen
Alle – ach, so gut! so gut!

Liebeserklärung.

(bei der aber der Dichter in eine Grube fiel –).

Oh Wunder! Fliegt er noch?
Er steigt empor, und seine Flügel ruhn?
Was hebt und trägt ihn doch?
Was ist ihm Ziel und Zug und Zügel nun?

Gleich Stern und Ewigkeit
Lebt er in Höhn jetzt, die das Leben flieht,
Mitleidig selbst dem Neid –:
Und hoch flog, wer ihn auch nur schweben sieht!

Oh Vogel Albatross!
Zur Höhe treibt's mit ew'gem Triebe mich.
Ich dachte dein: da floss
Mir Thrän' um Thräne, – ja, ich liebe dich!

[645] Lied eines theokritischen Ziegenhirten.

Da lieg' ich, krank im Gedärm, –
Mich fressen die Wanzen.
Und drüben noch Licht und Lärm!
Ich hör's, sie tanzen ...

Sie wollte um diese Stund'
Zu mir sich schleichen.
Ich warte wie ein Hund, –
Es kommt kein Zeichen.

Das Kreuz, als sie's versprach?
Wie konnte sie lügen?
– Oder läuft sie Jedem nach,
Wie meine Ziegen?

Woher ihr seid'ner Rock? –
Ah, meine Stolze?
Es wohnt noch mancher Bock
An diesem Holze?

– Wie kraus und giftig macht
Verliebtes Warten!
So wächst bei schwüler Nacht
Giftpilz im Garten.

Die Liebe zehrt an mir
Gleich sieben Uebeln, –
Nichts mag ich essen schier.
Lebt wohl, ihr Zwiebeln!

Der Mond gieng schon in's Meer,
Müd sind alle Sterne,
Grau kommt der Tag daher, –
Ich stürbe gerne.

[646] ## »Diesen ungewissen Seelen«.

Diesen ungewissen Seelen
Bin ich grimmig gram.
All ihr Ehren ist ein Quälen,
All ihr Lob ist Selbstverdruss und Scham.

Dass ich nicht an ihrem Stricke
Ziehe durch die Zeit,
Dafür grüsst mich ihrer Blicke
Giftig-süsser hoffnungsloser Neid.

Möchten sie mir herzhaft fluchen
Und die Nase drehn!
Dieser Augen hülflos Suchen
Soll bei mir auf ewig irre gehn.

Narr in Verzweiflung.

Ach! Was ich schrieb auf Tisch und Wand
Mit Narrenherz und Narrenhand,
Das sollte Tisch und Wand mir zieren? . . .

Doch ihr sagt: »Narrenhände schmieren, –
Und Tisch und Wand soll man purgieren,
Bis auch die letzte Spur verschwand!«

Erlaubt! Ich lege Hand mit an –,
Ich lernte Schwamm und Besen führen,
Als Kritiker, als Wassermann.

Doch, wenn die Arbeit abgethan,
Säh' gern ich euch, ihr Ueberweisen,
Mit Weisheit Tisch und Wand besch......

[647] Rimus remedium.

Oder: Wie kranke Dichter sich trösten.

Aus deinem Munde,
Du speichelflüssige Hexe Zeit,
Tropft langsam Stund' auf Stunde.
Umsonst, dass all mein Ekel schreit:
»Fluch, Fluch dem Schlunde
Der Ewigkeit!«

Welt – ist von Erz:
Ein glühender Stier, – der hört kein Schrein.
Mit fliegenden Dolchen schreibt der Schmerz
Mir in's Gebein:
»Welt hat kein Herz,
Und Dummheit wär's, ihr gram drum sein!«

Giess alle Mohne,
Giess, Fieber! Gift mir in's Gehirn!
Zu lang schon prüfst du mir Hand und Stirn.
Was frägst du? Was? »Zu welchem – Lohne?«
– – Ha! Fluch der Dirn'
Und ihrem Hohne!

Nein! Komm zurück!
Draussen ist's kalt, ich höre regnen –
Ich sollte dir zärtlicher begegnen?
– Nimm! Hier ist Gold: wie glänzt das Stück! –
Dich heissen »Glück«?
Dich, Fieber, segnen? –

Die Thür springt auf!
Der Regen sprüht nach meinem Bette!
Wind löscht das Licht, – Unheil in Hauf'!
– Wer jetzt nicht hundert Reime hätte,
Ich wette, wette,
Der gienge drauf!

[648] »Mein Glück!«

Die Tauben von San Marco seh ich wieder:
Still ist der Platz, Vormittag ruht darauf.
In sanfter Kühle schick' ich müssig Lieder
Gleich Taubenschwärmen in das Blau hinauf –
  Und locke sie zurück,
Noch einen Reim zu hängen in's Gefieder
– mein Glück! Mein Glück!

Du stilles Himmels-Dach, blau-licht, von Seide,
Wie schwebst du schirmend ob des bunten Bau's,
Den ich – was sag ich? – liebe, fürchte, neide ...
Die Seele wahrlich tränk' ich gern ihm aus!
  Gäb' ich sie je zurück? –
Nein, still davon, du Augen-Wunderweide!
– mein Glück! Mein Glück!

Du strenger Thurm, mit welchem Löwendrange
Stiegst du empor hier, siegreich, sonder Müh!
Du überklingst den Platz mit tiefem Klange –:
Französisch, wärst du sein accent aigu?
Blieb ich gleich dir zurück,
Ich wüsste, aus welch seidenweichem Zwange ...
– mein Glück! Mein Glück!

Fort, fort, Musik! Lass erst die Schatten dunkeln
Und wachsen bis zur braunen lauen Nacht!
Zum Tone ist's zu früh am Tag, noch funkeln
Die Gold-Zieraten nicht in Rosen-Pracht,
Noch blieb viel Tag zurück,
Viel Tag für Dichten, Schleichen, Einsam-Munkeln
– mein Glück! Mein Glück!

[649]

Nach neuen Meeren.

Dorthin – will ich; und ich traue
Mir fortan und meinem Griff.
Offen liegt das Meer, in's Blaue
Treibt mein Genueser Schiff.

Alles glänzt mir neu und neuer,
Mittag schläft auf Raum und Zeit –:
Nur dein Auge – ungeheuer
Blickt mich's an, Unendlichkeit!

Sils-Maria.

Hier sass ich, wartend, wartend, – doch auf Nichts,
Jenseits von Gut und Böse, bald des Lichts
Geniessend, bald des Schattens, ganz nur Spiel,
Ganz See, ganz Mittag, ganz Zeit ohne Ziel.

Da, plötzlich, Freundin! wurde Eins zu Zwei –
– Und Zarathustra gieng an mir vorbei ...

An den Mistral.

Ein Tanzlied.

Mistral-Wind, du Wolken-Jäger,
Trübsal-Mörder, Himmels-Feger,
Brausender, wie lieb' ich dich!
Sind wir Zwei nicht Eines Schoosses
Erstlingsgabe, Eines Looses
Vorbestimmte ewiglich?

[650] Hier auf glatten Felsenwegen
Lauf' ich tanzend dir entgegen,
Tanzend, wie du pfeifst und singst:
Der du ohne Schiff und Ruder
Als der Freiheit freister Bruder
Ueber wilde Meere springst.

Kaum erwacht, hört' ich dein Rufen,
Stürmte zu den Felsenstufen,
Hin zur gelben Wand am Meer.
Heil! da kamst du schon gleich hellen
Diamantnen Stromesschnellen
Sieghaft von den Bergen her.

Auf den ebnen Himmels-Tennen
Sah ich deine Rosse rennen,
Sah den Wagen, der dich trägt,
Sah die Hand dir selber zücken,
Wenn sie auf der Rosse Rücken
Blitzesgleich die Geissel schlägt, –

Sah dich aus dem Wagen springen,
Schneller dich hinabzuschwingen,
Sah dich wie zum Pfeil verkürzt
Senkrecht in die Tiefe stossen, –
Wie ein Goldstrahl durch die Rosen
Erster Morgenröthen stürzt.

Tanze nun auf tausend Rücken,
Wellen-Rücken, Wellen-Tücken –
Heil, wer neue Tänze schafft!
Tanzen wir in tausend Weisen,
Frei – sei unsre Kunst geheissen,
Fröhlich – unsre Wissenschaft!

[651] Raffen wir von jeder Blume
Eine Blüthe uns zum Ruhme
Und zwei Blätter noch zum Kranz!
Tanzen wir gleich Troubadouren
Zwischen Heiligen und Huren,
Zwischen Gott und Welt den Tanz!

Wer nicht tanzen kann mit Winden,
Wer sich wickeln muss mit Binden,
Angebunden, Krüppel-Greis,
Wer da gleicht den Heuchel-Hänsen,
Ehren-Tölpeln, Tugend-Gänsen,
Fort aus unsrem Paradeis!

Wirbeln wir den Staub der Strassen
Allen Kranken in die Nasen,
Scheuchen wir die Kranken-Brut!
Lösen wir die ganze Küste
Von dem Odem dürrer Brüste,
Von den Augen ohne Muth!

Jagen wir die Himmels-Trüber,
Welten-Schwärzer, Wolken-Schieber,
Hellen wir das Himmelreich!
Brausen wir ... oh aller freien
Geister Geist, mit dir zu Zweien
Braust mein Glück dem Sturme gleich. –

– Und dass ewig das Gedächtniss
Solchen Glücks, nimm sein Vermächtniss,
Nimm den Kranz hier mit hinauf!
Wirf ihn höher, ferner, weiter,
Stürm' empor die Himmelsleiter,
Häng ihn – an den Sternen auf!

Editorische Notiz

Der Text der vorliegenden Ausgabe folgt:

Friedrich Nietzsche. Werke. Kritische Gesamtausgabe. Herausgegeben von Giorgio Colli und Mazzino Montinari. Fünfte Abteilung. Zweiter Band. Berlin / New York: Walter de Gruyter, 1973.

Die in eckigen Klammern beigefügte Seitenzählung verweist auf Band 3 der textidentischen Kritischen Studienausgabe sämtlicher Werke in 15 Bänden, die 1980 im Deutschen Taschenbuch Verlag, München, und im Verlag Walter de Gruyter erschienen ist (im Nachwort zitiert als: KSA mit Band- und Seitenzahl).

Nachwort

Wo die Philosophie sich etabliert, wird die Kunst fragwürdig; sie genügt nicht mehr und spricht im Horizont philosophischen Denkens nicht mehr unmittelbar an. Man hat ja ein bewußteres Weltverständnis gewonnen: die Möglichkeit von Reflexion und Deutung, von Einsicht und Wissen über das künstlerisch Einleuchtende hinaus. Aber auch dann, schreibt Nietzsche in seinem ersten Buch, der *Geburt der Tragödie* (1872), könne die Kraft noch groß genug sein, um »die Poesie selbst in neue und bis dahin unbekannte Stellungen zu drängen«, etwa durch eine »Mischung aller vorhandenen Stile und Formen« – durch eine Werkgestalt, die »zwischen Erzählung, Lyrik, Drama, zwischen Prosa und Poesie in der Mitte schwebt und damit auch das strengere ältere Gesetz der einheitlichen sprachlichen Form durchbrochen hat« (KSA 1,93; GT 14). Die Brechung der poetischen Form in der Zusammenstellung des Verschiedenen entspricht offenbar der Gebrochenheit, der Reflektiertheit des philosophischen Denkens. Statt durch formale Einheit die Vorstellung eines geschlossenen und gerundeten Sinns zu erwecken, evoziert man die Komplexität der philosophisch zu erörternden Sache. Wo die sprachliche Form ihre Evidenz verliert, ist nichts mehr einfach so, wie es unmittelbar gesagt ist. Sprache und Sache sind auseinandergetreten.

Nietzsches Überlegungen zur »Mischung aller vorhandenen Stile und Formen« beziehen sich auf die Situation nach dem »Tod« der griechischen Tragödie, genauer auf die Platonischen Dialoge mit ihrem Wechsel von Dialog und Erzählung, nüchterner Begriffsarbeit und mythisch artikulierter Vision, mit ihrer abgestuften Ton- und Stimmungspalette, die von urbaner Lässigkeit über ironische Distanz bis zu erotischer Spannung, leidenschaftlichem Überschwang und still-gelassener Frömmigkeit reicht. Aber nicht nur

Platon, auch Nietzsche selbst könnte gemeint sein, und besonders die *Fröhliche Wissenschaft*: Welches philosophische Buch sonst beginnt mit einem ironisch-leichten, auch parodistischen »Vorspiel in deutschen Reimen«, dessen Titel den eines Singspiels von Goethe zitiert? Welches vereinigt schwierige, oft nur angedeutete Gedankengänge mit prägnanten Sentenzen und klingt aus wieder mit Gedichten, den oft an die Lyrik Heines erinnernden »Liedern des Prinzen Vogelfrei«? Welches Buch sonst wechselt derart von gedankenklarer Analyse und scharfzüngigem Spott zu verspielter Leichtigkeit und lyrischer Musikalität, aber auch zu alptraumhafter Beklemmung und dann wieder zu Entwürfen eines von aller Last befreiten Seins? Wenn Nietzsche von Platons Dialogen sagt, mit ihnen sei einer neuen Kunstform, nämlich dem Roman, das Vorbild gegeben (vgl. KSA 1,94; GT 14), so gilt ähnliches, nur in der spiegelsymmetrischen Umkehrung, von seinem eigenen Buch: Der Roman, jene in der Vielfalt heterogener Momente und Darstellungsformen das Ganze suchende und zu verstehen gebende Gattung der Literatur, ist von Nietzsche ins Philosophische zurückübersetzt worden. Die *Fröhliche Wissenschaft* ist, nach den frühen, das Eigene vorwegnehmenden Überlegungen ihres Autors, die philosophische Fassung eines Romans – Philosophie, die als solche über die Literatur hinausreicht, in literarischer, auf die Philosophie hin transparenter Form.

Die Form des Buches gibt vor, wie es zu lesen ist: eben wie ein Roman, im Zusammenhang, mit Aufmerksamkeit auf seine Komposition und nicht als mehr oder weniger beliebige Sammlung geistvoller Bemerkungen. Die üblich gewordene Rede von Nietzsches »Aphorismenbüchern« – womit außer der *Fröhlichen Wissenschaft* noch *Menschliches, Allzumenschliches* (1878, 2. Band 1886), *Morgenröthe* (1881), *Jenseits von Gut und Böse* (1886) und die späte *Götzen-Dämmerung* (1889) gemeint sind – mag zur Verständigung unproblematisch sein. Aber sie führt immer auch in die Irre, indem sie vergessen läßt, daß die meisten der in diesen Büchern versammelten Texte eigentlich keine Aphorismen sind. Dazu sind die meisten bei aller Kürze zu lang, dazu fehlt ihnen das Sentenzhafte – eben das Abgeschlossene und Abgetrennte, das dem Namen des Aphorismus eingeschrieben ist. Eher könnte man sie wie kurz gehaltene und durchnumerierte Kapitel verstehen, wie Abschnitte einer längeren Gedankenerzählung, in der Abschweifung und Anspielung erlaubt, Variation der Motive und mehr oder weniger deutliche Korrespondenz mit anderem, also Vorwegnahme und Rückverweis, die Regel sind. Wie man die Kapitel eines Romans außerhalb ihres Kontextes nie wirklich versteht, erschließen die Texte in Nietzsches Büchern sich oft erst, wenn man ihren Stellenwert, ihre Eingebundenheit ins Ganze beachtet.

Wenn man so liest, entspricht die Haltung des Lesers dem Verfahren des Autors: Nietzsche hat seine Bücher sorgfältig komponiert, das vorliegende zum großen Teil aus Materialien, die zunächst für eine Fortsetzung der *Morgenröthe* gedacht waren. Als er sich im Frühjahr 1882 anders entschloß und an ein selbständiges neues Buch dachte, hat er das Ganze nach einer klaren Vorstellung entworfen: Ein Werk aus vier Büchern mit verschiedenen Hauptthemen und zur Einstimmung ein lyrisches, zentrale Motive anschlagendes Vorspiel – das fünfte Buch und die »Lieder des Prinzen Vogelfrei« sind erst fünf Jahre nach der ersten Publikation, in der Neuausgabe von 1887, hinzugefügt worden. Und ein Werk, das von seinem vierten Buch her konzipiert war und in ihm seinen Schwerpunkt haben sollte. Die Bedeutung dieses Buches ist allein schon dadurch hervorgehoben, daß es als einziges einen Titel trägt: »Sanctus Januarius«. Hier ist die Situation, in und aus der das Ganze entwickelt ist, mit dem Namen eines neu erfundenen Heiligen benannt: dem Schutzpatron des ersten Monats im Jahr, des Übergangsmonats, der zu Rückschau und Vorausblick einlädt und so, in seiner Doppelköpfigkeit, an den römischen Türgott Ianus erinnert, mag er seinen Namen wirklich von diesem haben oder nicht.

Die Situation des Buches ist also die von Vorausblick und Rückschau. Doch ist beides eingebunden in die Erfahrung eines Neuanfangs, in eine Gegenwart, die gleichbedeutend mit der Freiheit des Neuanfangs ist. Freiheit aber ist Spielraum, Abstand zu etwas, das man nun ausdrücklich erfährt: Wer zurückschauen kann, hat zum Vergangenen Distanz gewonnen, je mehr, desto klarer ist der Blick; und wer vorausblickt, hat das Mögliche als solches vor sich und ist noch nicht in die Wirklichkeit bestimmter Erwartungen verstrickt. Es geht um die Freiheit einer Gegenwart, die frei von der Last des Vergangenen und von den Verstrickungen des Hoffens und Befürchtens ist; und es geht darum, diese Freiheit im Denken zu erschließen, sie in ihren bestimmten Möglichkeiten auszuloten.

Für ein befreiendes und die Freiheit wahrendes Denken dieser Art hat Nietzsche einen Namen, der zugleich der Titel seines Buches ist: Fröhliche Wissenschaft. Der Name, sagt er fünf Jahre später, in der Vorrede zur *Genealogie der Moral*, sei in seiner Sprache das Wort für jene Heiterkeit, die der »Lohn für einen langen, tapferen, arbeitsamen und unterirdischen Ernst« sei (KSA 5,255; GM, Vorrede 7). Was es mit diesem Ernst auf sich hat, ist in einer nachgelassenen Aufzeichnung näher ausgeführt, die zum ersten Mal die im vierten Buch der *Fröhlichen Wissenschaft* gestaltete Selbsterkundung und Rechenschaftsgabe artikuliert: »Unser Streben des Ernstes« besteht, wie Nietzsche hier sagt, darin, »alles als werdend zu verstehen, uns als Individuum zu verleugnen, möglichst aus vielen Augen in die Welt sehen, leben in Trieben und Beschäftigungen, um damit sich Augen zu machen, zeitweilig sich dem Leben überlassen, um hernach zeitweilig über ihm mit dem Auge zu ruhen« (KSA 9,494 f.). Man muß sich vom Leben und den Formen seiner Ausprägung einnehmen lassen, damit man sie erkennen kann; immer wieder anders hat man das Leben in ihnen zu vollziehen, damit sich so, in der Differenz vieler Blickrichtungen, die Welt möglichst reich, möglichst unverkürzt zeigt.

Aber diese Arbeit des Erkennens geschieht um der Freiheit willen, ja, Erkennen selbst ist schon Freiheit: Was man erkennt, beherrscht einen nicht mehr wie eine ungreifbare Macht; wo man erkennt, hat man Abstand gewonnen, und zwar dadurch, daß man etwas nicht mehr nur in einer Blickrichtung sieht und meint, so wie es hier erscheint, sei es, sondern im Wechseln der Perspektiven von keiner Perspektive mehr befangen ist: Man sieht mehr, man erfährt komplexe Zusammenhänge, eine Vielfalt von Nuancen und darin erst so etwas wie eine zu verstehende Sache, um die man sich in immer neuen Ansätzen bemühen kann. Nietzsches »Perspektivismus« ist keine skeptische Relativierung jeder Einsicht zu einem bloßen, jeweils perspektivisch gebundenen Meinen, sondern im Gegenteil ein Erkenntnisprogramm.

Die im Erkennen liegende Freiheit wird freilich erst dann eigentlich wahrgenommen, wenn man die Abhängigkeit des Erkennens von seinem jeweiligen Lebenszusammenhang versteht und wahrhaben will. Wie viele Perspektiven man auch einnehmen mag – jede ist doch so oder so begrenzt und daran gebunden, daß in ihr etwas ernst genommen wird; jede erschließt bestimmte Aspekte einer Sache und letztlich der Welt überhaupt nur in jeweiliger Lebensgebundenheit. Indem man in einer bestimmten Weise Abstand gewinnt, hat man sich anders schon wieder ins Leben verstrickt. Wenn das unvermeidlich ist, läßt wahre Freiheit sich allein dadurch gewinnen, daß man gegen die perspektivische Bindung nicht im Interesse einer vermeintlichen »Objektivität« ankämpft, sondern den Wechsel von Lebensverstricktheit und Erkenntnis gelassen bejaht – als etwas, das untrennbar zusammengehört und gerade darin, daß es nie harmonisiert und versöhnt werden kann, die Ganzheit des Lebens ausmacht. Das ist fröhliche Wissenschaft: Gelassenheit des Erkennens aus der Einsicht, daß die Ernsthaftigkeit zum Erkennen gehört und zugleich das Erkennen immer wieder beschränkt. Fröhliche Wissenschaft ist Erkenntnis, die sich darum keiner einzelnen Perspektive mehr verbindlich und vorbehaltlos unterstellt, sondern das in den vielen Perspektiven gemeinte Ganze sieht – allerdings frei von der Illusion ist, es sei als solches unmittelbar zu erkennen. Fröhliche Wissenschaft ist die Erfahrung des Ganzen im Möglichen, sie ist die Sache der »freien Geister«, das »Wissen der Freien«, wie es bei Platon (*Sophistes* 253c) heißt.

Wie ein solches Wissen sich artikulieren, in einzelnen Erkenntnissen entfalten kann, führt Nietzsche in den ersten drei Büchern der *Fröhlichen Wissenschaft* vor. Die Fülle der Einfälle und Blickrichtungen, der angesprochenen Phänomene mag hier zunächst verwirrend sein; doch bei genauerem Hinsehen wird klar, daß mit allen zur Sache gehörenden Variationen und Abschweifungen drei große Themen verhandelt werden: im ersten Buch als Hauptthema Philosophie und Wissenschaft, im zweiten die Kunst und im dritten Religion und Moral. Dabei ist es kein Zufall, daß Nietzsche mit Philosophie und Wissenschaft beginnt. Wie soll eine Klärung der Welt und der Lebensverhältnisse in ihr möglich sein, ohne daß man zuerst nach den eigentümlichen Bindungen des Erkennens fragt? Und wie soll das ohne einen geschärften Sinn für das Fragen, Nietzsche nennt ihn »das intellectuale Gewissen« (Nr. 2), möglich sein? So kommt es vor jeder ins Einzelne gehenden Erörterung darauf an, diesen Sinn wach zu halten, und das wiederum setzt einen Abbau der Überzeugungen, der Forderungen und Begründungsansprüche voraus, wie die Philosophie sie in ihrer Tradition ausgebildet hat. Mit seiner Überlegung zum »intellectualen Gewissen« greift Nietzsche zurück und, ohne es zu wissen, voraus: Er wiederholt unter veränderten Bedingungen den Sokratischen Anfang der Philosophie im Fragen und nimmt zugleich das Programm einer »Destruktion« der Geschichte vorweg, wie es Heidegger in den zwanziger Jahren dieses Jahrhunderts ausgearbeitet hat.

Zur philosophischen Selbstklärung gehört auch noch die das zweite Buch dominierende Erörterung der Kunst. Dabei geht es allerdings nicht allein darum, die Überlegenheit philosophischer Reflexion und das Begrenzte künstlerischer Darstellung zu erweisen. Die Kunst ist für Nietzsche auch ein Modell, an dem eine mögliche – und nach seiner Überzeugung verbreitete – Selbsttäuschung des philosophischen und wissenschaftlichen Denkens aufgeklärt werden kann. Philosophie und Wissenschaft sind nämlich keine »objektive« Erkenntnis des Wirklichen, sondern Schein: bestimmte und immer verkürzte, so und so akzentuierte Erscheinung. Man erkennt nur, was erscheint, während ein dem Erscheinen zugrunde liegendes Sein unzugänglich bleibt wie ein Text, den man anders kennenlernen wollte, als dadurch, daß man ihn liest: nämlich unmittelbar, in einem wie auch immer vorgestellten direkten Erfassen. Zwar gibt es den Text, doch erfährt man ihn immer nur in bestimmter Lektüre – verkürzend, strukturierend, das eine betonend, das andere weglassend: in jeweiliger Perspektive. Deshalb ist der »Realismus« für Nietzsche naiv (Nr. 57), es gibt keine Realität hinter dem Schein, sondern der Schein ist »das Wirkende und Lebende selber« (Nr. 54). Daß man »aus möglichst vielen Augen in die Welt sehn« soll, wird damit nicht bestritten, ebensowenig, daß sich in solch reflektierter Einstellung die Welt reicher und wirklicher als eine zu erkennende Sache zeigt; auch ein Text erschließt sich in seinem Reichtum und seiner Sachlichkeit ja erst durch viele und verschiedene Lektüren. Sofern es sich bei Philosophie und Wissenschaft ähnlich verhält, sind sie, unter dem Gesichtspunkt des Scheines, wie die Kunst.

Allerdings nicht unter diesem Gesichtspunkt allein. Wie Nietzsche später, im vierten Buch (Nr. 301), sagt, gehört es zum »Wahn der Contemplativen«, der Philosophen und philosophischen Wissenschaftler also, daß sie meinen, »als Zuschauer und Zuhörer vor das grosse Schau- und Tonspiel gestellt zu sein, welches das Leben ist«. Doch wer so denkt, übersieht, »dass er selber auch der eigentliche Dichter und Fortdichter des Lebens ist« und die »Welt, die den Menschen Etwas angeht« erst schafft. Perspektivisch erkennen heißt immer: deuten, interpretieren und so die Welt als ein Netz von Sinn erst knüpfen. Auch diese Einsicht gehört zur fröhlichen Wissenschaft, weil sie frei macht von der vermeintlichen Vorgegebenheit einer Weltvernunft, einer naturgesetzlich determinierten Realität, an der man sich für das Lebensverständnis zu orientieren hätte. Erkennen ist eigentlich finden – so wie man Worte finden muß, um einen Gedanken zu fassen. Wie sehr das auf die fröhliche Wissenschaft zutrifft, gibt Nietzsche zu verstehen, indem er den Titel durch einen Zusatz als Übersetzung verdeutlicht: »la gaya scienza«. Das ist die lyrische Kunst der Troubadours oder Trouvères, die ihren Namen dem Finden (trouver) verdanken.

Dennoch: Nietzsche denkt nicht im mindesten daran, Philosophie und Wissenschaft mit der Kunst zu identifizieren. Sie sind zwar in mancher Hinsicht *wie* Kunst, doch anders als diese auf Reflexion und Differenzierung, nicht auf Unmittelbarkeit und sinnvolle Ganzheit angelegt. Wo sich philosophisch der Eindruck eines sinnvollen Ganzen ergibt, hat man es darum auch mit als Philosophie verkleideter Kunst zu tun, mit einer Erdichtung der Welt, einem poetischen Weltbild. Und davor, sich auf ein solches zu verlassen, wird bald nach dem Beginn des dritten Buches gewarnt (Nr. 109): In Wahrheit nämlich sei die Welt »in alle Ewigkeit Chaos, nicht im Sinne der fehlenden Nothwendigkeit, sondern der fehlenden Ordnung, Gliederung, Form, Schönheit, Weisheit, und wie alle unsere ästhetischen Menschlichkeiten heissen«. Es gibt keinen Kosmos, keine schöne Ordnung des Ganzen, außer wir deuten uns das Chaos zu einer solchen zurecht und denken dabei, weil wir das Ganze nicht überschauen, an einen göttlichen Urheber, der es geschaffen und zum Besten eingerichtet hat. Aber eben diese Vorstellung ist fraglich geworden. Schon im ersten Text des dritten Buches (Nr. 108) bringt Nietzsche seine Formel dafür ins Spiel: »Gott ist todt.«

Nietzsche meint das weniger im Sinne eines vermeintlich aufgeklärten Atheismus, der sich mit dem Anspruch der besseren Einsicht, der größeren Rationalität über religiöse Vorstellungen erhebt, als vielmehr im Sinne einer Konsequenz dieser Vorstellungen selber. Die »moralische Skepsis im Christenthum« (Nr. 122) habe zuerst die Möglichkeit angezweifelt, aus menschlicher Kraft ein gutes und tugendhaftes Leben zu führen, und es schließlich nicht verhindern können, daß dieser Zweifel sich gegen »alle religiösen Zustände und Vorgänge« wendete. Das Christentum, wie Nietzsche es versteht, lebt aus dem Neinsagen und wird zum Opfer seiner eigenen Negativität.

Gerade deshalb wäre es jedoch ein verhängnisvoller Irrtum, wenn man das Christentum, geschweige die religiöse Erfahrung überhaupt, ablehnen würde. Auch ein Atheismus dieser Art verfinge sich ja noch in der Grundfigur der Verneinung und käme so nicht wirklich frei. Freiheit, wie sie mit der fröhlichen Wissenschaft gewonnen werden soll, kann sich deshalb nur einstellen, wo man sich des Neinsagens enthält. Das ist der Gedanke, den Nietzsche gleich zu Anfang des vierten Buches der *Fröhlichen Wissenschaft* artikuliert: »Ich will nicht anklagen, ich will nicht einmal die Ankläger anklagen. Wegsehen sei meine einzige Verneinung! Und, Alles in Allem und Grossen: ich will irgendwann einmal nur noch ein Ja-sagender sein!« (Nr. 276.)

Mit seinem Bekenntnis zum »amor fati« eröffnet Nietzsche eine Reihe von Überlegungen, Maximen, die sich vor allem auf die eigene Lebensführung beziehen. Sie sind, zumindest der Haltung nach, »für sich selbst« geschrieben wie die Aufzeichnungen des philosophierenden Kaisers Marc Aurel; sie handeln vom Autor selbst wie die Essays des Michel de Montaigne. Nietzsche nimmt diese Tradition der Selbstsorge vor allem in ihrer epikureischen Variante auf: Verzicht auf alles, was die »feine Reizbarkeit« des Geistes allzusehr fordert, Verzicht aber auch auf die stoische Abhärtung zur Unerschütterlichkeit, zur Ataraxie, in der das Erfahren und Denken aufhörte, ansprechbar, empfänglich zu sein (Nr. 306). An diesem Plädoyer zeigt sich besonders deutlich, daß die Heiterkeit, um die es in der fröhlichen Wissenschaft geht, keine in sich beruhigte und abgeklärte Lebenssicherheit ist und erst recht kein selbstgenügsames Behagen. Die mögliche Störung ist immer gegenwärtig und mehr noch sind es die Verletzungen durch das Verstricktsein ins »ernsthafte« Leben, in die Erfahrungen, aus denen man sich gelassen erkennend befreit. Auf die in Platons *Gorgias* und *Philebos* herausgearbeitete Zusammengehörigkeit von Lust und Schmerz anspielend, betont Nietzsche, daß Glück und Unglück »zwei Geschwister und Zwillinge« seien, die miteinander großwüchsen oder, wie bei den Befürwortern der Behaglichkeit, miteinander klein blieben (Nr. 338). Es gehört zur fröhlichen Wissenschaft, daß der Schmerz in ihr ein mehr oder weniger deutlich hervortretendes Leitmotiv ist.

Das Motiv wird zum Thema im vorletzten, wohl berühmtesten Text der *Fröhlichen Wissenschaft* überhaupt. Der Text heißt »Das grösste Schwergewicht« (Nr. 341) und ist die erste Mitteilung des Gedankens von der ewigen Wiederkunft des Gleichen. Nietzsche fordert den Leser hier zu einem Gedankenexperiment auf; man ist eingeladen zu einer Überlegung nach dem Muster »Wie wäre es, wenn ...«. Damit bestätigt Nietzsche aufs neue den Vorrang der Frage im philosophischen Denken – als Frage und nur so hat das Experiment seine eigentümliche Verbindlichkeit: Es geht nicht darum, ob man jeden Lebensaugenblick bis in die geringste Einzelheit immer wieder, in ewiger Wiederkunft, erleben kann. Das ist unentscheidbar, und dennoch läßt sich die Frage nicht abweisen – man spürt sofort, daß es auf etwas anderes als auf die Wahrscheinlichkeit oder Unwahrscheinlichkeit der evozierten Vorstellung ankommt. Die Frage provoziert ein ausdrückliches Verhalten zum eigenen Leben, allein dadurch, daß sie gestellt ist. Man muß sie natürlich nicht ernst nehmen – aber auch das wäre schon eine

Antwort. Läßt man sich hingegen auf die Vorstellung der ewigen Wiederkunft ein, wird das zur Probe darauf, wie oft und emphatisch man zum eigenen Leben, seinen Umständen und Situationen nein sagt; sie wird zum Prüfstein des Jasagenkönnens, so daß die Freiheit eines heiteren, mit sich selbst einigen Lebens nicht ohne das »grösste Schwergewicht« entspringt.

Nietzsche hat auf das Gedankenexperiment der ewigen Wiederkunft kommentarlos den Anfang einer Erzählung folgen lassen, als Ausklang und Ankündigung. Hier fällt zum ersten Mal der Name des Weisen, der zum Lehrer des in der *Fröhlichen Wissenschaft* nur als Frage formulierten Gedankens werden soll: Zarathustra (Nr. 342). Er soll Nietzsches Gegenbild zum Philosophen par excellence am Anfang der Philosophie, zu Sokrates, sein – denn Sokrates »war Pessimist«, er hat das Leben als eine »Krankheit« verstanden, und so ist er für Nietzsche als philosophisches Vorbild diskreditiert: »Ach Freunde! Wir müssen auch die Griechen überwinden!« (Nr. 340.)

Die Vorwegnahme von *Also sprach Zarathustra* ist trotzdem nicht als Ausblick auf eine philosophische Lehre gedacht, mit der die *Fröhliche Wissenschaft* endgültig überboten werden könnte. Im Gegenteil, das Zarathustra-Projekt bleibt auch nach seiner Ausführung wie eine Leerstelle in das frühere Buch einbezogen; Nietzsche setzt die *Fröhliche Wissenschaft* fort und zeigt damit an, daß mit dem *Zarathustra* nicht die kanonische und allein verbindliche Artikulation seines Philosophierens gegeben ist. Diese Lösung konnte natürlich erst in der Neuausgabe von 1887 realisiert werden, in der die *Fröhliche Wissenschaft* nach dem Ausblick auf den *Zarathustra* mit dem fünften Buch fortgesetzt wird. Aber Nietzsches Anti-Sokrates wird auch schon im ersten Buch der *Fröhlichen Wissenschaft* relativiert, und zwar gleich im ersten Stück: All die philosophischen Lehren vom Zweck des Daseins, sagt Nietzsche hier, alle Lösungen, die von einem »Helden« verkündet worden seien, hätten zwar »etwas Neues erreicht« – »das Leben und ich und du und wir Alle einander wurden uns wieder einmal für einige Zeit interessant« (Nr. 1). Aber schließlich sei über »jeden Einzelnen dieser grossen Zwecklehrer« doch »das Lachen und die Vernunft und die Natur« wieder »Herr geworden«: »die kurze Tragödie gieng schliesslich immer in die ewige Komödie des Daseins über und zurück«. Die radikale Veränderung der Welt- und Lebensorientierung durch philosophische Lehrer gehört ebenso wie ihr Untergang, ihre Ablösung durch andere, zum Leben, das in der Fülle seiner Möglichkeiten geschieht. Das tragische Schicksal des philosophischen »Helden« ist Moment eines Geschehens, bei dem sich schließlich alles zu allem fügt: der Komödie. Zarathustra unterscheidet sich nach dem Selbstverständnis seines Erfinders zwar radikal von den ihm vorangegangenen philosophischen Helden: Er soll ein Lehrer des Amor fati sein, des Lachens und damit der Komödie des Lebens. Aber als Lebenszwecklehrer, der sich selbst widerlegen, als Lehrer zurücknehmen muß, ist er ein Held mit tragischem Schicksal, und so wird er in der *Fröhlichen Wissenschaft* auch eingeführt: »Incipit tragoedia« heißt die Überschrift des Textes, der Zarathustras Abstieg zu den Menschen, seinem »Untergang« gewidmet ist (Nr. 342).

So bleibt das Programm einer fröhlichen Wissenschaft für Nietzsche auch nach dem *Zarathustra* verbindlich. Aber in keinem seiner späteren Bücher hat er dieses Programm so glücklich realisiert wie hier. Obwohl das fünfte Buch in seiner Grundstimmung düsterer ist – nicht zuletzt, weil Nietzsche hier auf die »lange Fülle und Folge von Abbruch, Zerstörung, Untergang, Umsturz« (Nr. 343), die nihilistische Agonie des Abendlands, aufmerksam geworden ist, die nach dem Tod Gottes bevorsteht –, fehlen in ihm – wie auch in den anderen Büchern – die missionarischen, rechthaberischen Töne, die manches im Werk des späteren Nietzsche problematisch machen. Die *Fröhliche Wissenschaft* löst das Versprechen ihres Titels ganz und gar ein: in der Freiheit des Blicks, der Transparenz der Gedanken, der Leichtigkeit und Eleganz philosophischer Artikulation. Wenn irgendwo, so ist es hier gelungen, unter den Bedingungen der Moderne sokratisch-platonisch zu philosophieren, nah am platonischen Vor- und Gegenbild, doch ohne Epigonalität und verkrampfte Polemik, bei jedem Satz dieser Nähe auf souveräne Weise sich bewußt. Nicht zuletzt darum ist die *Fröhliche Wissenschaft* so ein klares Buch geworden, vielleicht das klarste philosophische Buch der Moderne überhaupt.

Günter Figal

Inhalt

Friedrich Nietzsche

IN RECLAMS UNIVERSAL-BIBLIOTHEK

Also sprach Zarathustra. Ein Buch für alle und keinen. Nachwort von Josef Simon. 371 S. UB 7111 – Auch geb.

Die fröhliche Wissenschaft. Nachwort von Günter Figal. 326 S. UB 7115

Die Geburt der Tragödie oder: Griechenthum und Pessimismus. Nachwort von Günter Wohlfahrt. 176 S. UB 7131

Gedichte. Mit einem Nachwort herausgegeben von Jost Hermand. 144 S. UB 7117

Jenseits von Gut und Böse. Vorspiel einer Philosophie der Zukunft. Nachwort von Volker Gerhardt. 239 S. UB 7114

Die nachgelassenen Fragmente. Eine Auswahl. 314 S. UB 7118

Nietzsche-Brevier. Herausgegeben von Kurt Flasch. 416 S. 12 Abb. Reclam Lesebuch

Nietzsche zum Vergnügen. »Stehlen ist oft seliger als nehmen«. Herausgegeben von Ludger Lütkehaus. 166 S. 9 Abb. UB 18050

Die Philosophie im tragischen Zeitalter der Griechen. Herausgegeben von Manfred Riedel. 227 S. UB 7133

Richard Wagner in Bayreuth. Der Fall Wagner. Nietzsche contra Wagner. Nachwort von Martin Gregor-Dellin. 167 S. UB 7126

Vom Nutzen und Nachteil der Historie für das Leben. Mit einem Nachwort. 117 S. UB 7134

Zur Genealogie der Moral. Eine Streitschrift. Nachwort von Volker Gerhardt. 188 S. UB 7123

Günter Figal, *Nietzsche.* Eine philosophische Einführung. 294 S. UB 9752

Philipp Reclam jun. Stuttgart